FACE À L'HYPERPUISSANCE

Hubert Védrine

Face à l'hyperpuissance

Textes et discours
(1995-2003)

Fayard

Du même auteur, chez le même éditeur

Les Mondes de François Mitterrand, 1996.
Les Cartes de la France à l'heure de la mondialisation, entretiens avec Dominique Moïsi, 2000.

Préface

I

Les textes, articles ou entretiens que mon éditeur, Claude Durand, et moi avons rassemblés dans cet ouvrage traitent de l'actuelle métamorphose du monde : est-il, comme depuis toujours, un terrain d'affrontements ou devient-il une communauté internationale ? Qu'est-ce que les États-Unis vont faire de leur « hyperpuissance », et que pouvons-nous faire, nous, face à cette situation inédite ? L'espérance toujours déçue, toujours renaissante au Proche-Orient débouchera-t-elle un jour sur la paix ? Devons-nous exporter, ou imposer partout, la démocratie ? L'Occident et l'Islam parviendront-ils à un accord sur des valeurs universelles ? Que peut, que doit faire la France face à ces questions, soit par elle-même, soit *via* l'Europe ? Et quel est aujourd'hui le rôle de la relation franco-allemande ? Ces problèmes sont les nôtres. Ils n'ont cessé de gagner en intensité dans la période couverte par ces textes : 1995-2003. Trois textes portent par ailleurs sur les rapports médias-opinion-gouvernement, et sur l'avenir de la gauche après les élections de mai 2002.

Ces textes enjambant les bouleversements mondiaux des années 2000-2001, le lecteur doit se remémorer la vague d'optimisme provoquée auparavant dans les pays occidentaux par la chute du mur de Berlin en novembre 1989 et la dissolution de l'Union soviétique à la fin 1991. Après les déceptions des deux après-guerres mondiales, un nouvel ordre international allait enfin s'instaurer autour des valeurs, désormais universellement reconnues, de la démocratie occidentale et de l'économie de marché. Ce large consensus allait même entraîner, selon certains, « la fin de l'Histoire », du moins sous sa forme tragique, faute de vrais désaccords et de motifs de conflits. Sortis de la paralysie, l'ONU et son Conseil de sécurité allaient pouvoir jouer pleinement le rôle que leur avait conféré la Charte. Le lancement du processus d'Oslo permettait d'espérer une solution équitable au Proche-Orient. De nouveaux intervenants, de plus en plus actifs sur la scène mondiale – médias, ONG, juges –, réduisaient d'autant, au bénéfice de la « société civile », l'emprise des États-nations jugés par la pensée dominante archaïques, égoïstes, crispés sur leurs prérogatives. Les tribunaux spéciaux créés par l'ONU, puis la Cour pénale internationale allaient faire disparaître l'impunité et prévenir de nouveaux crimes. Il ne resterait plus à la « communauté internationale » qu'à remettre dans le droit chemin quelques régimes totalitaires ou États « voyous » apparemment menaçants mais, en fait, marginaux et condamnés. Et à trouver, grâce aux grands sommets internationaux, aux miracles de la « nouvelle économie » et aux technologies de l'information, des solutions aux problèmes « globaux » tels que la correction des effets prédateurs du développement et la sauvegarde de l'environnement menacé, la réduction des écarts croissants de richesse, à fournir aux plus démunis un accès aux médicaments, à alléger le poids de la dette, à lutter contre la criminalité transnationale, à réduire le cumul des handicaps de l'Afrique. En septembre 2000, le sommet dit du « millénaire » proclamait la réduction par deux de la pauvreté d'ici à 2015. Une « gouvernance » et une régulation mondiales allaient être mises en œuvre et, dans leur propre intérêt, les grandes entreprises s'autoréguleraient vertueusement. Dans le même temps, l'Union européenne réussirait à la fois à s'élargir à vingt-cinq ou vingt-sept et à se métamorphoser en une Europe vraiment politique…

Ces aspirations sont sympathiques. Comment ne pas les partager ? Pourtant, je n'ai jamais beaucoup cru à ce conte de fées avec lequel notre monde réel offre un contraste cruel. Moi aussi je voudrais un monde plus juste. Mais dès 1995-97, dans divers articles ou interventions que l'on trouvera ci-après, mais surtout de juin 1997 à mai 2002 comme ministre des Affaires étrangères de Jacques Chirac et de Lionel Jospin, puis après juin 2002, j'ai jugé plus honnête de ne pas souscrire aveuglément à ces espérances fragiles et trompeuses. Si j'ai dû parfois prendre le contre-pied de nouvelles croyances ou m'affranchir de tabous nouveaux, c'est parce que je recherchais l'efficacité de l'action à travers le réalisme de l'analyse. Je pense que c'est une des tâches d'un ministre des Affaires étrangères que d'aider l'opinion à mieux comprendre les mécanismes et les vrais ressorts du monde. Sinon, comment agir sur lui ? Ma franchise, mon refus des langues de bois, qu'elles soient politiques, diplomatiques ou moralistes, comme de la méthode Coué si usitée, m'ont valu quelquefois l'accusation de cynisme, car c'est un trait curieux de l'angélisme contemporain que de confondre lucidité et cynisme, deux formes de pensée bien distinctes. C'est plutôt l'illusion qui conduit à la désillusion et, par là, au cynisme au sens moderne du terme[1]. Je m'en explique dans plusieurs des interventions reproduites ci-après.

Mais déjà au cours de ces années 1992-2000, si confiantes, alors qu'on croyait marcher d'un pas allègre vers la « communauté internationale », bien des signes avant-coureurs annonçaient les orages qui ont finalement éclaté. D'abord, il n'y a quasiment pas eu, au cours de cette presque décennie, de réunion mondiale, onusienne ou autre, qui n'ait vu resurgir, sous un consensus de surface, les clivages anciens, par exemple entre le Nord et le Sud, mais aussi tous ceux que la fin de la guerre froide avait libérés : clivages entre riches et pauvres, dominants et dominés, régimes autoritaires et démocratiques, et, plus gravement encore, entre les Occidentaux et les autres, en particulier entre l'Islam et l'Occident. Cela a été spectaculaire à Durban lors de la conférence de l'ONU contre le racisme. Cette réalité dérangeante est souvent niée, car l'idée du « choc des civilisations » fait peur. Mais l'antagonisme est bien là, alimenté de part et d'autre par le calcul de petits groupes sur fond de préjugés mutuels. Dans le monde arabo-musulman, un fanatisme nourri de l'interprétation la plus étroite et la plus obscurantiste de l'Islam, la plus haineuse envers tout ce qui est moderne et tout ce qui n'est pas conforme à la tradition sunnite, la plus belliqueuse aussi, tissait sa toile. Exploitant l'humiliation historique, la rancœur envers l'Occident et le désespoir social, elle recrutait

---

1. Je veux parler là du cynisme tel que la vulgate médiatique le stigmatise, pas du cynisme de Diogène…

de nombreux candidats au suicide et constituait une moderne et tentaculaire secte de *hashishin* qui allait bientôt stupéfier le monde. En face, dans le monde occidental, Amérique du Nord et Europe confondues, *ubris* et néo-colonialisme continuent de marquer, avec la peur ou l'agressivité, beaucoup d'attitudes envers l'Islam.

Dans le même temps, la mondialisation libérale commençait à être contestée par une fraction croissante de l'opinion dans les pays riches, y compris au sein des élites politiques, dans ses effets, ses institutions, ses représentants, ses symboles. Seattle et Gênes auront marqué les esprits ; Porto Alegre et la recherche d'une (peut-être chimérique) « autre » mondialisation rencontraient d'autant plus d'échos que d'immenses forces de « dérégulation » poursuivaient imperturbablement leur œuvre, insensibles aux discours des hommes politiques sur la « régulation ».

Pendant ce temps-là, les États-Unis devenaient, par KO de l'URSS et par leur phénoménale réussite, cette « hyperpuissance » que j'ai décrite en 1998 au cours d'un entretien dans *Jeune Afrique*. Ils disposaient dès lors sur le monde de pouvoirs sans précédent ni équivalent, et, débarrassés de tout contrepoids, s'apprêtaient à rejeter ce sur-moi multilatéraliste qui les avait encore retenus, avec les présidents George Herbert Bush et Bill Clinton, d'aller au bout de leur puissance nouvelle. Bientôt, l'« hyperpuissance », plus que jamais messianique et missionnaire, se sentirait débridée ; un souverainisme radical et un unilatéralisme résolu submergeraient toutes les digues. Pour reprendre la belle expression de Stanley Hoffmann, « désempêtré », Gulliver se déchaînerait. Pendant ce temps-là, l'Europe évanescente, bavarde et bien intentionnée, absorbée par sa mue problématique en Europe politique, restait sourde et aveugle à ces orages qui couvaient, persuadée de vivre dans un monde post-tragique régi par le droit.

C'est dans ce contexte que se sont produits les événements bouleversants des années 2000-2003.

D'abord l'échec, *in fine*, fin janvier 2001, des négociations de paix israélo-palestino-américaines de Taba, les plus audacieuses, les plus courageuses jamais menées. Sans doute ont été dessinés là les contours de l'accord de paix tel qu'il finira par être imposé un jour aux protagonistes. Il faut du moins l'espérer. Pour que cela aboutisse alors, il aurait fallu que le président Clinton, dont on ne peut sous-estimer, bien au contraire, les remarquables mérites dans cette tentative, se saisisse de ce dossier dès le lendemain de sa réélection ou, en tout cas, dès l'élection d'Ehud Barak sur un programme de paix, et non pas six mois avant la fin de son mandat. Mais il aurait aussi fallu que le Premier ministre israélien ne perde pas de longs mois à rechercher un illusoire accord avec la Syrie – le *statu quo* n'était pas si insupportable que Damas eût été pressé de conclure – dans l'espoir de « curiacer » le camp arabe ; qu'il ne laisse pas péricliter la relation édifiée par Itzhak Rabin avec Yasser Arafat, ce que Léa Rabin lui reprocha ; qu'il n'accepte pas trop tard une vraie négociation avec les Palestiniens. À Camp David encore, en août 2000, même si cette réunion arrachée à Clinton par Barak, soudain impatient, fut improvisée et mal préparée, tout restait possible. Mais Ehud Barak, inquiet de la popularité déjà menaçante d'Ariel Sharon, lança de Camp David, avant même l'échec de cette rencontre, l'accusation que Yasser Arafat bloquait seul toute avancée en refusant ses propositions « généreuses ». Peu importe que cette présentation biaisée, qui avait pour objet de sauver les travaillistes de la défaite électorale annoncée, ait été depuis lors corrigée par des témoignages et des enquêtes sérieuses. Elle pèsera lourdement sur la suite, les droites israélienne et américaine (et française) usant et abusant pendant au moins deux ans et demi de cette argumentation servie sur un plateau par un Premier ministre travailliste...

Du côté palestinien et arabe, il aurait fallu que Yasser Arafat cesse de tergiverser et de louvoyer, et réalise que la conjonction Clinton-Barak offrait une chance unique. Au lieu de quoi, j'ai entendu jusqu'à la fin 2000 des responsables palestiniens affirmer que Barak ne tenait de toute façon jamais ses promesses, que les démocrates américains soutenaient toujours les Israéliens – Gore plus encore que Clinton ! –, et que cela ne pourrait qu'aller mieux avec une administration républicaine. Aveuglement tragique ! Il aurait fallu également que les divers dirigeants palestiniens n'enfourchent pas la énième réaction de fureur de la population palestinienne désespérée à la énième provocation israélienne – dans le cas d'espèce, celle, habilement ajustée, d'Ariel Sharon sur l'esplanade des Mosquées en septembre 2001 –, jusqu'à en faire une seconde Intifada en l'endossant et en l'amplifiant...

Si, en sus, les Saoudiens avaient eu, dès l'automne 2000, le courage d'annoncer, sur le règlement du conflit et la normalisation avec Israël, ce que le prince héritier Abdallah a finalement dit en 2002, nul doute que cela aurait aidé – ou obligé – Yasser Arafat, ainsi soutenu ou poussé, à répondre « oui mais » plutôt que « non ».

Tout cela fait beaucoup de « si ». En tout cas, fin 2000-début 2001, c'est, avec le processus de paix d'Oslo, une composante essentielle de l'optimisme des années 90 qui s'évanouit.

Compte tenu de ce qu'elle signifie et de ce qu'elle amplifie – car ce mouvement était entamé auparavant –, de ce qu'elle annonce et de ce qu'elle entraîne, l'élection de George Walker Bush à l'automne 2000 est l'événement majeur de la période. Certains s'en rendront compte dès les premiers mois de 2001, d'autres beaucoup plus tard : l'administration Bush II n'est au départ pas néo-conservatrice, comme ses inspirateurs aiment à se définir eux-mêmes, mais réactionnaire et contre-révolutionnaire. Elle ne veut pas *conserver*, mais prétend renverser les règles du vieux jeu internationaliste hérité de Wilson, de Roosevelt et de la Charte de l'ONU, « refermer la parenthèse du multilatéralisme », aux dires de ses membres les plus radicaux, même si ces règles ont été à l'origine d'inspiration américaine. Cette conception nouvelle contredit à un tel point toutes les croyances et les espérances placées dans le droit international et la fameuse « communauté internationale » – qui postulent une certaine égalité des droits entre les États et le refus du recours unilatéral à la force – que beaucoup d'Européens devront la voir (la guerre) pour y croire (l'unilatéralisme) et commencer à en mesurer pleinement les conséquences.

Certains analystes datent du 11 septembre 2001 le moment où tout bascule. Ce n'est pas mon cas. Je ne sous-estime pas le choc terrible pour les Américains qui se croyaient – et que les autres croyaient – invulnérables, même s'ils avaient bien dû accepter de vivre, depuis la fin des années 50, sous la menace constante des missiles nucléaires intercontinentaux soviétiques dans le cadre de la dissuasion mutuelle. Souffrance, terreur de cette fragilité révélée, déchirure de l'idée qu'ils se faisaient d'eux-mêmes, humiliation politique pour la première puissance mondiale, ainsi frappée par un adversaire sans visage. Il est probable que les autres peuples du monde – soit qu'ils soient trop exaspérés par l'hégémonie américaine pour passer de la compassion à l'égard des victimes à la compréhension de la politique américaine, soit qu'ils soient eux-mêmes relativement blasés face au terrorisme pour l'avoir subi et en avoir triomphé antérieurement – aient sous-estimé ce traumatisme qui a répandu aux États-Unis une psychologie de guerre et révélé George W. Bush à lui-même. Mais tous les éléments de cette révolution conservatrice et unilatéraliste étaient déjà présents *avant* le 11 septembre : sans remonter aux signes annonciateurs de la fin des années 90, il suffit de se rappeler les premiers mois de 2001, les refus américains de Kyoto et de la Cour pénale internationale, la sortie du traité ABM, l'abandon de plusieurs négociations multilatérales de désarmement, les décisions de réarmement, les prémices de la nouvelle doctrine de guerre préventive du Pentagone. Le 11 septembre aura été un détonateur déplaçant au sein de l'administration Bush les équilibres au profit du groupe Rumsfeld-Wolfovitz-Perle, fournissant à la réalisation de leurs projets de longue date – unilatéralisme assumé, contournement de l'ONU, « wilsonisme botté[1] », renversement de Saddam Hussein – à la fois un prétexte et une légitimation.

En même temps, la révélation, le 11 septembre 2001, de la capacité d'une nébuleuse islamiste mondiale à frapper au moyen de terroristes kamikazes toute cible sans exception alimente une peur permanente, intensifiée par la « cocotte-minute » médiatique universelle. La recherche de la sécurité passe avant, voire efface toute autre considération. Les États-Unis estiment être en droit de décider seuls, sans aucune limitation extérieure d'aucune sorte, de ce qui doit être fait pour leur sécurité, y compris, préventivement, rechercher la supériorité militaire sur l'ensemble des autres, et même empêcher tout rival d'émerger. Ils s'estiment chargés de propager activement de par le monde les valeurs américaines de la démocratie et du marché. Ils assument tout cela sans aucune gêne, et même, avec Kristoll,

---

1. Selon l'expression de Pierre Hassner.

Kagan et quelques autres, le théorisent non sans provocation. On a vu qu'ayant décidé l'éviction de Saddam Hussein, George W. Bush avait « généreusement » offert au Conseil de sécurité de l'ONU l'occasion de montrer qu'il n'était pas *irrelevant* en ratifiant les décisions déjà prises par lui ! Mais que, la majorité des voix requise n'ayant pu être rassemblée, notamment du fait de la France, le président américain, qui avait prévenu qu'il irait avec ou sans l'ONU, a fait ce qu'il avait annoncé. Plusieurs mois plus tard, le monde abasourdi en est encore à mesurer pleinement ce que signifie cette affirmation de la caducité de l'idée multilatérale par le pays qui avait le plus fait pour l'installer dans les faits et les esprits.

II

Dans cette situation inédite, que faire ? Cette interrogation n'est pas seulement la nôtre. Elle est d'abord celle de certains Américains qui se demandent, cinquante ans après que Raymond Aron a parlé de « République impériale », quoi faire de leur « hyperpuissance » désormais avouée. Quelle stratégie, quel projet pour leur supériorité militaire ? Pourront-ils vraiment s'en tenir à une ligne aussi dominatrice, sans concession aucune, cantonner l'ONU dans un rôle marginal, affirmer leur droit à la guerre préventive, vouer aux gémonies la philosophie multilatéraliste, combattre l'émergence de tout autre pôle, fût-il allié ? Certes, les Américains donnent carte blanche à leur président pour garantir ou rétablir tous azimuts leur sécurité, sans souci des règles ou des conventions internationales de toutes sortes, ni de l'opinion extérieure. Mais cela ne veut pas dire qu'ils soutiendront durablement une politique extrême à la Rumsfeld ou à la Wolfowitz. Les Américains pensent assurément que leur régime politique et leur mode de vie sont les meilleurs du monde. Ils peuvent être messianiques et manichéens. Cela ne les rend pas pour autant colonialistes ou impérialistes au sens où le furent les Britanniques ou les Français. S'ils se découvrent piégés en Irak dans une situation coloniale catastrophique sans issue prévisible, haïs et combattus comme occupants là où ils croyaient être des libérateurs adulés, harcelés par une guérilla sans soutien du reste du monde, ils peuvent se décourager.

Que fera alors le président Bush qui, une fois engagé en Irak, n'a guère d'autres issues que persévérer, en tout cas jusqu'à l'automne 2004, sauf à perdre toutes chances d'être réélu ? Le fait d'avoir instauré à la mi-juillet un Conseil de gouvernement irakien intérimaire est un premier pas politique, tardif, mais un vrai gouvernement irakien est une nécessité urgente. Quant à la démocratisation promise, elle suppose, dans un Irak unitaire, d'accepter par avance le verdict de la majorité chiite, tout en agissant politiquement pour que cela ne se traduise pas automatiquement par une république islamique d'Irak. Et fédéraliser l'Irak pour éviter ce risque majoritaire peut le conduire à l'éclatement, inacceptable par la Turquie en raison de la question kurde. Il y a bel et bien un casse-tête irakien. Mais rien n'est joué.

La vitesse à laquelle les États-Unis devront admettre que même une hyperpuissance peut avoir besoin de plus petits que soi dépend beaucoup de ce qui va se passer en Mésopotamie. Mais chercher des supplétifs ou des renforts pour l'Irak, accepter de redonner un rôle aux Nations unies, *via* une résolution consensuelle au Conseil de sécurité pour obtenir une légitimité rétroactive et encadrer l'avenir de l'Irak — ce qui d'ailleurs ne réglerait pas par miracle la question *politique* irakienne — ne signifie pas jouer sincèrement le jeu multilatéral dans les rapports avec *the rest*, comme disent les Américains, c'est-à-dire le reste du monde, avec ce que cela comporte d'aléas... Les prochaines années ne seront pas du tout les mêmes selon que les Américains s'en tiendront, dans leurs rapports avec le monde extérieur, à leur souverainisme, à leur exceptionnalisme et à leur militarisme, ou qu'ils reviendront à l'idée que le monde étant vaste et compliqué, ils ont quand même besoin d'une politique étrangère, comme Henry Kissinger le leur rappelle régulièrement. Cela impliquerait une certaine aptitude à prendre en considération le point de vue des autres, à mieux tenir compte des situations locales, des sensibilités multilatérales et des aspirations multipolaires, et donc, dans certains cas, à renoncer au passage en force et à accepter un compromis. Felix Rohatyn, quant à lui, est clair : « La domination globale a un coût insupportable. » Le sens dans lequel les Américains trancheront ce débat aura d'importantes conséquences pour nous.

Si nous étions assurés que les difficultés, voire une Berezina, en Irak ou l'élection d'un démocrate aux élections présidentielles de novembre 2004 entraîneront un complet changement de cap dans la politique américaine, la France pourrait se borner, ayant pris date, à attendre tout en capitalisant autant que possible la sympathie que lui a value, dans de nombreux pays, son opposition à la guerre en Irak. Seulement, rien n'est moins sûr. Cette sympathie peut être contrebalancée par d'autres sentiments ou d'autres intérêts, et l'unilatéralisme des États-Unis risque d'être durable, et ce pour plusieurs raisons. Il traduit un rapport de forces qui ne se corrigera pas de sitôt. Il résulte d'une profonde révolution conservatrice des mentalités à l'œuvre depuis longtemps, que la personnalité du président Clinton a masquée pendant huit ans mais dont les signes s'accumulaient. Enfin, le 11 septembre l'a légitimée pour tout ce qui touche à la sécurité des États-Unis au sens le plus large du terme. Que les États-Unis aient intérêt à un meilleur *burden sharing* (partage du fardeau) est évident. Qu'ils soient prêts au *decision sharing* (partage de la décision), rien ne le laisse prévoir. Même échaudés par l'Irak et moins aveuglés par leur puissance militaire, ils ne seraient pas pour autant ramenés à un vrai multilatéralisme.

Si le phénomène est durable, quelles options nous sont alors ouvertes ? Nous pourrions estimer indispensable de nous y opposer systématiquement, même sans espérer un renversement rapide, en considérant que la négation par cette administration américaine de l'idée même de communauté internationale et de règles multilatérales est proprement inacceptable. Dans cette hypothèse, il est plusieurs façons de s'opposer, depuis la simple désapprobation de principe jusqu'à la mobilisation générale des opposants, en passant par la guérilla diplomatique. Si l'on choisit ces dernières options, il faut être capable de tenir bon aussi longtemps que nécessaire, y compris dans une certaine solitude, de ne pas être surpris par le prix à payer sur divers plans, et de rester soutenu par son opinion.

Une autre voie consisterait au contraire à chercher à influencer les États-Unis. C'est ce que Tony Blair, après d'autres Premiers ministres britanniques, a essayé de faire. Mais cela exige non seulement de coopérer avec les États-Unis – ce qui se justifie souvent –, mais d'approuver presque totalement la politique américaine, quelle qu'elle soit, en tout cas en public, sans être jamais sûr d'être entendu. Pendant la Seconde Guerre mondiale, même l'immense Churchill n'a pas eu d'influence réelle sur les grandes décisions stratégiques et militaires de Roosevelt. Aujourd'hui, peut-être Tony Blair pense-t-il que l'engagement louable du président Bush pour la création d'un État palestinien en 2005 est le résultat de son insistance, et qu'il a contribué à le convaincre qu'une solution honnête et viable au Proche-Orient serait indispensable non seulement dans la lutte contre le terrorisme, mais aussi pour réussir en Irak ? Les Européens, s'ils étaient d'accord entre eux, auraient-ils une réelle influence sur les États-Unis ? Les exemples du protocole de Kyoto ou de la Cour pénale – où les États-Unis n'ont tenu aucun compte des positions unanimes des Européens – ne plaident pas dans ce sens, mais la démarche mérite d'être prise en considération.

Mais si influencer les États-Unis se révèle presque impossible dans les conditions actuelles, il faut alors, dans l'intérêt de l'équilibre du monde et peut-être même dans leur propre intérêt, modifier les rapports de forces et bâtir un contrepoids au niveau international comme au niveau européen. Un contrepoids n'est pas forcément hostile – voir l'euro –, mais il change la donne en posant des bornes.

Y a-t-il un contrepoids possible, non conflictuel, à la puissance américaine ?

Le système multilatéral actuel des Nations unies ne constitue pas en tant que tel un contrepoids. Trop de disproportions entre l'« hyper- » et les « hypo »-puissances, les puissances et les pseudo-États, trop de failles et de travers flagrants aux Nations unies, qui, du coup, ne peuvent pas être un cadre contraignant. Dans l'affaire irakienne, les États-Unis auraient apprécié l'approbation du Conseil de sécurité. Mais s'affranchir de l'ONU n'entraînait pas pour eux de conséquences graves, d'autant que le reste du monde leur sera reconnaissant au premier signe de courtoisie qu'ils montreront envers l'organisation. Il est insuffisant d'opposer les grands principes multilatéraux au fait accompli washingtonien, tant est aisée la réplique sur l'impuissance des Nations unies. Pourtant, il n'y a pas de solution de rechange à un système multilatéral crédible. C'est pourquoi tous ceux qui ne se résignent pas au cours actuel des relations internationales auraient plus d'influence en ne s'enfermant pas dans la défense du *statu quo* et en se mettant d'accord sur une réforme de l'ONU qui comprendrait : un élargissement du Conseil de sécurité à l'Inde, à l'Allemagne, au Japon et à trois autres grands pays (arabe, africain et latino-américain) ; une confirmation du droit de veto assorti de l'engagement de ne pas l'employer en cas d'intervention au titre du chapitre VII qu'il faudrait rendre possible au bénéfice de populations en danger, ce qui reviendrait à un élargissement encadré du droit d'ingérence ; une actualisation de la procédure de gestion internationale des États faillis, laquelle se développe *de facto*. Ces idées pour une Charte de l'ONU réformée seraient dans un premier temps rejetées par les États-Unis et par d'autres, mais elles auraient un grand retentissement dans le monde et progresseraient. Le compromis entre l'Empire et le reste du monde s'imposera. Préparons-le.

Il faudrait en profiter pour dissiper une ambiguïté. On commence à entendre dire que l'ONU n'est pas crédible parce qu'y voisinent des démocraties et des dictatures, et qu'il est par exemple absurde, voire scandaleux que la Commission des droits de l'homme soit en ce moment présidée par la Libye. Mais alors, cela signifie-t-il que les États non démocratiques ne devraient pas faire partie de l'ONU ? On voit que deux conceptions s'affrontent : celle d'une organisation des *États* du monde et celle d'un regroupement des *démocraties*. Les Occidentaux ne s'étaient pas sentis assez forts auparavant, pendant la guerre froide, pour oser cette exigence. Pour ma part, j'estime qu'une organisation regroupant *tous* les États du monde *sans exception* est une nécessité, et que la paix et la sécurité internationales perdraient beaucoup à ce que cette enceinte n'existe pas. Mais il est absurde qu'il n'y ait pas de critères démocratiques pour faire partie de la Commission des droits de l'homme de l'ONU quand il y en a tant – les critères de Copenhague – pour entrer dans l'Union européenne, et quand il est tant de préalables économiques et commerciaux à remplir avant de pouvoir adhérer à l'OMC. Or l'entrée dans l'ONU ne garantit pas le respect de sa Charte ! L'incitation à la démocratie devrait inspirer l'action de tous les organes des Nations unies ; d'ici là, il faudrait établir des critères pour être éligible au sein de cette Commission des droits de l'homme, et, si cela se révèle impossible, la supprimer, ce qui serait moins hypocrite. En tout cas, l'encouragement à la démocratisation ne doit pas se faire au détriment de l'existence d'une enceinte universelle.

La question du monde multipolaire est différente. Cette expression, « monde multipolaire », plaît aux Français car ils y voient la promesse d'un rééquilibrage du monde unipolaire américain. C'est pour la raison inverse qu'après y avoir été longtemps indifférents, les États-Unis, par la voix de Condoleeza Rice, critiquent maintenant cette idée. Le président Chirac déclare le monde multipolaire inéluctable – il dit parfois qu'il existe déjà – et souhaitable, et affirme que l'Europe devrait en être l'un des pôles. Tony Blair ne l'estime ni inéluctable ni souhaitable, et pense en tout cas qu'il serait dangereux que le monde occidental se divise en deux pôles distincts, États-Unis et Europe. Sans doute craint-il que les pôles non occidentaux se liguent contre l'Occident ? On voit que le débat sur le monde multipolaire soulève d'autres problèmes que celui des règles qui sont censées régir, au sein des Nations « unies », les relations entre les deux cents États membres. Ce débat sur la multipolarité peut paraître artificiel. Il peut sembler vain de prétendre organiser et enfermer dans des formules l'évolution en réalité incontrôlable d'aussi grandes forces géopolitiques. Ceux qui aspirent à recoller d'urgence et à n'importe quel prix les morceaux entre les deux rives de l'Atlantique appréhendent cette controverse potentiellement conflictuelle sur *le* ou *les* pôles occidentaux. Pourtant, ce n'est pas la même chose de travailler à ce qu'il n'y ait qu'un seul pôle occidental, donc évidemment sous l'autorité des États-Unis, ou à ce qu'il y ait un pôle américain *et* un pôle européen, partenaires mais autonomes. Par ailleurs, rien ne prouve qu'un monde multipolaire serait automatiquement stable et équilibré. Si les dirigeants des pôles ne pratiquent pas une sage *Realpolitik* d'équilibre et de coopération, il peut se révéler instable et conflictuel, et certains pôles pourraient se liguer contre d'autres. Et quelle serait l'articulation de l'ONU avec le système multipolaire réformé ? Elle n'est pas évidente, sauf si, bien sûr, ces « pôles » de demain coïncidaient avec les membres du Conseil de sécurité élargi de l'ONU.

Ces spéculations sur le monde multipolaire ne devraient pas occulter ce qui me semble être une des plus graves hypothèques à peser sur la constitution d'une vraie communauté internationale : l'antagonisme séculaire, toujours vivace, entre l'Islam et l'Occident. Antagonisme nié par ceux qui ont peur de l'attiser en le nommant. Je fais au contraire partie de ceux qui pensent qu'on ne surmontera pas cet antagonisme et qu'on n'empêchera pas qu'il dégénère en *clash* en le niant. Il doit être reconnu, et ses causes profondes traitées politiquement, culturellement et économiquement, jusqu'à ce qu'il soit résorbé. Les réformes de l'ONU, les schémas multipolaires n'y parviendront pas à eux seuls. Il y faudra un compromis, car les Occidentaux ne parviendront pas à imposer purement et simplement leur loi au monde entier. À un moment ou à un autre, ils devront se montrer fraternels.

J'en viens à l'Europe. Veut-elle, peut-elle devenir un des pôles du monde multipolaire, un des éléments clefs du système multilatéral rénové ? La nouvelle politique américaine a fait tomber les masques et confirmé ou révélé, à la surprise de beaucoup de Français, que les Européens ne rêvaient pas tous à une Europe-puissance. Par atlantisme : ne pas concurrencer stérilement la puissance américaine. Par pacifisme et refus de la notion même de puissance, supposée avoir été abjurée par les Européens depuis 1945. Par crainte d'un condominium Paris-Berlin, ou Paris-Londres-Berlin. Les manifestants européens du printemps 2003 criaient leur phobie de la force, et de la force américaine, plus qu'ils ne réclamaient une Europe-puissance. De surcroît, les pays européens qui acceptent l'idée d'une Europe-puissance divergent quant à ses relations avec les États-Unis. Ces divergences n'avaient pas empêché de réaliser le Marché commun, puis le Grand Marché, et, après Maastricht, on les avait crues surmontées par les mécanismes de la Politique étrangère et de sécurité commune, la PESC. Il n'en était rien.

Comment dépasser ces divergences et réaliser une synthèse ambitieuse ? Beaucoup d'Européens militants affirment depuis des années avec une impatience grandissante que, pour dépasser les « égoïsmes nationaux », il faut passer au vote à la majorité dans tous les domaines, y compris celui de la PESC. Curieusement, certains

Français en attendent même l'affirmation d'une Europe-puissance !... Mais on n'impose pas à la majorité des idées minoritaires ! Dans l'Europe à vingt-cinq – c'était presque déjà le cas à quinze –, ce sont des positions très différentes des nôtres qui l'emporteraient. Et la crise serait assurée : dans ces domaines très sensibles – la participation à une guerre, par exemple –, les minoritaires ne pourraient pas respecter les décisions majoritaires. Les différences de conception restent profondes et durables, et chaque nouvel élargissement impose de recommencer le travail d'harmonisation. C'est pourquoi il est sage que le projet de traité constitutionnel transmis par la Convention présidée par Valéry Giscard d'Estaing au Conseil européen et à la Conférence intergouvernementale ne propose pas pour le moment d'instaurer le vote à la majorité pour la politique étrangère et la défense. Valéry Giscard d'Estaing a obtenu l'accord des conventionnels sur le maximum d'améliorations constitutionnelles acceptables et ratifiables par les Vingt-Cinq. Mais elles portent logiquement sur le *fonctionnement* des pouvoirs européens et leurs rapports entre eux. Le *contenu* de la politique étrangère ne découlera automatiquement ni du traité constitutionnel, ni de la création d'un poste de ministre européen des Affaires étrangères. Certains partisans de l'Europe politique espèrent qu'une harmonie des positions et des politiques finira par naître, par unification progressive, des petits pas, des réunions, des communiqués, de l'accord sur les principes généraux tels que la démocratie, les droits de l'homme, la prévention des conflits et l'aide au développement. Ils sont occupés à rafistoler l'Europe après la guerre en Irak et préfèrent la méthode Coué – encore elle ! – au grand déballage.

Je ne crois pas que cela suffira. Nous avons été au bout de ces méthodes. Pour surmonter nos divergences persistantes, il ne faut pas les nier. Il faut au contraire qu'il y ait une véritable explication entre Européens, et en premier lieu entre Français, Britanniques et Allemands, sur ce que doit être l'Europe dans le monde, et sur ce qu'elle doit faire. Notre conception de l'Europe-puissance est contestée ? Discutons-en. Montrons aux atlantistes qu'elle pourrait assainir notre relation avec les États-Unis ; aux pacifistes, que le refus de la puissance, c'est le risque de l'impuissance et de la dépendance, et que la puissance peut être mise au service du droit international. Prenons le temps nécessaire, mais bâtissons, grâce aux leviers d'influence que nous avons conservés, une audacieuse synthèse historique, séduisante pour tous les Européens. C'est possible.

Si j'ai voulu, au cours de ces années, en dépit de l'optimisme de commande qui prédominait et d'un moralisme qui ne s'attaque pas aux causes, avertir, éveiller, mettre en garde contre les faux-semblants, c'est pour aiguiser nos analyses et affermir notre action. Je pense depuis longtemps que la France – la France qui n'aime vraiment ni ce que le monde devient, ni ce qu'elle y devient, et qui, de ce fait, a tendance soit à rêver éveillée, soit à maugréer, soit à se décourager – doit s'adapter tout en restant elle-même. C'est en regardant en face les réalités du monde et les siennes qu'elle retrouvera son influence. Je dis bien : influence, et pas seulement estime ou popularité. Elle doit se désenivrer d'elle-même sans tomber – *pour* ne pas tomber – dans la mélancolie, l'autodépréciation, voire le rejet de soi, comme c'est le cas de quelques européistes ou mondialistes. Quoi qu'il advienne de l'Amérique, que nous espérons sage plus que folle, de l'Europe, que nous voulons ouverte, exemplaire et rayonnante, du monde – rendons-le et gardons-le vivable pour l'humanité d'aujourd'hui et de demain –, la France devra réapprendre à s'aimer. L'exercice de cette clairvoyance requiert de trouver le ton juste et le point d'équilibre. C'est ce que j'ai tenté de faire dans les interventions, discours ou articles des années 1995-2003 qui composent ce volume. Au lecteur d'apprécier dans quelle mesure j'y suis parvenu.

Hubert Védrine, 31 juillet 2003

1995-1996

*En juin 1995, un mois après que Jacques Chirac a succédé à François Mitterrand et après quatorze ans passés à l'Élysée, Hubert Védrine répond aux questions d'Olivier Jay, d'*Enjeux-Les Échos, *sur le changement des conditions d'exercice du pouvoir à l'époque de la mondialisation et de la médiatisation. Il se demande notamment si « le pouvoir a gardé assez de légitimité pour être le contre-pouvoir des médias ».*

Pour Télérama, *Hubert Védrine souligne et regrette la dépendance mutuelle et le parasitisme croisé des pouvoirs politiques et des médias.*

La télévision hystérise le monde politique

TÉLÉRAMA : Selon vous, aujourd'hui, la télévision, trop souvent, gêne la décision politique.

HUBERT VÉDRINE : Toute notre vie sociale, culturelle, privée, et donc notre vie politique, est modelée par la télévision. Son impact, sa puissance de feu sont sans commune mesure avec ceux de la presse écrite ou des radios. Quand neuf foyers sur dix ont la télévision, que les Français passent plus de trois heures par jour devant leur poste et que les journaux télévisés sont regardés par plus de dix millions de personnes, tout change. La société est médiatisée, elle est touchée dans sa totalité. L'outil est totalitaire, si la pensée ne l'est pas. Le journal de 20 heures structure la vie privée, les rendez-vous professionnels, les horaires des dîners, le langage… Cette tendance s'est aggravée depuis la privatisation de TF1 : fournir aux annonceurs l'audience qu'ils réclament condamne à une concurrence sauvage. On ne lésine pas, pour attirer le chaland, sur l'émotionnel. Or l'image est chaude, quand le texte est froid. Elle peut exciter, déprimer, choquer, scandaliser, mais pas expliquer. Dans notre société, les images deviennent le réel. Les téléspectateurs, tous émules de saint Thomas, croient tout ce qu'ils voient, parce qu'ils croient le voir de leurs propres yeux ! Ils ont vu trop d'immigrés chez eux, dans leur poste, et ont voté Front national ; ils ont vu les oiseaux mazoutés par la marée noire irakienne au Koweït (c'étaient des images de Bretagne !) ; ils ont vu des manifestants conspuer la France au Maghreb pendant la guerre du Golfe (c'était au Sud-Liban, contre Israël !) ; ils ont vu la guerre des étoiles de Ronald Reagan, des missiles pulvérisés en plein ciel par des satellites (c'étaient des films d'animation !) ; et, souvent, des images d'archives présentées comme du direct.

Quelle incidence ce trouble de la perception du réel a-t-il sur la vie politique ?

Considérable. Le journal télévisé fait les émotions. Le sondage – un par jour en moyenne en France – les fixe, fait et défait les notoriétés. La vie politique est hystérisée et personnalisée. Il est plus facile de montrer un affrontement de personnes qu'un débat d'idées ! Les grandes émissions politiques sont le lieu où l'homme politique est investi ou écarté, légitimé ou désavoué, reconnu ou accablé. Surtout, cette médiatisation, même si ce n'est pas son but, contribue à l'ingouvernabilité. Les médias ont tendance à vampiriser la république et les institutions.

Mais les gouvernements eux-mêmes ne s'y prennent pas toujours bien : l'annonce de certaines réformes, par exemple, est parfois maladroite…

Sans doute. Mais avec cette amplification, tout projet de réforme suscite des réactions très fortes, qu'il s'agisse de la réforme du siècle ou du déplacement d'une petite cuillère ! Cette pression médiatique, ces flambées de réactions précoces font que les gouvernements sont progressivement privés du temps de maturation, de réflexion, de préparation dont ils ont besoin pour élaborer un projet avant de le présenter. Il y a eu, depuis des années, peu de réformes, petites ou grandes, qui n'aient été lancées maladroitement, prématurément. Elles sont révélées trop tôt, par bribes, parce que l'un des acteurs y a intérêt, soit pour les torpiller, soit pour s'en attribuer le mérite, soit pour les présenter à sa façon. Beaucoup d'hommes politiques alimentent ainsi des réseaux. Cela leur permet d'assurer leur influence, d'exister, de préparer des « renvois d'ascenseur ». Ils se soumettent donc aux règles du système médiatique pour maintenir ou renforcer leur notoriété, clé de la réussite, de la carrière !

N'existe-t-il pas d'hommes politiques capables de résister à ce système ?

Mais ce n'est pas un problème d'hommes ! Ni du côté des journalistes ni de celui des politiques. Les uns et les autres font ce qu'ils peuvent ! Ce qui est en cause, c'est ce que j'appelle le « système médiatique ». Un système qui a non pas des dérives, mais une logique. Même si, bien sûr, il n'est pas organisé : il n'y a pas de « président des médias ». C'est presque dommage… un peu comme pour l'islam qui, n'ayant pas de pape, ne peut faire Vatican II ! C'est aussi pour cela que le « système » a tant de mal à se réguler et que, lorsqu'il devient fou, par exemple comme ce fut le cas contre Pierre Bérégovoy, personne ne peut l'arrêter. Ce sont les deux plaies de ce système : la retape du chaland et la chasse à l'homme politique. Voyez le sort des Premiers ministres depuis des années…

Est-ce un phénomène exclusivement français ?

Non. C'est vrai dans toutes les sociétés très médiatisées. Aux États-Unis, lorsque le président Bush organise un débarquement en Somalie, il sait que cela ne mettra pas fin à la guerre civile qui a provoqué la famine. Mais comme il ne veut à aucun prix engager son pays dans l'engrenage d'une guerre en Yougoslavie, il cherche une diversion pour terminer son mandat en beauté. Il choisit le sujet que CNN rend pathétique à ce moment-là : la Somalie, et pas le Sud-Soudan dont CNN ne parle pas. Il y monte une opération de conception hollywoodienne dont le déroulement est fixé en fonction des horaires d'outre-Atlantique. Depuis Ronald Reagan, les programmes des visites en Europe des présidents américains tiennent compte du décalage horaire.

Même si le système médiatique est plus fort que le politique, un homme politique pas trop naïf, qui en connaît les ressorts et qui sait où il veut aller, peut sans doute s'en accommoder et se frayer un chemin. À condition de voir à long terme, de penser plusieurs coups d'avance, de savoir qu'en disant telle chose il va provoquer des réactions qui seront incroyablement amplifiées, qu'il faudra les laisser retomber avant de relancer un autre argument, etc. Il faut être grand stratège, se montrer aussi patient, tenace et habile. Quelques personnes y arrivent. La façon dont François Mitterrand a conduit sa politique européenne contre vents et marées en est un bon exemple.

Il y en a peu de son envergure ?

La grande majorité de la classe politique ne tient pas le coup. Ce n'est pas qu'elle soit mauvaise, au contraire, mais c'est le pot de terre contre le pot de fer ! Très vite, l'homme (ou la femme) politique moyen n'a plus qu'une préoccupation : que l'on parle de lui (ou d'elle). Vous le savez bien...

Il voudrait se servir des médias, mais il ne sait pas comment ?

Il ne peut pas. Ce qu'il a à dire n'est pas assez intéressant, il n'a rien à négocier, il n'a donc pas accès aux « 20 heures » ni aux grandes émissions. Dans la plupart des cas, le ministre qui a eu, au début, quelques idées ou projets ne sait plus au bout d'un moment où il en est, parce qu'il a pris dans la figure des réactions violentes. Alors il se tient coi et, de temps en temps, invente des petits gadgets, des gestes « filmables », pour rester dans le paysage.

Les opposants aux réformes, les mille et un défenseurs des droits bien ou mal acquis connaissent bien, eux aussi, le jeu médiatique. Ils savent parfaitement comment bloquer, en exagérant n'importe quel argument grâce à la télévision qui grossit tout. La « protestation des infirmières » campant pendant des mois devant le ministère de la Santé, c'était une tente où trois-quatre personnes se relayaient. Dans l'opinion de l'immense majorité des téléspectateurs qui ne pouvaient aller avenue de Ségur, c'était un vrai mouvement d'infirmières. Puis, quand il y a une vraie protestation d'infirmières, avec une vraie manifestation, on ne mesure pas la différence. Société otage de ses images !

Dans un vieux pays protestataire comme la France, il est rare que l'on se mette à la place du gouvernement. Quand il a des ennuis, on dit : « C'est bien fait pour lui. » Mais, en théorie, un gouvernement est là, démocratiquement désigné, pour prendre des décisions pendant un temps donné au terme duquel il doit rendre compte. Or, il est dans la situation d'un chirurgien qui, au moment d'opérer, a autour de lui la famille du malade bouleversée, un concurrent qui commence à le critiquer dès qu'il saisit un bistouri, le représentant du personnel, des caméras qui enregistrent ses faits et gestes pour le procès qui risque de suivre, son avocat, l'avocat du concurrent, celui de la famille, etc. Avant même que l'opération ait commencé, le premier geste provoque des réactions, des cris : « Arrêtez ! » Pourtant, le rôle du chirurgien comme celui du gouvernement, c'est de prendre ses responsabilités. Quitte à ce qu'il y ait ensuite débat, contrôle, sanctions éventuelles.

Ce n'est plus le cas ?

Non. Les gouvernements ne sont presque plus jamais dans cette situation. Sauf encore un peu en matière de défense où le respect du secret persiste et où un temps de gestation, de réflexion, est préservé. Il me semble que tout cela tend à substituer au système représentatif, tel qu'il a été conçu depuis les origines de la république, un système de responsabilité en temps réel, un peu comme sous le Comité de salut public de la Révolution où les commissaires étaient responsables toutes les vingt-quatre heures. Selon la formule de Régis Debray, les gouvernements, aujourd'hui, sont responsables devant TF1 et devant la Sofres.

Les hommes politiques adoptent pourtant, face aux médias, des stratégies particulières. Ils calquent leur langage sur celui des publicitaires, en simplifiant à l'extrême.

Ils tentent de s'adapter. En préservant ou non leur fonction, leur rôle, leurs idées. Il arrive que l'homme politique renonce à tout message et que, constatant simplement qu'il a affaire à un système plus fort, il ne s'intéresse plus qu'à ce qui lui permet d'apparaître dans les médias : quelques secondes au journal de 20 heures, une photo dans un hebdomadaire, grimper dans le baromètre de popularité du *Point* ou du *Nouvel Observateur*, etc. Celui qui veut quand même agir doit employer toutes sortes d'astuces, de trucs professionnels. Par exemple, la langue de bois. Contrairement à ce que l'on croit, elle n'est pas le fait de ceux qui n'ont rien à dire, mais de ceux qui, par précaution ou courtoisie, veulent éviter les sujets qui fâchent, parce qu'ils n'ont pas envie de se faire lyncher ! Comme dans une réunion de famille... Sauf que les hommes politiques ne s'adressent pas à trente personnes, mais à huit millions de téléspectateurs. Il leur faut donc être d'une extraordinaire prudence, parce que toute formule un peu relevée va heurter l'un ou l'autre...

Puisqu'il me semble, aujourd'hui, que le pouvoir dominant est celui des médias, peut-être la multiplication des chaînes pourrat-elle progressivement relativiser l'impact des chaînes généralistes ? Mais il semble que ce ne soit pas pour demain.

Ne manque-t-il pas aussi une chaîne de service public qui remplisse vraiment sa mission ?

Sans doute. Cela suppose qu'elle ne soit pas placée dans des conditions de concurrence telles qu'elle doive faire comme une chaîne commerciale, en cherchant à séduire les mêmes annonceurs. Cela suppose d'une part que son budget ne provienne pas majoritairement de la publicité, d'autre part qu'elle assume ses choix. Il nous manque une grande chaîne publique qui trouverait normal de programmer *Yougoslavie, suicide d'une nation européenne*[1] à 20 h 30, comme l'ont fait les télévisions publiques anglaise, autrichienne, belge et hollandaise...

Êtes-vous favorable au renforcement des pouvoirs de sanction du CSA ?

Oui. Dans des cas extrêmes, il faut des sanctions très fortes et en faire un usage incontestable, peu fréquent mais exemplaire. Néanmoins, cela ne suffit pas. L'idéal serait que les journalistes élaborent eux-mêmes des règles de déontologie, des lignes de conduite internes qu'ils respectent. Je sais qu'il existe une Charte des journalistes, mais beaucoup de propositions ont émané du législateur, à défaut de règles professionnelles suffisantes.

La transparence est en effet à sens unique : un(e) journaliste politique avisé(e) sait tout du Conseil des ministres dès le mercredi à 15 heures, après quelques coups de fil. On ne sait rien,

---

1. Cinq émissions sur l'histoire du conflit en Yougoslavie, programmées le 30 octobre 1994 à 20 h 30 sur Canal+. Toutes les chaînes européennes de service public, sauf France 2, avaient acheté ce remarquable document de la BBC.

en revanche, sur la conférence de rédaction des grandes chaînes de télévision ! Pourtant, elles peuvent exercer une influence considérable !

Le système politique ne devrait-il pas lui aussi se réformer ?

Bien sûr. Les hommes politiques doivent admettre qu'ils ont des obligations que leurs prédécesseurs n'avaient pas en matière d'information, d'explication, de transparence ; qu'invoquer de façon abusive le « secret défense » ou tout autre privilège régalien se retourne contre eux ; et que, s'ils se transforment en bateleurs pour capter l'attention d'un jour, ils seront « consommés » et jetés comme tels. Ils doivent retrouver leur dignité, se ressaisir, savoir dire non, mériter le respect et ne pas accepter d'être traités n'importe comment.

Car « le » pouvoir conserve une fonction éminente, irremplaçable : celle d'arrêter les décisions d'intérêt général que ne peuvent prendre ni le marché ni les individus privés, en pensant à l'avenir. Dans le monde actuel, nous avons plus que jamais besoin de pouvoirs à qui l'on permette de remplir cette fonction de service public. Restaurons-la !

Propos recueillis par Nicole du Roy, 15 novembre 1995

Les contraintes du pouvoir moderne

ENJEUX-LES ÉCHOS : L'exercice du pouvoir a-t-il changé de nature en quinze ans ?

HUBERT VÉDRINE : Les gouvernants modernes sont pris en tenailles entre la contrainte de la mondialisation, à l'extérieur, et la pression de la médiatisation, à l'intérieur. Ces deux phénomènes bouleversent l'exercice du pouvoir. La France ne vit pas la mondialisation comme n'importe quel autre pays : on y attend beaucoup du pouvoir politique. L'idée commune est que, par l'expression de la souveraineté, on désigne un pouvoir ayant des moyens d'agir sur l'ensemble de la vie économique, sociale, culturelle. Et l'on croit que la France a en elle-même les moyens d'agir sur le monde. C'est la transposition laïque de l'idée que la France est la fille aînée de l'Église et qu'elle est chargée d'évangéliser le monde. Elle aurait le devoir de s'ingérer, comme elle avait celui de baptiser.

La mondialisation est un phénomène progressif qui a pris toute sa force au moment où la gauche était au pouvoir. D'où le contraste entre les ambitions affichées, les espérances et ce qui a été réalisé, qui est remarquable mais différent.

Est-ce la fin d'une illusion ?

Oui, mais j'espère aussi le début d'une volonté mieux assise : la France continue à exercer dans les affaires de l'Europe et du monde une influence sans proportion avec sa superficie, sa population ou même le poids de son PNB. Mais les Français balancent, à tort, entre la nostalgie d'un passé mythique et le complexe d'un petit pays sans influence. D'où le regret un peu geignard du prétendu « déclin » de la France au profit d'une autre nation, l'Allemagne par exemple. En réalité, ce phénomène d'interdépendance affecte toutes les puissances mondiales, y compris même les États-Unis. Dans les milieux économiques, on le sait bien. Mais le monde politique est encore décalé…

Les décideurs politiques avancent à reculons parce que tout cela les gêne. Pour la moindre chose, il leur faut désormais négocier avec quinze personnes différentes. Plus on expliquera cela, plus on aura de chances de reconstruire un débat politique qui ait un sens. Et de cesser d'entretenir dans chaque pays une sorte de théâtre d'ombres en niant ces évidences.

1981 et toute la vie de François Mitterrand marquent l'affirmation du primat du politique sur l'économie ?

Et plus largement une volonté. C'est la démarche même de la gauche. Elle n'en a pas le monopole, mais elle est, elle, par essence volontariste. Si on simplifie, la gauche, c'est la révolte contre l'injustice interne ou externe, qu'on veut corriger par la politique et les pouvoirs de l'État. C'est cette conception qui, pour garder ou recouvrer son efficacité, doit tenir compte des réalités du monde.

Quelles sont les décisions qui ont pu être prises dans le cadre d'une mondialisation apprivoisée ?

Toute la politique européenne du président Mitterrand a été une réponse à cela : le renforcement de la relation franco-allemande afin d'avoir les moyens d'entraîner les autres ; la remise en marche de la construction européenne en 1984 ; le passage par l'Acte unique et le Grand Marché, l'union économique et monétaire, l'union politique, le traité d'union. Au total, un immense chantier de reconstitution d'un niveau de pouvoir au sein duquel la souveraineté des États peut recommencer à s'employer pour exercer une régulation.

Dans la vie internationale actuelle, vous devez négocier sans cesse avec un grand nombre de partenaires. Cela peut aller de deux (le couple franco-allemand) à douze, quinze ou plus (l'Union européenne). Ou alors à cinq (les membres permanents du Conseil de sécurité), à cent quatre-vingt-cinq (les pays membres des Nations unies) ou quatre-vingt-six (la nouvelle Organisation mondiale du commerce). Pour défendre vos intérêts dans ces enceintes, vous devez conclure des accords, des compromis, des trocs. L'exercice de la politique étrangère et de la politique tout court consiste à hiérarchiser tout cela.

Toute inflexion – de gauche ou d'ordre national – doit passer par ces mécanismes. Même dans ce monde moderne de l'économie globale et de la médiatisation, on peut avoir des objectifs très ambitieux, vouloir une société plus juste, un monde plus sûr et plus pacifique, on peut nourrir de grands desseins, des utopies au meilleur sens du terme. Mais on ne peut prétendre qu'un État seul peut faire ce qu'il veut. Il y a donc un devoir d'explication de ce monde nouveau, un travail de pédagogie plus accentué qu'auparavant à déployer à l'égard d'opinions publiques et d'électeurs qui demandent légitimement qu'on agisse pour eux. Cette explication, il faut la faire passer...

Malgré ou grâce à la médiatisation ?

Les deux phénomènes sont liés, parce qu'il y a une mondialisation de la médiatisation. La mondialisation rogne les moyens d'action des pouvoirs nationaux, tandis que la médiatisation les oblige à vivre dans l'instant, dans une sorte de tyrannie de l'immédiateté, sans passé ni anticipation.

Les pouvoirs politiques ont à prendre, malgré cela, des décisions collectives d'intérêt public – celles qui ne relèvent ni des individus, ni du marché – et à préparer l'avenir d'une société de moins en moins composée de citoyens au sens de la IIIe République, mais de consommateurs-téléspectateurs-zappeurs qui passent de Peugeot à Renault, de Vittel à Évian, de la gauche à la droite, du Parti communiste à Tapie ou à Le Pen ; et qui, face à un choix politique, ont la même attitude : ils choisissent, comparent, zappent...

Quelles en sont les conséquences sur la décision politique ?

Devant un écran de télévision, c'est l'affectif qui est touché : on est impressionné, choqué, enthousiasmé, désespéré, écœuré, révolté, scandalisé... Tous les sentiments sont exacerbés, mais pas la compréhension...

Or vous devez faire prévaloir le long terme collectif sur cette opinion instantanée dont les réactions sont souvent transformées en feux de cheminée par la télévision et les sondages (je crois que nous sommes le pays qui en consomme le plus au monde). Les réactions au micro-événement ou à la micro-décision de la journée sont très fortes, l'attention au reste presque nulle. Nous sommes loin du contrat de base selon lequel on choisit, pour diriger, les gens qui paraissent les plus aptes à gouverner, qui sont contrôlés mais peuvent travailler et rendent compte à terme. Les articles 20 et 49 de la Constitution ne prévoient pas la responsabilité du gouvernement devant le journal de 20 heures !

J'ai vu nombre de ministres arriver pleins de bonnes intentions, désireux de faire quelque chose, ayant réfléchi parfois longuement aux banlieues, au chômage des jeunes, etc. Ils commencent par émettre une idée, font une première réunion. Le lendemain, tout est dans le journal, et cela provoque une polémique avec ceux qui craignent pour leurs avantages acquis. Ils sont obligés de reculer, de démentir leurs projets, leurs propos, ils sont tancés par le Premier ministre. Après, ils ne savent plus comment avancer. Et en quelques semaines, les voilà cassés par le système. Leur seule activité n'est plus que faire parler d'eux.

Que faut-il faire ?

Clarifier les nouvelles règles du jeu, rappeler qui exerce la légitimité démocratique. Ne pas confondre contrôle avec harcèlement paralysant ni avec jeu de massacre. Bien sûr, certains dirigeants refusent de capituler. Ils avancent face au vent et réussissent à faire des choses. Ou alors, ils baissent les bras et théorisent : l'homme politique n'est plus alors qu'une espèce de porte-parole censé délivrer, à un moment donné, la meilleure traduction possible de ce que veulent les gens, synthèse de Poivre d'Arvor et de Jérôme Jaffré ! Mais l'opinion ne « ré-agit » qu'aux choix présentés. Elle ne se souvient pas, elle n'anticipe pas. Elle ne trie pas entre ses réactions contradictoires. Jamais elle ne dit : « Faites l'Europe ! » Quand on discute satellites d'observation avec les Allemands, cela ne découle pas d'une impulsion du moment, mais d'une réflexion sur ce que doit être l'Europe, sur l'équilibre du monde dans cinq ou dix ans.

Les médias sont-ils un contre-pouvoir ?

C'est un pouvoir. Si vous voulez me faire dire que le pouvoir médiatique a un programme politique – vieux débat dépassé ! –, je réponds non. En revanche, quand vous me demandez si c'est un pouvoir de retenir trois heures et demie par jour une partie considérable de la population française pour la bombarder d'images, de drames du monde entier (plus en une soirée que nos grands-parents en une vie, et en direct), tout en la mettant en état d'hyper-émotivité, la réponse est oui !

Plus les sociétés sont médiatisées, plus le rapport au réel y est pathologique. Ainsi l'apparition, il y a quelques années, du vote Front national dans des communes où il n'y avait pas un seul immigré... sauf dans les salles à manger, grâce à la télé ! Le parti politique de l'avenir sera-t-il une chaîne câblée ? L'inscription serait l'abonnement, et au lieu d'aller à des congrès, vous participeriez à des débats interactifs. Le lien matériel fixe – l'endroit où les gens habitaient ou travaillaient, et qui les déterminait – est de plus en plus ténu.

Je renverse le propos : est-ce que le pouvoir politique a gardé assez de légitimité et de moyens pour être le contre-pouvoir de ce pouvoir médiatique ? Je n'en suis pas sûr. Pourtant, il faut au bateau un équilibre et un gouvernail...

Les médias font pourtant partie des règles du jeu moderne...

Certes, le pouvoir ne peut être seulement contrôlé par un corps électoral convoqué tous les cinq ans. Mais il faut préciser toute une série de concepts. Si le contre-pouvoir est légitime – *a fortiori* si c'est une vraie puissance –, il faut le traiter avec la même rigueur qu'un pouvoir. On veut la transparence ? Qu'on l'applique là aussi, qu'on connaisse exactement les influences, qu'on en sache autant sur le financement des médias que sur celui des partis politiques ! En un mot, que le pouvoir médiatique soit soumis aux mêmes règles et aux mêmes exigences de contrôle que les autres pouvoirs.

Aujourd'hui, dans nos sociétés, on assiste à un surcontrôle des pouvoirs « classiques », exécutif et législatif. Déjà, dans le magma de l'économie globale, le politique ne peut pas grand-chose : les banques centrales sont autonomes, tout comme le CSA, le Conseil constitutionnel, etc. ; la société civile n'en fait qu'à sa tête ; le consommateur, le téléspectateur suivent leur propre logique ; le pouvoir judiciaire essaie de gagner sa lutte séculaire contre le pouvoir exécutif. Tout cela est en train de se cumuler et d'engendrer une vraie paralysie. Je pense qu'il y a mieux à faire que d'en rajouter.

D'ailleurs, c'est parce que les citoyens ne savent plus ce qu'ils attendent des hommes politiques qu'il y a une fuite en avant dans le moralisme – qui n'est pas la morale. Si on avait une idée plus claire des pouvoirs réels des hommes politiques de par le monde, on leur demanderait des résultats, et non d'être à moitié vestales, à moitié boucs émissaires. Le moralisme est fils du sentiment d'impuissance. En politique étrangère, c'est on ne peut plus fréquent. Quand on croit qu'on ne peut plus rien à rien, au téléspectateur choqué il reste l'imprécation, la dénonciation du mal et du pouvoir national, parce qu'on l'a sous la main, l'« indignation-business ». Eh bien, non ! Le pouvoir politique démocratique conserve un rôle irremplaçable, une légitimité unique, une fonction sociale que n'ont ni le marché, ni la société civile, ni la télévision qui ne sauraient décider à sa place.

Votre conclusion ?

À la mondialisation sauvage répondons par une mondialisation ordonnée, de vrais pouvoirs de négociation, une Europe forte. Quant à la démocratie de l'époque médiatique, elle est à bâtir et appelle un nouveau Montesquieu.

Propos recueillis par Olivier Jay, juin 1995

En septembre 1995, pour calmer la polémique provoquée par la reprise des essais nucléaires français, Jacques Chirac évoque l'idée que la dissuasion française pourrait jouer dans la sécurité européenne. Pour Hubert Védrine, une « dissuasion européenne », s'il devait y en avoir une un jour, supposerait un président européen : « La dissuasion européenne viendra couronner la défense européenne et l'Europe politique. Elle ne les précédera ni ne les accélérera, elle en sera le fruit » (au Point *et à* Libération).

Dissuasion élargie ou européenne

Jacques Chirac, en évoquant le rôle de la dissuasion française dans la sécurité de l'Union européenne, Alain Juppé, en parlant de dissuasion « concertée », ont suscité intérêt et perplexité mêlés. Cela mène-t-il à une percée stratégique, raccourci vers la souhaitable défense européenne, ou à une embrouille ? N'oublions pas que la dissuasion nucléaire doit intimider tout adversaire potentiel avant de plaire aux amis. Distinguons l'hypothèse où il s'agirait de gérer autrement la dissuasion *française* de celle d'une dissuasion *européenne*.

Première hypothèse : la dissuasion *française* est « élargie ». Nous protégeons nos partenaires européens avec nos missiles, ce qui veut dire en bon français que nous sommes prêts à menacer les adversaires de nos amis de représailles nucléaires. Mais les Allemands et les autres Européens veulent-ils encore d'une protection nucléaire ? Rien n'est moins sûr. Et, si oui, voudraient-ils d'une protection nucléaire française octroyée, couplée ou non avec une protection nucléaire britannique, à la place ou en plus de la garantie américaine ? Cela aussi reste à démontrer ou à préparer.

Jusqu'à quel point, d'autre part, notre dissuasion serait-elle « concertée » ? Quel droit de regard nos partenaires seraient-ils en droit de nous demander, à ce titre, sur les systèmes d'armes, sur la doctrine, sur les cibles, voire sur la décision elle-même ? Et qu'accorderions-nous ?

Les Français consentiraient-ils à ce que la menace de leurs armes nucléaires – de façon concertée ou partagée – soit brandie pour sauver un jour Berlin, Rome ou Stockholm ? Si l'on ne veut pas que notre dissuasion devienne compliquée et contestée, donc peu crédible, il nous faut répondre à ces questions.

C'est *a fortiori* vrai dans l'hypothèse, plus ambitieuse, d'une vraie dissuasion *européenne*. Celle-ci n'est concevable que du jour où les intérêts vitaux des divers pays européens se seront rapprochés au point de ne plus faire qu'un, grâce à la monnaie unique, aux politiques communes et au mûrissement des opinions, ce qu'accélérerait la perception d'une menace commune. Et il faudrait encore, pour veiller à la sauvegarde des intérêts vitaux européens et intimider un agresseur éventuel, un décideur, ou plutôt un « dissuadeur unique », c'est-à-dire un président européen.

Avancer vraiment dans cette voie suppose de surmonter la vague antinucléaire, et qu'une volonté et une pédagogie européennes sans faille soient déployées pendant des années afin que les opinions française, allemande et plus généralement européenne souscrivent à ce processus.

L'état du monde comme les objectifs que nous nous sommes assignés avec le traité de l'Union européenne nous obligent à repenser notre défense. Mais est-ce bien en matière nucléaire que l'on peut anticiper l'état futur de l'Europe ? La dissuasion a ses lois, peu ductiles. Tout indique que la dissuasion européenne viendra couronner la défense européenne et l'Europe politique. Elle ne les précédera ni ne les accélérera. Elle en sera le fruit.

Le Point, *30 septembre 1995*

« Une dissuasion européenne suppose un président européen »

LIBÉRATION : La force de dissuasion nucléaire française a-t-elle vocation à servir l'Europe ?

HUBERT VÉDRINE : Sa vocation est d'abord de dissuader tout adversaire potentiel, aujourd'hui comme dans dix ou vingt ans, de s'en prendre à la France et à ses intérêts vitaux. L'intégrité de nos partenaires européens fera-t-elle un jour partie de nos intérêts vitaux ? Cela sera vrai lorsque nos intérêts et ceux de nos partenaires seront intimement mêlés. Peut-être un certain temps après l'instauration de la monnaie unique ? Cela ne pourra en tout cas que se constater, pas se décréter. On ne peut faire varier le champ de la dissuasion comme une lampe à halogène. Le principe de réalité impose d'être cru par tout adversaire plus encore que par tout ami.

Comment et à quelles conditions peut-elle s'« européaniser » tout en restant crédible et efficace ? Qui doit disposer de la « clé » de l'arme nucléaire ? Peut-elle être partagée ?

Il faut distinguer. Première hypothèse : la France protège l'Europe par *sa* dissuasion. La dissuasion n'est pas partagée, car la crédibilité de la dissuasion suppose un décideur ou plutôt un dissuadeur, et un seul. Rappelez-vous le « La dissuasion, c'est moi » de François Mitterrand. La demande d'une protection par la dissuasion nucléaire reste-t-elle assez forte dans un monde mobilisé contre la prolifération ? La garantie américaine sera-t-elle devenue assez incertaine pour que nos partenaires acceptent de « dépendre » sur ce plan de la France ? Autant de questions auxquelles il faudra répondre si l'on veut avancer dans cette voie.

Deuxième hypothèse : la force de dissuasion française (et britannique ?) constitue un jour la dissuasion européenne. Mais qui dissuade alors ? Un chameau, c'est un cheval dessiné par une commission, disait Clemenceau. Une dissuasion européenne suppose un président européen.

Peut-on parler de défense européenne sans poser la question nucléaire ?

À l'évidence. C'est d'ailleurs bien ce qui se passe. En revanche, c'est une bonne chose que de parler du nucléaire. La France n'a pas à avoir de complexes. Son concept de dissuasion (juste ce qu'il faut pour empêcher la guerre) est celui qui a connu, grâce à ses présidents, le moins de dérives. Se poser la question d'une dissuasion européenne est une bonne mise en perspective, mais à condition de le voir comme un aboutissement et non comme un préalable.

Propos recueillis par Pierre Haski, Libération, *septembre 1995*

Pour Hubert Védrine, dans des numéros du Point *de septembre et novembre 1995, peu avant les accords de Dayton sur la Bosnie, l'Union européenne doit, dans les Balkans, se déculpabiliser, se décomplexer et agir dans l'ex-Yougoslavie (ce qui sera le cas au Kosovo en 1999) pour faire cesser ce jeu de go mortel.*

Jeu de go mortel

Pour ceux qui ont sincèrement cru qu'un « nouvel ordre international » était né de la chute du Mur et de l'URSS, et que les Occidentaux allaient pouvoir, *via* l'ONU, faire régner, au besoin par la force, la paix et la démocratie, la guerre dans l'ex-Yougoslavie, avec ses horreurs, est depuis quatre ans non seulement un crève-cœur, mais, pour tout un chacun, un démenti incompréhensible et révoltant.

D'où tant d'anathèmes grandiloquents et de condamnations aussi faciles que vaines de l'impuissance de l'Europe, des États-Unis, de la France, de l'Otan, de l'ONU, etc.

En fait, le postulat est erroné. Le monde de l'après-guerre froide n'est pas encore une « communauté internationale » – louable objectif ! –, même si les membres du Conseil de sécurité et du G7 s'emploient à lui donner corps.

Certes, les quelque cent quatre-vingts États membres de l'ONU s'affrontent plutôt avec des armes économiques, mais, si une guerre survient malgré tout – Somalie, Caucase, Soudan, Rwanda, Yémen, ex-Yougoslavie –, il reste très difficile d'y mettre un terme comme par miracle.

La tragédie yougoslave n'a rien à voir avec la caricaturale annexion du Koweït par l'Irak, pas plus qu'avec aucun épisode des années 30 –

c'eût été plus simple ! C'est la tragédie d'une désintégration incontrôlée qui a tourné au jeu de go mortel entre des nationalismes géographiquement concurrents, jusque-là contenus par la Fédération yougoslave, et qui, dès l'affaiblissement de celle-ci, ont entrepris de se tailler des territoires homogènes. Et cela avec d'autant plus de violences que la répartition des populations ne coïncidait pas avec les limites des anciennes républiques fédérées, surtout en Bosnie, et que ni les Croates, ni les musulmans, ni les Serbes n'acceptaient le risque de devenir une minorité dans l'un des nouveaux États.

La responsabilité de ceux qui ont enclenché et qui encouragent ce démembrement (pour abattre la Yougoslavie, survivance du communisme !), erreur matricielle dont sont sorties ces guerres de sécession en chaîne, avec leur cortège d'abominations, notamment serbes, est tragique. La force extérieure vise alors à contraindre à l'accord un protagoniste, non à chasser l'envahisseur.

Pourquoi, aujourd'hui, se payer de mots sur la Bosnie alors que les pays du « groupe de contact » ont déjà approuvé plusieurs plans de partage ?

En réalité, s'il y a demain une confédération bosniaque, elle sera formée du regroupement en Bosnie de la Confédération croate et de la Confédération serbe – une des questions clés restant de savoir quelles garanties institutionnelles et de sécurité les musulmans trouveront dans leur confédération avec la Croatie.

Avec d'autres responsables, un après-guerre surviendra pourtant dans l'ex-Yougoslavie. Il y aura toujours des Serbes, des Croates, des musulmans qui, même séparés, devront cohabiter, quelle que soit la forme institutionnelle retenue (Bosnie unitaire, coupée en deux ou en trois). Prépareront-ils alors une énième revanche ou sauront-ils, avec notre aide, inventer les Balkans européens de demain ?

Le Point, *2 septembre 1995*

Ex-Yougoslavie :
« L'Europe doit se déculpabiliser »

Cela fait plus de quatre ans que la dislocation incontrôlée de la Yougoslavie a libéré des nationalismes rivaux – notamment le serbe – qui ont martyrisé tour à tour les diverses populations. Mais, aujourd'hui, les puissances extérieures sont – enfin – en phase pour imposer en Bosnie une solution « politique » par le bâton et la carotte, et les jusqu'au-boutistes mesurent, dans chaque camp, les obstacles mis à leur entreprise.

Les Serbes ne rassembleront pas tous les Serbes dans un même État ; ni les Croates, encore qu'ils s'en approchent ; et les musulmans bosniaques n'imposeront pas aux Serbes et aux Croates de Bosnie de devenir des minorités dans une Bosnie à leur façon. La conclusion est donc en vue et il ne faut pas la rater.

Pourquoi faut-il soutenir le plan proposé[1] ?

– D'abord parce que c'est, depuis le 13 mai 1994, celui du groupe de contact, et donc de la France. Certes, c'est un plan de partage : à 49/51 %, dira-t-on. Il faut pourtant l'assumer sans surenchère irresponsable, car il n'y a pas d'autre solution. La Bosnie unitaire et pluriethnique était – hélas ! – une illusion mort-née dès lors que l'armature yougoslave avait disparu.

– Ensuite, au stade actuel, une répartition territoriale est devenue un préalable à la future coexistence pacifique des trois commu-

---

1. À Dayton.

nautés bosniaques. Il est temps de revenir à la *Realpolitik*, celle qui, contrairement à sa mauvaise réputation, apaise et résout, alors que les chimères tuent. Mais c'est une *Realpolitik* américaine, objectera-t-on. Et alors ? N'avons-nous pas assez déploré les atermoiements des États-Unis ? Il était bien temps, au bout de quarante-deux mois, qu'ils jettent leur propre poids dans la balance en faveur d'une solution « européenne » !

Est-ce à dire que tout est réglé ? Loin s'en faut : de très délicats problèmes de maintien de la paix, de frontières, d'institutions, de réfugiés, de reconstruction restent à résoudre, sans oublier celui des droits des musulmans bosniaques au sein de la Fédération bosno-croate confédérée avec la Croatie, ni celui du sort des dirigeants des ex-républiques. Ces problèmes ne pourront l'être que si une perspective d'avenir est tracée pour tous les ex-Yougoslaves sans exclusive, aidant ceux-ci à sortir enfin du délire historiciste et du cycle des revanches.

Que doit faire l'Europe ? Se déculpabiliser, se décomplexer, et agir. Cessons ces lamentations sur « la honte de l'Europe » ! Ce masochisme est infondé et stérile. L'Europe n'est pour rien dans ce « suicide d'une nation », même si certains Européens – mais pas la France – ont aggravé les choses par leurs maladresses. Ce que l'Europe n'a pas pu régler seule, personne ne l'a réglé seul, et le traité de Maastricht n'est pas un traité de magie. Qu'elle se tourne plutôt vers l'avenir ! Qu'elle admette d'autant moins d'être à la remorque des Américains qu'elle sera le principal bailleur de fonds. Et qu'elle reprenne le *leadership* politique, car il appartiendra à l'Union européenne d'européaniser les Balkans.

Le Point, *21 octobre 1995*

Après l'assassinat d'Itzhak Rabin, alors qu'on s'émeut sans se rendre compte encore que c'est le processus de paix lancé à Oslo lui-même qui a été frappé au cœur, Hubert Védrine écrit dans Le Point *(novembre 1995) : « Le monde voudrait que Rabin ait été un fondateur plus qu'un martyr. »*

« Un fondateur plus qu'un martyr »

Itzhak Rabin fauché par un illuminé, c'est la tragédie qui reprend ses droits. Deux peuples, deux Dieu pour une seule terre ; jusqu'au début du processus de paix, près de quarante-cinq ans de guerres, et, pour chacun, de négation de l'autre.

Nous nous étions trop habitués au train-train rassurant des négociations Rabin-Peres-Arafat, des ruptures et des raccommodages, comme à Bruxelles ! La haine, l'incoercible haine, la panique de l'avenir demeuraient.

Je me rappelle l'appel pressant lancé par François Mitterrand à la Knesset il y a treize ans : appel au dialogue direct, à la reconnaissance mutuelle, à une patrie et à un État pour chaque peuple, à la coexistence. Et je me rappelle aussi la violence viscérale du refus de chaque camp, les invectives.

Et c'est pour qu'Israël trouve un jour un dirigeant palestinien capable d'engager son peuple dans la paix que Mitterrand sauva par deux fois, en 1982, à Beyrouth puis à Tripoli, Arafat et l'OLP. Revenus au pouvoir de 1984 à 1986, les travaillistes israéliens ne purent rien faire : l'OLP ne changea qu'en 1988-1989. C'est à Paris qu'Arafat annonça la caducité de la charte de l'OLP qui impliquait la destruction d'Israël. Mais le Likoud, qui était revenu au pouvoir, ne voulut alors rien entendre.

La protection d'Israël assurée pendant la guerre du Golfe permit à Bush et Baker de mettre les dirigeants israéliens en demeure. Les électeurs comprirent et ramenèrent les travaillistes au gouvernement. Les États-Unis forcèrent la reconnaissance mutuelle que nous avions prônée : avec qui négocier, sinon avec celui qui vous combat ? Les protagonistes osèrent enfin engager le processus de paix. Quand les États-Unis fléchirent pour cause de changement de président, Israël et l'OLP poursuivirent sans eux.

Rabin, Peres, Arafat : des hommes grandis par le destin surmonté. La malédiction conjurée, chaque jour le tri entre l'audace et la folie, le choix de l'intelligence, chacun bravant les forces arcboutées de la négation. Arafat face au Hamas, Rabin face aux extrémistes israéliens et américains. Risquons le pari que le processus est trop avancé et trop irremplaçable pour être à la merci des balles d'un fou et même d'un retournement des électeurs, et qu'Israël saura réduire ses forcenés.

Aujourd'hui, les Palestiniens mesurent mieux la tragédie d'Israël et ce qu'ils ont perdu ; les Israéliens distinguent mieux cette forme presque héroïque de courage et de confiance en soi, dont il leur faut s'armer plus que jamais. Le monde voudrait que Rabin ait été un fondateur plus qu'un martyr.

Le Point, *11 novembre 1995*

En mars 1996, Hubert Védrine examine dans Le Point *en quoi et à quelles conditions l'entente et la coopération euro-arabes pourraient permettre de surmonter l'antagonisme séculaire Islam/Occident.*

Partenaires... ?

La coopération entre l'Islam et l'Occident est-elle possible ? D'un côté comme de l'autre, les relations n'ont jamais été sereines. S'entendre ? S'affronter ? C'est un casse-tête aussi ancien que Mahomet. Rien à voir avec les fugaces soixante-quatorze années de la guerre froide entre l'Est et l'Ouest ! Conquêtes arabes des VIIe et VIIIe siècles, croisades de l'Europe chrétienne au Proche-Orient, pirates barbaresques, colonisations de la rive sud de la Méditerranée ont façonné des imaginaires durablement antagonistes.

Certes, on salue toujours les savants et les poètes arabes, et depuis l'expédition de Bonaparte en Égypte la chronique regorge de voyageurs, peintres, mystiques, aventuriers, cinéastes occidentaux fascinés par l'Orient. De l'autre côté, penseurs et dirigeants arabes n'ont cessé d'emprunter idées et technologies à la civilisation occidentale.

Pourtant, malgré ces échanges, malgré le syncrétisme brillamment forgé par les élites arabo-musulmanes, malgré l'avancée du processus de paix au Proche-Orient qui atténue aujourd'hui la principale cause contemporaine de détestation entre ces deux mondes, leur altérité radicale n'a pas été entamée en profondeur. Ces dernières années, les heurts n'ont pas été rares : conflit du Proche-Orient, Liban, Tchad, Golfe, terrorisme. Les mots « liberté », « démocratie », « individu », « droits de l'homme », « condition de la femme » n'ont toujours pas le même sens dans ces deux mondes.

Les idées reçues l'emportent toujours de part et d'autre. À l'heure du monde global dans lequel le monde arabo-islamique semble une île, la persistance de cette incompréhension mutuelle est fascinante. Quand le professeur Huntington annonce que les conflits d'avenir opposeront les grandes civilisations, n'envisage-t-il pas tout naturellement une résistance combinée des mondes islamique et confucéen au modèle universel, en fait occidental ?

Les États-Unis peuvent juger le problème abstrait ou lointain. Mais l'Europe, avec sa géographie ? Et la France, avec ses quatre millions de musulmans ? Notre diplomatie traite au mieux, au cas par cas, les relations d'État à État avec les pays arabes. Les relations commerciales sont fructueuses. Mais cela ne suffit pas. Car trop d'esprits polémiquent à dessein sur ce problème déjà compliqué – menaces du « Sud », banlieues intégristes – et en tirent des conclusions intéressées. Alors que nous avons à l'évidence besoin sur ce sujet d'une pensée d'ensemble, perspective et constructive plutôt que défensive. Quelle idée nous faisons-nous à *long terme* de nos rapports avec ce monde qui sera toujours notre voisin ? Et de la place des musulmans en France même ?

Tout en restant vigilants, il nous faudrait essayer de *voir au-delà de la vague intégriste* qui, même si elle était durable, pourrait n'être qu'un dernier spasme avant la modernité. Les Européens, s'ils réalisent qu'ils ont autant besoin d'une politique extérieure commune au Sud qu'à l'Est, ont la capacité de susciter et consolider dans le monde arabe stabilité, développement et démocratie. Il faudrait pour cela édifier avec lui un vrai partenariat politique et économique.

Quant à Paris, capitale intellectuelle *libre* du monde arabe, elle peut être l'un des creusets où s'élaborera la modernité arabo-musulmane, si la France sait reconnaître les musulmans français comme une composante à part entière de la République tout en évitant le piège du communautarisme. L'entente euro-arabe est une utopie qui a de l'avenir.

Le Point, *2 mars 1996*

En avril 1996, Hubert Védrine s'interroge dans Le Point *sur la façon de favoriser de l'extérieur un meilleur respect des droits de l'homme sans provoquer de réactions contre-productives, sujet sur lequel il reviendra à plusieurs reprises en tant que ministre.*

Il préconise une combinaison de pressions bien calculées et d'encouragements visant à inciter les « démocraties émergentes » à aller plus loin et à exploiter leur « potentiel démocratique interne ».

Droits de l'homme : les leçons de l'Histoire

Être pour ou contre les droits de l'homme ? La question est plutôt : comment faire progresser les droits de l'homme là où ils sont bafoués ?

Ceux pour qui ce thème n'est que l'occasion d'une posture à visées internes ou médiatiques se soucient peu des résultats pratiques de leurs campagnes. Il en est de même de ceux qui ont intériorisé leur impuissance à changer le monde et se contentent de condamnations ou de déclarations de principe.

Pour les autres, la tâche est ardue. L'Histoire nous apprend que, sauf cas de capitulation (Allemagne et Japon en 1945), c'est rarement la contrainte extérieure qui a imposé la démocratie, mais le plus souvent le mûrissement interne économique, puis politique, comme ce fut le cas en Europe de l'Est.

Que valent ces leçons aujourd'hui ? Peut-on forcer la main grâce à l'interdépendance ? Mais qui est cet « on » ? Quelles sont sa force et sa légitimité ? Sans compter que les droits de l'homme peuvent aussi devenir un instrument de l'arbitraire des puissances dominantes, même si, en ce domaine, il ne faut pas pousser trop loin le bouchon du relativisme culturel...

Plusieurs valeurs occidentales sont vraiment devenues aujourd'hui des valeurs universelles, par exemple le refus de la torture. La pression peut réussir (Amérique du Sud), échouer (Iran), être à double tranchant (URSS) : tout dépend du rapport de forces, mais aussi du potentiel démocratique interne. En fait, une combinaison de pressions et d'encouragements se révèle plus appropriée pour inciter les « démocraties émergentes » à aller plus loin. Contraindre un système autoritaire est plus difficile : outre sa fierté, il craint de tomber dès la première réforme.

Par sa taille, son autonomie, son nationalisme, la Chine est un cas limite. On ne rompt pas avec un pays de cette importance, pas plus qu'on ne le traite par des oukases. D'un autre côté, les dirigeants de Pékin ne peuvent ignorer, eux non plus, la mondialisation. À nous de savoir leur adresser, comme disent les diplomates, des signaux clairs, cohérents et continus sur ce que nous espérons d'eux à court, moyen et long termes.

« À nous » ? Oui, nous, la France prenant l'initiative d'une position homogène des quinze Européens. Nous, les sept Grands des pays industrialisés. Vastes ensembles dont même la Chine ne peut pas ne pas tenir compte, pour peu qu'ils sachent exprimer de façon homogène la vision d'avenir qu'ils se font de leurs relations avec elle. Cette Chine dans laquelle la démocratisation progressive est un élément – un élément seulement – de la modernisation.

Le Point, 9 avril 1996

En novembre 1996, Hubert Védrine envisage dans Le Point *une solution hétérodoxe pour le Rwanda et le Burundi, les Hutus et les Tutsis. Dans ces pays, compte tenu du passé et pour des raisons évidentes de sécurité, la minorité ne peut prendre le risque de remettre son sort entre les mains de la majorité, fût-elle démocratiquement exprimée. Contre les conceptions occidentales dominantes, l'idée radicale d'une séparation (à chacun son pays), émise pour faire réfléchir sans tabou, choque et n'aura d'ailleurs aucune suite. Néanmoins, en 2003, le problème de l'Afrique des grands lacs reste posé.*

Hutus et Tutsis : à chacun son pays !

Il serait naïf de croire que le retour massif de réfugiés hutus au Rwanda, que le pouvoir tutsi de Kigali vient de rendre possible pour éviter l'intervention internationale (laquelle aurait compliqué la création d'une zone tampon tutsie au Kivu), règle le problème du Rwanda. Quelle que soit la nature de l'antagonisme entre Hutus et Tutsis – les spécialistes en débattent –, la cohabitation et le partage du pouvoir entre ces deux communautés continueront de se heurter aux dérangeantes données de base : il y a au Rwanda et au Burundi 85 % de Hutus et 15 % de Tutsis.

Toute élection donne donc arithmétiquement le pouvoir aux Hutus. Or, sans culture démocratique enracinée, pas de garantie pour les minorités. C'est donc par les armes que les Tutsis, très minoritaires, ont repris en 1994 au Rwanda le pouvoir perdu depuis l'indépendance, et qu'ils le gardent depuis lors. Comme le fait, au Burundi voisin, l'armée tenue par les Tutsis.

Les pouvoirs tutsis ne peuvent donc pas laisser se dérouler des élections libres, qu'ils perdraient. Alors, que faire ? Tourner le moulin à prières démocratique, émettre des vœux pieux, espérer une réconciliation entre Hutus et Tutsis ? Ce serait faire l'autruche. Pourquoi ne pas oser une solution radicale : un pays pour les Tutsis, un autre pour les Hutus ? Atteinte au dogme de l'intangibilité des frontières, ouverture de la boîte de Pandore, criera-t-on. Mais qu'ont d'intangible des frontières violées chaque jour ? Et n'a-t-on pas déjà voulu – ou accepté – le partage de fait de Chypre, l'indépendance de l'Érythrée, la réunification de l'Allemagne, la désunification de la Tchécoslovaquie, l'éclatement de la Yougoslavie en plusieurs États, la création d'Israël, celle, en gestation, d'un État palestinien, en attendant la réunification des deux Corées ? Sans parler des redéfinitions de frontières et des transferts de populations à l'issue de la Seconde Guerre mondiale. Or, dans cette région, c'est bien en termes d'après-guerre qu'il faut penser si l'on ne veut pas que ce ne soit qu'un entre-deux-guerres.

La violence est haïssable. Mais ne faut-il pas, pour en prévenir le retour, de l'audace géopolitique ? Pourquoi ne pas réfléchir à la création internationalement contrôlée, dans les frontières actuelles du Rwanda et du Burundi, de deux États distincts, hutu et tutsi, associés si possible dans une confédération dotée de pouvoirs d'arbitrage ? Le Conseil de sécurité en définirait le cadre géographique et institutionnel, puis les États voisins, les grands États d'Afrique, l'Europe et les États-Unis accompagneraient sur cinq ans la mise en œuvre de cette solution dans tous ses aspects humains, financiers, géopolitiques. Cet ensemble de conditions, de précautions et de parrainages garantirait l'exemplarité et dissuaderait l'imitation sauvage.

S'il y a une autre solution viable et durable, meilleure ou plus facile, tant mieux ! Mais ce serait une erreur de refuser, par dogme, pusillanimité ou soulagement momentané, d'examiner celle-ci.

Le Point, *23 novembre 1996*

Dans plusieurs textes publiés dans Le Point, *et datés de 1995, 1996 et 1997, Hubert Védrine se montre très optimiste pour l'euro et l'impulsion qu'il va donner à l'Union européenne, mais pessimiste sur la défense européenne en raison des lâchetés ou des divisions européennes – voire de l'attitude des États-Unis pour qui l'Union européenne est une filiale à 51 %, laquelle « s'en accommode ».*

La chance de l'Europe

À Madrid, Jacques Chirac, Helmut Kohl et les treize autres dirigeants de l'Union viennent de confirmer que l'Europe se doterait d'une monnaie unique dans trois ans, à partir du 1er janvier 1999. Cet objectif, cela fait vingt-cinq ans que la France le poursuit : Georges Pompidou avait mis l'union économique et monétaire à l'ordre du jour du premier sommet européen réuni en 1971, l'année même où les États-Unis s'étaient affranchis de toute discipline en mettant fin à la convertibilité du dollar en or. C'est alors que Valéry Giscard d'Estaing et Helmut Schmidt avaient créé le SME. François Mitterrand obtint finalement l'accord de Helmut Kohl sur la monnaie unique pendant la réunification allemande, en décembre 1989, à Strasbourg.

Les commentaires en France sont pourtant mi-figue, mi-raisin. Ils oscillent entre soulagement, scepticisme, voire apitoiement devant un tel « aveuglement » face au probable « rejet populaire » de la monnaie unique. Mieux aurait valu, selon certains, reculer l'échéance, assouplir les critères, ou abandonner un projet à la fois hors de portée et socialement dévastateur, plutôt que d'avoir à le faire au dernier moment, dans les pires conditions.

Quelques remarques simples :

– Il est aussi nécessaire qu'il y a vingt-cinq ans de recréer en Europe une zone de stabilité monétaire qui permette à nos monnaies de n'être plus tributaires des mouvements de hausse ou de baisse que les États-Unis impriment au dollar, ou des spéculations massives.

– Les raisons qui ont amené quatre présidents français successifs à préférer pour cela une monnaie unique européenne à une grande zone mark sont plus fortes que jamais.

– A-t-on jamais pensé qu'atteindre un tel objectif serait une partie de plaisir ? Certainement pas !

– Si les États européens ne s'étaient pas fixé un calendrier d'union économique et monétaire et des critères de convergence pour y parvenir en harmonie, auraient-ils pu s'affranchir pour autant de toute rigueur ? Non, aucune économie ouverte au sein de l'économie mondiale de marché ne peut vivre longtemps en déficit (sauf celle des États-Unis… justement à cause de leur monnaie). Car vivre en déficit, c'est vivre aux dépens des autres, ou en pratiquant des dévaluations sauvages, dites aujourd'hui « compétitives », qui n'ont d'effet que si les autres n'en font pas autant. Puisqu'il faut réduire les déficits, autant que cela serve à bâtir une Europe forte.

– Croit-on enfin que l'Allemagne consentirait encore après-demain, si les engagements pris n'étaient pas tenus en temps voulu, à abandonner le mark pour l'euro ? Ce serait rêver : l'Histoire ne nous repassera pas le plat.

Si l'Europe déclarait ainsi forfait, le monde extérieur, qui – c'est un euphémisme – ne souhaite pas de monnaie unique européenne, en tirerait vite les conséquences. Le fait que la décennie où l'Europe ose enfin se doter d'une monnaie unique coïncide avec un très mauvais cycle économique, des politiques économiques de rigueur et des taux d'intérêt élevés induits par la réunification allemande entretient une très néfaste confusion. Conjoncture et rigueur sont transitoires, ne sont nullement « la faute à Maastricht ». *A priori*, rien n'empêchera demain une Europe forte de sa monnaie unique, et de tout ce que cette révolution géopolitique entraînera, de mener une politique économique commune résolue contre le chômage. Si elle le veut.

Le Point, *23 décembre 1995*

L'euro, une chance historique

Si la Conférence intergouvernementale, ou CIG, six mois après son lancement, paraît « encalminée », c'est parce qu'elle souffre depuis sa conception du flou et de la profusion de ses objectifs. Rendez-vous de rattrapage concédé au moment de Maastricht à l'Allemagne, laquelle aurait voulu plus de pouvoirs pour le Parlement européen ? Ou révision des 20 000 km – comme pour une voiture – du traité créant l'Union européenne ? (Ce qui aurait impliqué que ce traité eût connu avant la Conférence intergouvernementale un vrai début d'application.) Ou encore acte « refondateur » ?

L'enjeu n'ayant pas été assez précisément défini, l'exercice suscite les suggestions les plus maximalistes et les plus décalées de la part des militants du perfectionnisme européen. Tandis qu'à l'intérieur de l'Europe tous les antagonismes se manifestent et que les pouvoirs concurrents sont réveillés par cette négociation, alors qu'il faudrait les calmer, les canaliser. Résultat : le bateau ne quitte pas le port.

Il est temps de se reposer une question simple : qu'est-ce qui permettra à l'Europe d'avancer ? Confrontée à une situation économique sévère et à des opinions dubitatives et rétives sur son approfondissement, voire même sur son avenir, l'Europe a-t-elle vraiment besoin aujourd'hui d'une fuite en avant constitutionnelle ?

Ce n'est pas l'absence d'institutions idéales qui l'empêche de faire des grands travaux, d'avoir une politique antichômage ou d'exister au Proche-Orient – toutes choses faisables dès aujourd'hui dans le cadre du traité actuel. C'est une volonté politique suffisante. Alors, ne faisons pas comme si un chantier juridique permanent et des ratifications à répétition – meilleure façon de décourager les esprits les mieux disposés – allaient pallier ce manque.

Quelle est la réforme absolument nécessaire ? Il y en a une, et une seule : que les États membres puissent plus souvent décider à la majorité – y compris pour améliorer les traités.

C'est un sacrifice pour les États, à commencer par les plus grands, et un risque. Mais c'est un risque créateur, et surtout un préalable absolu à tout nouvel élargissement, faute de quoi la paralysie serait assurée. Cela permettrait aux plus décidés d'avancer, grâce à la « géométrie variable », notamment dès le lendemain de l'entrée en vigueur de la monnaie unique, événement géopolitique majeur et proche, que l'on sous-estime encore en Europe alors que les banquiers américains ou asiatiques eux-mêmes commencent à s'y résigner et à s'y préparer. Il créera par « effet de puissance », dans les deux ou trois années qui suivront 1999, une formidable occasion pour l'Europe de rebondir dans tous les domaines, économiques et politiques.

Mais les peuples et les dirigeants d'Europe veulent-ils réempoigner par les cheveux l'Histoire qui va passer ?

Le Point, *15 octobre 1996*

Défense : l'Europe sous tutelle

Veut-on une preuve supplémentaire du statut sous tutelle de l'Europe dans le monde actuel ? L'élargissement de l'OTAN la fournit.

Quand, en 1989-1991, les Douze se préoccupent de répondre par une union renforcée à la fin du clivage Est/Ouest, les États-Unis se soucient d'abord de faire survivre l'OTAN à la disparition des menaces qui l'avaient fait naître et à combattre tout ce qui pourrait lui faire concurrence. Quand les Douze, préparant Maastricht, pensent monnaie unique et politique étrangère commune, les États-Unis s'occupent d'accroître leur influence en Europe de l'Est libérée, comme le veulent les pays d'Europe centrale et orientale qui rêvent dollar, Coca-Cola et OTAN. Les États-Unis n'ont aucun mal à tuer dans l'œuf l'idée mitterrandienne de confédération européenne et à mettre en place le Cocona, vague forum commun à l'Alliance et au défunt pacte de Varsovie.

Pourquoi pas ? Mais, là où Bush temporisait sagement, Clinton force l'allure et fait de l'élargissement de l'OTAN son cheval de bataille (ou de Troie ?). Est-ce parce qu'après réflexion c'est la meilleure façon d'organiser la nouvelle Europe ? Ou n'est-ce pas plutôt en raison de l'important lobby polonais, et des 20 % d'Américains dont un grand-parent est originaire d'Europe de l'Est ? L'élargissement vise-t-il à protéger ces pays d'une menace ? Laquelle ? Pourquoi accepter tel pays et pas un autre ? Quelles garanties seront données ? Est-ce de bonne politique vis-à-vis de la Russie ? Les pays refusés seront-ils fragilisés ? Quelle sera la cohésion de l'alliance élargie ? Qui va payer ?

Ces questions sont certes traitées… mais elles le sont *a posteriori* et pas entre alliés, mais à Washington, entre la Maison-Blanche, le

Pentagone, le département d'État, le Congrès et les médias. Les décisions prises s'imposent à l'Union européenne, puisque les États-Unis le veulent. Mme Albright, qui parle franc, déclare à *Newsweek* que l'élargissement ne vise pas à contrer une menace russe, mais à créer en Europe une nouvelle situation stratégique. C'est-à-dire sous contrôle américain. D'ailleurs, l'élargissement n'est proposé qu'aux États les moins menacés.

La Russie proteste ? Elle doit elle aussi s'incliner et est censée être consolée par un partenariat à inventer avec l'OTAN au risque de reconstituer – c'est un comble ! – une situation de condominium qui achèverait de priver de tout espace une défense européenne. N'est-ce qu'un inconvénient, ou est-ce le but même ?

En privé, plusieurs responsables européens jugent absurde ce processus de décision où personne ne peut demander si l'élargissement est vraiment dans l'intérêt de l'Europe, si on ne peut pas traiter la question d'Europe centrale autrement, et si ce n'est pas plutôt à l'Europe de proposer un traité à la Russie.

Les responsables américains ont traité en l'occurrence l'Union européenne comme une filiale à 51 %, et elle s'en accommode. Faute de volonté des Européens, c'est peut-être au sein du Sénat des États-Unis qu'un vrai débat aura lieu, fût-ce pour de mauvaises raisons : celle du coût de cet élargissement.

Le Point, *3 avril 1997*

Dans un texte de novembre 1995, Jean-Louis Bianco et Hubert Védrine opposent leurs souvenirs très positifs et leurs explications sur François Mitterrand et l'Allemagne à la thèse qui ressort du Verbatim III *de Jacques Attali qui vient alors de paraître.*

Dans un témoignage daté de janvier 1996, quelques jours après la disparition de François Mitterrand, Hubert Védrine retrace le roman de l'amitié Kohl-Mitterrand.

Mitterrand et l'Allemagne : la véritable histoire

Depuis 1989, une polémique persiste sur la politique conduite par François Mitterrand à l'égard de la réunification de l'Allemagne. En général les griefs sont : 1) il n'a rien vu ; 2) il était contre ; 3) il n'a rien fait (il a raté le train de l'Histoire). La parution récente de *Verbatim III* a ravivé cette interprétation. Rappelons que François Mitterrand a fait part de ses « expresses réserves » sur la forme comme sur le fond de cet ouvrage. Rappelons aussi que Jacques Attali, qui a son point de vue sur ces événements, prend la précaution de préciser dans sa préface que sa reconstitution des propos des protagonistes n'engage que lui. Mais là n'est pas l'essentiel. Nous avons, Jean-Louis Bianco comme secrétaire général, et Hubert Védrine comme porte-parole, vécu ces deux extraordinaires années, 1989 et 1990, aux côtés du président Mitterrand, et nous voulons apporter un témoignage de première main qui va tout à fait à l'encontre des idées reçues. La seule question à se poser devrait, nous semble-t-il, être la suivante : la politique que François Mitterrand a menée alors, avec Roland Dumas, était-elle bonne pour la France et pour l'Europe ? Était-elle ou non conforme à nos intérêts et favorable à la construction européenne ?

1. – Prenons d'abord le premier grief : « Il n'a rien vu. » C'est l'inverse qui est vrai. Dès 1981-1982, il parlait de la sortie de Yalta, c'est-à-dire de la fin de la coupure de l'Europe en deux blocs. Dès l'arrivée de M. Gorbatchev au pouvoir – dont devait découler l'unité allemande –, il fut convaincu de l'importance de l'événement, et le dit, quand tant d'autres soupçonnaient une nouvelle ruse du système soviétique. Le 9 octobre 1985, au Conseil des ministres, François Mitterrand jugea « possible que l'URSS, s'il se développe une revendication anti-Yalta, s'ouvre à une révolution qui pourrait la soulager. Les Russes exploitent ces pays d'Europe de l'Est, mais ils leur coûtent cher ». En juillet 1989, quatre mois avant la chute du Mur, il réaffirma publiquement dans *Le Nouvel Observateur* ce qui a toujours été sa ligne de conduite : « L'aspiration des Allemands à la réunification est légitime dès lors qu'elle se déroule démocratiquement et pacifiquement. » Démocratiquement, cela veut dire des élections libres en RDA. Pacifiquement, cela suppose que seraient pris en compte les intérêts des pays voisins, en particulier la question des frontières avec la Pologne. En octobre 1989, à Caracas, il déclare : « Tant que la question de la réunification allemande ne sera pas résolue, elle continuera de heurter la conscience. » Il était déjà tellement sûr de la suite, quand ceux qui lui reprocheraient après coup de n'avoir rien vu en étaient encore à s'interroger, qu'il continuait déjà, en pragmatique, de garder le cap au milieu de ces « bourrasques heureuses », selon son mot adressé à Helmut Kohl.

Alors qu'a-t-il échoué à voir, à prévoir, qu'un autre ait vu mieux que lui ? À quel prophète extralucide le compare-t-on ? Quelle déclaration prémonitoire d'un de ses prédécesseurs, de George Bush, de Margaret Thatcher, de Mikhaïl Gorbatchev, de Helmut Kohl lui-même, oppose-t-on aux siennes ? Helmut Kohl qui, en novembre 1989 encore, après la chute du Mur, expliquait à ses compatriotes, dans son plan en dix points, que la réunification prendrait encore des années et bien des étapes…

2. – « Il était contre. » Ceux qui profèrent cette critique pensent-ils qu'il fallait approuver les yeux fermés, donner un blanc-seing à l'Allemagne ? Ceux qui étaient contre, sans le dire ou en le disant, avaient deux fois tort : au nom de quoi refuser ce droit aux Allemands ? par quels moyens ? Aussi bien, cela n'a été à aucun moment la politique de François Mitterrand. Quant à ceux qui approuvaient la réunification allemande, ne pouvaient-ils comprendre que la manière dont elle s'opérerait serait lourde de conséquences sur l'avenir de l'Europe ? Pendant quarante ans, la perspective de cette réunification avait été considérée comme un *casus belli* potentiel. Tout l'acquis de la construction européenne aurait pu s'en trouver remis en question et on aurait voulu que le président français traitât cet événement avec légèreté ou démagogie, pour être applaudi par certains journaux allemands ? François Mitterrand l'a traité avec gravité et sérieux, en ami de l'Allemagne, un ami sincère mais exigeant, et en veillant aux intérêts de la France, à l'avenir de l'Union européenne et de la paix en Europe. Il s'est comporté non en commentateur ou en supporter, mais en président.

Pourquoi ne relève-t-on jamais que ses interrogations étaient compréhensibles et légitimes, que bien d'autres à sa place auraient eu le vertige, et qu'au moment où il se posait des questions sur cette future Allemagne et sur le futur de l'Europe, en novembre-décembre 1989, Helmut Kohl se posait à peu près les mêmes dans les mêmes termes ? D'où l'insistance remarquable qu'il mit à afficher sa foi européenne.

On ne dit pas assez non plus que concilier la réunification et le renforcement de l'Europe était l'obsession commune à Helmut Kohl et à lui-même, mais pas à Mme Thatcher paralysée par sa double négation (non à l'Allemagne, non à l'Europe), ni à M. Bush qui ne pensait qu'à préserver l'OTAN, ni à M. Gorbatchev qui craignait, lui, pour son pouvoir et la poursuite de sa *perestroïka*.

3. – « Il a laissé passer le train de l'Histoire. » Les auteurs de ce slogan ont-il suivi l'actualité assez tôt – nous voulons dire pendant le second semestre de 1989 ? Les actes comptent plus que les confidences et les conversations avec tel ou tel. Voilà un homme – François Mitterrand – qui a fixé son cap plusieurs mois avant que

ses futurs détracteurs aient conçu à retardement leurs futures critiques ; qui a décidé d'agir de concert avec Helmut Kohl pour accompagner les changements à l'Est par un renforcement de l'Europe, et cela dès 1988-1989 ; qui, dès le Conseil européen de juin 1989, a essayé de convaincre Kohl d'accepter la monnaie unique ; qui, dès septembre 1989 – deux mois avant la chute du Mur –, a donné comme instruction à Roland Dumas et à ses collaborateurs de tout faire pour obtenir cet engagement allemand sur la monnaie au Conseil européen de décembre 1989 à Strasbourg. C'est aussi lui qui, pressentant les immenses changements à venir et voulant non pas les empêcher, bien sûr, mais les encadrer, les organiser, en maîtriser les conséquences, a lancé en quelques semaines, à la fin de 1989, trois idées : celles de la Berd pour aider l'Europe de l'Est à réussir sa transition ; celle d'un sommet spécial de la Conférence pour la sécurité et la coopération européennes, pour régler pacifiquement ce grand bouleversement, et ce fut le sommet de Paris de novembre 1990 ; celle, enfin, d'une confédération européenne, pour offrir aux nouvelles démocraties de l'Est une structure où elles se seraient trouvées à égalité de droits avec les pays d'Europe de l'Ouest. Une idée malheureusement rejetée par les pays de l'Est qui avaient peur que cela ne retarde leur entrée dans l'Union économique, poussés aussi par les États-Unis hostiles à une structure purement européenne. Résultat, cinq ans après : il n'y a pas de confédération européenne, et les pays de l'Est ne pourront pas entrer avant des années encore au sein de l'Union économique européenne. Et c'est au terme des mêmes efforts qu'à Strasbourg, après des semaines de tension légitime (fallait-il ne pas insister ?), il obtint l'accord du chancelier sur la monnaie unique.

Cette activité exceptionnelle, était-ce le fait d'un homme qui regardait vers le passé ? À peine le Conseil européen de Strasbourg terminé, il nous donne comme consigne, à Élisabeth Guigou et à nous, de préparer avec les Allemands un volet politique qui serait le pendant du volet monétaire. Grâce à François Mitterrand et à Helmut Kohl, cela fut acquis au sommet de Dublin, au printemps 1990. Ce fut la genèse du traité d'union adopté par les Européens en 1992. Où sont dans tout cela les trains ratés ?

4. – Nous n'oublions pas quelques autres mauvais procès à caractère anecdotique, mais qui ont la vie dure.

Ainsi François Mitterrand aurait mal agi en allant voir Gorbatchev. On se demande bien pourquoi. N'était-ce pas son devoir, dans un moment aussi décisif, que de se concerter avec tous ses partenaires ? De fait, il rencontra, durant le mois de décembre 1989, Gorbatchev, Bush, Thatcher et Kohl. Et chacun d'entre eux fit de même – ainsi Bush et Gorbatchev à Malte. Pourquoi alors cette fixation maniaque sur la seule rencontre de Kiev ?

François Mitterrand aurait cherché à contrecarrer l'unité allemande avec l'aide de Gorbatchev. Mais que sous-entend-on ? Qu'il voulait l'aide des chars russes contre le peuple allemand ? Soyons sérieux ! En revanche, il est vrai qu'il se souciait de l'avenir de Gorbatchev, car il estimait qu'il était de l'intérêt de l'Europe qu'il pût poursuivre son œuvre. Il était donc prêt à l'aider à « amortir » ce qui, vu de Moscou, restait un choc. Était-ce critiquable ?

Il n'aurait pas dû aller en Allemagne de l'Est ? Il est vrai qu'à la date où elle a finalement eu lieu, la visite a été mal comprise. N'oublions cependant pas que cette visite clôturait une tournée dans toute l'Europe de l'Est, entamée dès mai 1988, dont François Mitterrand s'était entretenu à chaque étape avec le chancelier Kohl, lequel connaissait ce projet de voyage en RDA depuis des mois. François Mitterrand avait hésité à y aller, mais avait pensé qu'au total sa venue serait bénéfique. Après tout, au début décembre 1989, on pensait encore à Bonn que la RDA aurait à subsister deux ou trois ans. Les personnalités qu'il rencontra ont d'ailleurs dit par la suite que, dans une situation insaisissable, son voyage avait apaisé les esprits.

5. – Bizarrement, la critique laisse en général de côté la question cruciale des frontières de l'Est à propos desquelles François Mitterrand fut pris à partie par plusieurs journaux allemands. Échaudé par l'Histoire, François Mitterrand jugeait que les frontières entre l'Allemagne et la Pologne, telles qu'elles étaient issues de la Seconde Guerre mondiale, devaient être reconnues sans aucune ambiguïté par l'Allemagne comme intangibles et définitives, avant la fin du processus d'unification, pour ne pas laisser subsister

ensuite un abcès purulent. Il le dit à Bonn dès novembre ; en reparla à plusieurs reprises au chancelier ; reçut à ce sujet, à leur demande, les dirigeants polonais. Et la question fut effectivement tranchée par le Bundestag au printemps. Était-ce contestable ? Fallait-il fermer les yeux ? Nous pensons, nous, qu'il a agi là en homme d'État européen.

6. – En conclusion, qu'a-t-il fait qu'il ne fallait pas faire ? Qu'a-t-il omis de faire ? Une politique qui acceptait la réunification mais s'employait en même temps à assurer l'avenir de la construction européenne, la paix et la stabilité en Europe, n'était-elle pas la bonne pour la France ? Croit-on au demeurant que s'il y avait eu une infime part de vrai dans ces critiques parisiennes, la relation François Mitterrand/Helmut Kohl serait restée ce qu'elle a été de 1990 à 1995, ce dont on a eu des preuves multiples et constantes, des plus politiques, comme la conception en commun du traité d'union politique, aux plus personnelles, comme l'inoubliable adieu fait à François Mitterrand à Berlin le 9 mai 1995 ?

Il est peut-être enfin possible de parler sérieusement de ces événements. Ce qui aurait pu être un drame et réduire l'Europe en miettes a fourni, au contraire, un exemple comme il y en a peu de gestion intelligente d'une grande mutation géopolitique. Et nous restons fiers d'avoir vécu ces moments historiques et ce tournant du siècle auprès de François Mitterrand.

Co-signé avec Jean-Louis Bianco dans Le Nouvel Observateur,
26 octobre - 1ᵉʳ novembre 1995

Mitterrand-Kohl : le roman d'une amitié

Il aura fallu les larmes de Helmut Kohl à Notre-Dame, le jeudi 11 janvier 1996, pour que chacun réalise l'intensité de la relation tissée entre les deux hommes. Deux dirigeants apparemment si dissemblables, si chargés de responsabilités qu'on se demande comment des sentiments purent naître entre eux deux. L'intensité et l'humanité : contrairement à ce qu'on pourrait croire, les rapports franco-allemands n'obéissent pas à une imperturbable mécanique. Le couple de Gaulle-Adenauer fut, le temps d'un traité et d'une messe à Reims, un moment splendide, carolingien, mais les rapports de Gaulle-Erhard étaient exécrables. Pompidou se méfiait de l'*Ostpolitik* de Brandt. Schmidt et Giscard bâtirent ensemble : Conseils européens, SME, élection du Parlement au suffrage universel. De mai 1981 à octobre 1982, l'entente Mitterrand-Schmidt fut assez bonne.

Entre François Mitterrand et Helmut Kohl, il y eut beaucoup plus que la concordance de deux talents politiques. Le 2 octobre 1982, au soir de leur première rencontre, François Mitterrand est heureusement impressionné par l'ancien ministre-président du Palatinat, devenu chancelier, qui lui parle de son oncle mort à la guerre de 1914, de son frère aîné disparu dans celle de 1939-1945. Qu'importe au président que beaucoup d'Allemands ne voient alors en Kohl qu'un politicien allergique aux intellectuels ! La vitalité, la détermination joviale de ce géant le touchent, ainsi que son affirmation : « Je suis le dernier chancelier allemand pro-européen », même s'il ne prend pas cette prédiction, que Kohl n'est pas le premier chancelier à émettre, au pied de la lettre. Il y a des choses à faire avec cet homme-là !

C'est sur les euromissiles que se noue, trois mois plus tard, leur entente. Invité au Bundestag le 20 janvier 1983, François Mitterrand dit sans détour qu'il faut rétablir l'équilibre rompu en Europe. Même s'il ne le fait pas pour soutenir Kohl, celui-ci reçoit cette prise de position comme un appui inestimable. Il ne l'oubliera jamais, pas plus que la référence, empruntée à Victor Hugo, à la « consanguinité franco-allemande ».

Les deux hommes sont habités par une même vision d'une Europe forte bâtie autour de la France et de l'Allemagne. Leur alliance opérationnelle se noue en juin 1984 à Fontainebleau, où leur parfaite entente leur permet de contraindre Margaret Thatcher à accepter un compromis sur la contribution britannique et à lever le veto qu'elle opposait depuis 1979 à toute initiative européenne. Dès lors, il n'y a pas en Europe, pour une décennie, d'initiative qui ne porte la marque de François Mitterrand, de Helmut Kohl et, bien sûr, de Jacques Delors. Cette marche en avant européenne est soutenue et vivifiée par un resserrement non moins constant des relations franco-allemandes impulsé par Mitterrand et Kohl, Dumas et Genscher.

Au fil de ces années, à cette convergence politique et à cette « camaraderie de travail » s'ajoute quelque chose de plus profond que la bouleversante image de la « main dans la main », à Verdun, en 1984, annonce. Car c'est un peu plus tard, dans la seconde partie des années 80 et après, me semble-t-il, que François Mitterrand et Helmut Kohl nouent un rapport vraiment personnel. Il est vrai qu'ils ne cessent de se voir ! Il n'y a d'équivalent à cette relation ni dans le passé, ni aujourd'hui ailleurs dans le monde. Aux contacts officiels s'ajoutent des dîners impromptus à l'Élysée ou dans un restaurant (au Pichet, par exemple), des invitations à déjeuner dans une auberge fameuse, à découvrir une petite ville, un lieu historique, des racines : Mulhouse, Bad-Kreuznach, Constance, Beaune, Ludwigshaffen, Chambord, Cologne, Baden-Baden, Durbach, Évian, Vézelay, Edenkoben, l'île de Ré, la maison d'Ernst Jünger... Lors des sommets franco-allemands, ils se côtoient presque vingt heures d'affilée. Ils ont nombre d'apartés, évoquent l'actualité, se présentent telle ou telle personnalité nationale ou locale. Il est rare qu'ils se voient sans se faire un cadeau, un livre, une œuvre d'art. Un jour, François Mitterrand donne à Helmut Kohl des lettres par lesquelles la princesse Palatine tente de dissuader Louvois de détruire Heidelberg. Helmut Kohl, lui, offre des gravures de lieux symboliques, ou les œuvres complètes d'Apollinaire.

Dans les rencontres « informelles », pas d'ordre du jour, mais simplement l'intérêt qu'il y a à faire le point – sur la prochaine échéance à Sept ou à Douze, par exemple –, et le plaisir de parler ensemble autour d'une bonne table, en province, de déguster les spécialités locales avant d'enfiler des chaussures de marche, de mettre des imperméables et d'aller faire un tour en forêt. Chacun d'eux est accompagné par un tout petit nombre de collaborateurs, toujours les mêmes, devenus des amis. L'atmosphère est intime et gaie. Helmut Kohl est heureux de voir « François ». Il raconte des blagues, rit de bon cœur. Sa bonne humeur est communicative. Il peut arriver qu'il soit sombre et préoccupé par un problème intérieur allemand. Mais, vite, il se détend. Il n'oublie jamais d'en venir à ce qui est important ce jour-là : sujet européen, actualité de l'Europe de l'Est ou autre.

François Mitterrand captive « Helmut » par sa façon inimitable de saisir toute occasion de raconter, de décrire, de donner une saveur au moindre fait, mais aussi par sa vision à long terme de l'action à conduire. Là comme dans les rencontres officielles, des interprètes de haute volée traduisent « en chuchoté », au rythme de la conversation. Helmut Kohl se passionne pour la politique française, ne se lasse pas d'écouter François Mitterrand le guider dans ses arcanes et ciseler les portraits de ses acteurs. Il raconte à François Mitterrand ses premiers voyages en France, ses contacts avec le MRP, les centristes. Il regrette que la bipolarisation de la Ve République les ait laminés ! Il revient sans cesse à la guerre, à ce qu'elle a signifié pour sa famille. Il aime évoquer la figure d'Adenauer. Ensemble ils se remémorent Jean Monnet, Robert Schuman. François Mitterrand raconte sa guerre, la Thuringe, les évasions, Vichy, la Résistance, la Libération, de Gaulle, la IVe République…

L'histoire des relations franco-allemandes forme la trame de cette conversation qui court à travers les années. Quand il se sent en confiance, Helmut Kohl n'hésite pas à parler avec gravité et simplicité du nazisme et de Hitler. François Mitterrand lui raconte les séances du procès de Nuremberg auxquelles il a assisté. Le chancelier évoque un épisode qui lui tient particulièrement à cœur : l'attentat du 20 juillet 1944 de Staufenberg contre Hitler. Attentat raté, mais réhabilitateur, dont Helmut Kohl veut faire une sorte d'acte refondateur de l'Allemagne démocratique. Il parle à plusieurs reprises à François Mitterrand de son déroulement, du sort des conjurés, de leur procès, de leur exécution, de leurs veuves, de leurs enfants qu'il a rencontrés. Il trouve en François Mitterrand un interlocuteur qui connaît en détail cet épisode tragique, le nom de chacun de ses protagonistes, mais surtout qui comprend son intention, l'admet sans rien oublier, et est prêt à accompagner amicalement la mission qu'en tant que chancelier il s'est assignée : achever de sortir l'Allemagne de son sac de cendres, faire qu'elle puisse à nouveau être respectée et se respecter, et pas seulement pour son mark. On peut dire de François Mitterrand qu'il est hégélien en ce qu'il cherche à dépasser, par l'Europe, les contradictions germano-allemandes aussi bien que franco-allemandes. Parce qu'il a confiance dans la France, et par patriotisme, il peut comprendre ce patriotisme allemand. Ce sera le sens de son discours de Berlin du 9 mai 1995.

En fait – cela se sait peu –, depuis le milieu des années 80, François Mitterrand a renoué avec une réflexion personnelle sur l'Allemagne – qui marquait déjà sa relation, publiée en 1942, de son transfert en camp de prisonniers –, sur cette culture germanique, une des deux grandes cultures européennes modernes avec la française, sur cet humus d'où est sortie l'Allemagne, l'Allemagne sombre comme l'Allemagne lumineuse. Il lit ou relit, écoute, consulte, rencontre. La grande symbiose médiévale du temps d'Érasme le fascine. Tout comme les hauts lieux de la pensée allemande – la Saxe, la Souabe – et de la genèse de l'Allemagne – la Prusse. Son investigation tourne bien sûr autour de l'Allemagne en tant que partenaire millénaire de la France. Mais ce qu'il voudrait comprendre, c'est comment on voit le monde quand on est allemand. Les derniers temps, il se demande en quoi consiste et ce qu'apporte cette tension de l'âme, cette intériorité allemande, l'*Innerlichkeit*.

C'est, je crois, cette curiosité et cet intérêt qui touchent Kohl, qui forment la texture intime de la relation des deux hommes et qui expliquent – avec le projet européen commun – sa fécondité, sa résistance aux désaccords. François Mitterrand veut une France forte dans une Europe forte, Helmut Kohl une Allemagne forte dans une Europe forte. Les deux projets ne se conçoivent qu'ensemble. Le président et le chancelier n'avaient nul besoin de se concerter longtemps pour se mettre d'accord sur ce qu'il convenait de faire pour relancer la mécanique européenne – notamment pendant la réunification. Et il était rare que nous ressortions de ces déjeuners sans une initiative à mettre en forme, ou une prochaine lettre commune Mitterrand-Kohl aux Douze à préparer sur la monnaie, l'union politique, la politique étrangère ou les institutions.

Chaque fois que François Mitterrand et Helmut Kohl se sont trouvés en désaccord – ce qui était inévitable et fut fréquent –, leur différend fut géré avec franchise à l'intérieur d'une entente inébranlable, comme s'il était entendu que rien ne devait la remettre en question : ni les rivalités commerciales et industrielles ni même le désaccord radical sur la réponse à apporter aux demandes slovènes et croates de reconnaissance diplomatique au début de la tragédie yougoslave. Chacun de ces désaccords fut d'ailleurs suivi, comme ce fut le cas en 1989-90, de nouvelles initiatives communes.

À maintes reprises, François Mitterrand et Helmut Kohl se feront la « courte échelle » selon une dialectique de construction et de dépassement des calculs nationaux. Le discours au Bundestag aide Kohl. Kohl propose Delors pour la présidence de la Commission. François Mitterrand accepte, en 1986, de consulter le chancelier sur l'emploi éventuel des armes nucléaires préstratégiques. Il annonce aux Allemands, en 1987, qu'il n'emploiera jamais d'arme nucléaire sur le sol allemand. Kohl multiplie les initiatives communes avec François Mitterrand pendant la première cohabitation. Kohl soutient la France pour le siège du Parlement européen. Il accepte la monnaie unique, demandée par la France depuis vingt ans. Dans la négociation de Maastricht, les deux se mettent d'accord pour équilibrer les compromis. François Mitterrand accepte que la Banque centrale soit à Francfort. Kohl aide à juguler la spéculation injustifiée contre le franc en septembre 1992. Après l'intervention de Kohl au cours de son émission télévisée sur Maastricht, François Mitterrand dit : « Celui-là, quand il fait de la politique, c'est calculé au millimètre ! » Le 14 juillet 1994, le président invite l'Eurocorps, donc la Bundeswehr, à défiler sur les Champs-Élysées et les chefs de gouvernement concernés, donc le chancelier, à venir à Paris. À la garden-party qui suit à l'Élysée, Helmut Kohl exulte de bonheur et de gratitude.

Après mai 1995, le relais passé, François Mitterrand médite encore, et écrit, sur l'Allemagne. Le chancelier s'enquiert souvent de sa santé. Le 8 janvier 1996, Helmut Kohl perd son ami français.

Le Nouvel Observateur, *18-24 janvier 1996*

Cet entretien d'Hubert Védrine avec Pierre Nora et Marcel Gauchet paraît dans Le Débat *de mai-août 1997, alors qu'il est devenu ministre, mais a été enregistré auparavant. Hubert Védrine revient sur les années Mitterrand, sur les problèmes que la mondialisation pose en particulier à la France, et conclut : « Puisque le monde ne s'adaptera pas à la France, il faudra bien que la France s'adapte au monde. »*

France : le piano ou le tabouret ?

LE DÉBAT : *Vous avez accompagné l'action diplomatique de François Mitterrand durant ses quatorze années de présidence. Vous venez de rendre compte de cette expérience dans un livre intitulé* Les Mondes de François Mitterrand. *Mais quel est justement le monde de Mitterrand lorsqu'il entre en fonctions, en 1981 ? Que connaît-il du monde ? Quelle est son idée de la politique internationale ? Il apparaissait jusque-là comme un homme politique très franco-français. Il ne s'était pas distingué, en tout cas, par un intérêt particulier pour les relations internationales.*

HUBERT VÉDRINE : Nous sommes seize ans après. Un effort de reconstruction est donc indispensable pour retrouver non seulement la psychologie et la vision des choses de François Mitterrand au moment de son élection, mais aussi l'état du monde d'alors. Il faut se souvenir à quel point celui-ci diffère du monde où nous vivons aujourd'hui. En 1981, nous sommes toujours en plein dans l'affrontement bipolaire Est/Ouest, le problème fondamental est celui de l'équilibre des forces en Europe avec l'affaire des euromissiles ; l'Europe est complètement en panne, prise en otage par

73

Mme Thatcher, sans d'ailleurs que cela bouleverse beaucoup de monde ; on n'en est même pas à imaginer un processus de paix au Proche-Orient. C'est dire combien ce contexte est loin du basculement de 1989-1991 dans un monde global. La discontinuité est si forte que la comparaison est en fait plus facile avec ce qui s'était passé dans les années 50 qu'avec ce qui s'est passé depuis lors. En 1981, les structures géopolitiques qui prévalent sont encore celles de l'après-guerre. La France occupe dans ce paysage une niche stratégique commode, la même depuis 1945 et surtout depuis 1958 : fidèle à ses alliés occidentaux sur l'essentiel, libre de ses mouvements pour le reste, proche du tiers-monde en même temps qu'attachée au dépassement du système bipolaire.

Mitterrand hérite donc des traditions diplomatiques de cette période. Au premier chef, de celle établie par de Gaulle...

Il hérite de plusieurs traditions. Il hérite par exemple, par rapport à l'URSS, d'une ancienne politique franco-russe remontant à la IIIᵉ République et même plus haut. Cette politique a été bien exprimée par de Gaulle et elle continue, sous certains aspects, sous Mitterrand, même lorsqu'il adopte des postures de résistance forte, comme à propos de la menace des euromissiles. Il hérite par ailleurs d'une politique plus classiquement Vᵉ République. Et puis, si j'ose dire, il hérite de lui-même, de la vision politique formée au long de toute une vie.

François Mitterrand arrive en fonctions avec l'expérience des gens de sa génération. Il est né en 1916, pendant la bataille de Verdun, ce qui a une certaine importance symbolique. Il a eu vingt ans en 1936. Il a été très marqué par le contexte historique de sa jeunesse – les années 30 et la montée au pouvoir des totalitarismes, la Seconde Guerre mondiale – dans ce qui sera, pour toute la suite, son mode d'analyse des rapports de forces et des questions de sécurité. Sous le langage social-démocrate appris, on verra constamment resurgir une certaine vision à la fois pessimiste et vigilante de ce qui fonde ou de ce qui mine la paix.

En ce qui concerne son expérience plus directe, on sentira souvent l'expérience de l'Allemagne, du prisonnier de guerre, de l'évadé. On retrouvera les traces de l'expérience du ministre de la

France d'outre-mer. Mitterrand s'est forgé une idée de l'Afrique, au cours de cette année et demie qui jouera un rôle très important dans sa façon d'approcher la question africaine : une façon évolutive, plus économique que politique, plus « chinoise » que « gorbatché-vienne », pourrait-on dire.

Par ailleurs, s'il a fait quelques incursions du genre visite à Mao Tsé-toung, elles ne composent pas encore une culture géopolitique. En revanche, il a acquis une expérience soutenue du monde tel qu'il est en tant que premier secrétaire du Parti socialiste. Durant cette période de dix ans, de 1971 à 1981, il a voyagé sans arrêt, rencontré quantité de dirigeants, au pouvoir ou dans l'opposition, en Europe, bien sûr, mais aussi en Amérique latine, en Asie, au Proche-Orient. Il est allé aux États-Unis, a été reçu par Brejnev. Il a rencontré Sadate et même, dès 1974, Arafat. Toute sa politique élyséenne des premières années, si l'on y regarde bien, avec ses inflexions et ses surprises, est déjà là, dans les prises de position qu'il a multipliées au cours des années 70.

Au total, il m'apparaît comme un Français typique de sa généra-tion en ce qui concerne la question de la sécurité en Europe et la question allemande, avec une ouverture forte sur la question euro-péenne. Il est européen, à condition de ne pas donner à ce mot un sens trop militant. Sur les questions de sécurité, il a un langage double, absolument classique, en fait. Il n'y a que l'équilibre des forces qui constitue une garantie. Mais s'y surajoute une couche de briandisme et de social-démocratie : sur le désarmement, la sécurité collective, etc. Il donnera toujours la priorité à la première approche, mais il essaiera quelquefois de la concilier avec la seconde. Un Français, donc, classique, une approche Ve République corrigée sur un certain nombre de points par l'expérience du premier secré-taire du Parti socialiste : un peu plus de discours Nord-Sud et un peu plus de sécurité collective. Rien de plus contraignant.

Dans la campagne électorale de 1981, au reste, la dimension politique extérieure n'a pas joué un rôle déterminant. Il y a eu toutefois quelques escarmouches sérieuses entre Giscard et Mitterrand sur la question soviétique. C'est intéressant, car Mitterrand était tout à fait acquis à l'idée qu'il fallait une relation avec Moscou, en tant que facteur d'équilibre en Europe. Là-dessus, il ne raisonnait pas autrement que de Gaulle : sous l'URSS, il voyait la Russie. Mais il avait senti ce que Giscard n'avait pas senti, peut-être parce que celui-ci était trop pris dans la mécanique du pouvoir : à savoir un basculement de l'opinion française. Au départ, cela ne l'avait pas plus enchanté que Giscard, cela contrariait même sa vision géopolitique, cela lui compliquait la vie en politique inté-rieure – tous ces dissidents étaient perturbants, il faut bien le dire ! Mais il a su faire montre de plus de souplesse politique que Giscard et capter plus vite ce revirement de l'opinion. Il a durci le ton à partir de 1976. Sa position sur les euromissiles fut exprimée avant même qu'il n'accède au pouvoir, dès 1978.

Par rapport à ce bagage initial, quelles ont été les déformations ou les déviations imposées par l'exercice du pouvoir ? Où sont les princi-paux points d'inflexion ?

Plutôt que déformations ou déviations, je dirais : évolutions. Il y a une dynamique quand vous êtes au pouvoir. Par exemple, lorsque le général de Gaulle revient au pouvoir, il a sur les relations interna-tionales une idée centrale qui est de redonner sa place à la France en reconstituant un directoire mondial États-Unis-Grande-Bretagne-France. C'est parce que cela ne marche plus qu'il met en avant l'idée d'une réforme de l'OTAN. C'est parce que cela ne marche pas davantage qu'il en vient à se demander s'il ne faut pas sortir de l'OTAN. Et c'est au bout de plusieurs années que, pour finir, il joue la carte allemande, la carte bilatérale, laquelle va devenir une dimension très forte de la politique française, mais qui n'était pas son premier choix.

Dans le cas de François Mitterrand, nous avons affaire à beau-coup d'évolutions de cet ordre. La priorité européenne n'était pas d'emblée au premier plan – elle n'y était alors pour personne, et elle n'y sera en fait qu'en 1984. Giscard avait été très européen, il avait fait accomplir deux progrès majeurs : d'une part, le « serpent », puis le système monétaire européen, et, d'autre part, la pratique des conseils européens. L'arrivée au pouvoir de Mme Thatcher en 1979 avait tout bloqué, et Schmidt et Giscard n'avaient pas réussi à opérer le déblocage. En 1981, c'est jugé embêtant mais pas tragique.

On voit bien le cheminement de Mitterrand. Il explore. Il confronte sa vision française à la réalité du rapport de forces dans le monde. Je suis frappé de voir, avec le recul, que cet homme qui est l'incarnation même du réalisme politique et de l'absence d'illusions dans l'analyse des rapports de forces s'était fait des illusions sur le poids spécifique de la France dans le monde de l'époque. Il s'en était fait, par exemple en juillet 1981, sur la capacité de la France à convaincre les autres Européens de se préoccuper de l'Europe sociale. Il lance l'idée et elle est considérée comme une absurdité, une absurdité cocasse, même, par les autres dirigeants sociaux-démocrates ! Sur la capacité de la France à faire bouger les sommets des Sept, simplement en disant des choses intelligentes et en parlant de l'avenir. Sur la capacité de la France à convaincre certains grands pays d'accepter des négociations globales en matière Nord/Sud. Dans les années 1981, 1982, 1983, il fait le tour du propriétaire, en quelque sorte, il essaie toutes les manettes, regarde ce qui marche ou pas. Au Proche-Orient, il est animé au départ par l'idée que la France peut et doit jouer un rôle pour des raisons historiques, morales et autres. Il essaie par rapport aux Palestiniens, par rapport à Israël, par rapport au Liban. Sur aucun de ces plans les choses ne se passent comme il l'espérait. Il se heurte au veto syrien, ou américain, ou israélien, ou palestinien. Personne n'en veut. Il se trompe même quelquefois sur les résultats qu'il croit avoir atteints. Quand il rentre d'Israël, il est convaincu d'avoir persuadé Begin que ce serait une erreur tragique d'intervenir au Liban, alors que Begin attend le sommet des Sept pour agir quand ceux-ci seront occupés à se disputer sur les taux d'intérêt ou quoi que ce soit d'autre.

C'est une période de tâtonnements (sauf sur les SS-20) qu'il faut, je crois, distinguer de la suite. Une période de découverte, édifiante et mortifiante, des limites de l'influence française dans les affaires du monde. C'est à partir du moment où le tour de rôle redonne à la France la présidence semestrielle du Conseil européen, au début 1984, que s'ouvre une autre période. À ce moment-là, François Mitterrand s'engage à fond dans le déblocage de l'Europe, à la fois parce que cela correspond à son orientation, mais aussi parce qu'il a compris que la seule vraie perspective d'avenir est de constituer par tous les moyens, avec acharnement, un pôle de puissance européen.

N'était-ce pas aussi un choix en rapport avec le tournant intérieur de 1983 et le renoncement à un projet socialiste pur et dur ?

Oui et non. Si François Mitterrand n'avait pas été amené à rendre l'arbitrage de mars 1983, je ne pense pas qu'il aurait été en mesure de débloquer la construction européenne comme il l'a fait en 1984. Il n'aurait pas eu, vis-à-vis de ses partenaires, une posture morale et politique suffisante pour ce faire.

Il n'y a pas de lien plus fort, pas le besoin de substituer un grand espoir à venir à un grand espoir évanoui ?

Je pense que cela s'est fait en plusieurs temps. François Mitterrand était persuadé, au préalable, de la nécessité absolue de créer l'alternance, de sortir de l'espèce de Sinaï où la gauche se trouvait confinée, situation profondément malsaine sur le plan démocratique. L'histoire de la gauche française étant ce qu'elle est, devait-il à peu près se dire, cela ne peut pas se faire par un congrès de type Bad-Godesberg. La sortie passe par l'union de la gauche, qui aboutira au contraire de ce que les gens croient ou craignent. « Moi, je les y conduis, c'est la trouvaille stratégique ; après, la réalité fera son œuvre. » Je raisonne ici par analogie, car j'ai entendu Mitterrand s'expliquer de la sorte à propos de la question scolaire : il y a des gens qui ont des convictions tellement fortes en ce domaine qu'ils ne céderont qu'à une preuve par l'absurde ; il y a une sorte d'exorcisme nécessaire.

Je suis convaincu qu'il savait qu'après la phase allante, la phase Pierre Mauroy, il faudrait en revenir à un cours plus réaliste. Mais je ne crois pas qu'il s'attendait à être acculé à trancher comme il l'a été dès mars 1983, ni qu'il avait en tête de façon précise les formes de la relance politique qui devait suivre. Après coup, nous avons l'impression que cela s'emboîte bien. Mais il ne faut pas céder à la rationalisation rétrospective.

A-t-il eu, sur l'instant, le sentiment de l'importance du tournant et des conséquences globales que celui-ci allait avoir sur les plans intérieur et extérieur ?

Certainement. Il aurait voulu l'éviter. Je reprends le raisonnement sur l'alternance : François Mitterrand était convaincu que la santé démocratique du pays et la solidité des institutions requéraient l'alternance. C'est la raison pour laquelle il réagissait vivement aux avertissements de Delors, de Rocard et d'autres. Il répondait politiquement : « Nous devons remplir notre contrat. » Il fallait que le contrat passé avec les électeurs soit rempli au moins en partie, à moitié, aux deux tiers, pour que l'alternance n'ait pas eu lieu en vain. Et puis les nouvelles économiques sont devenues très mauvaises, il a vu grandir la contradiction entre l'« espérance du peuple de gauche », comme disait Pierre Mauroy, et les contraintes d'une économie ouverte, où vous dépendez économiquement, financièrement du jugement que tous les autres portent sur ce que vous faites. Il a retardé le choix. Il aurait voulu aller plus loin, plus longtemps. Il avait une terrible envie de croire ceux qui lui annonçaient que la croissance allait rebondir. Il n'avait aucun plan arrêté à ce moment-là.

Mars 1983 est imposé par la situation monétaire après que, deux fois de suite, nous avons obtenu une réévaluation du mark en sorte que les efforts soient partagés. Cela ne suffit plus. Il faut trancher. Suit une période d'interrogation qui dure trois jours. Après, c'est une question d'annonce. Il se rend compte que, s'il fait un choix anti-européen, il enferme la France dans un tunnel, il perd tout sur l'Europe, sans pouvoir rebondir sur rien. Il ne reste plus aucune perspective. Il a poussé dans leurs retranchements les défenseurs de l'autre politique, et il s'est aperçu que plus il les poussait, moins ils avaient de réponses. Ils ne savaient pas, en fait, comment la France pourrait mener une autre politique toute seule. Aller dans cette direction, c'était perdre sur tous les tableaux. L'autre choix impliquait de mettre un terme brutal aux attentes de l'électorat de gauche et plus largement du volontarisme français, mais, au moins, on ne le faisait pas pour rien : en échange, on faisait une Europe forte, et le jour venu, avec cette Europe forte, on pourrait agir. On pourra rattraper le temps perdu. C'est dans très longtemps, mais on crée du possible. Comment on va la construire, cette Europe, il est encore loin de le savoir à ce moment-là (sauf que ce sera avec l'Allemagne). Il y a un choix qui ferme et il y a un choix qui laisse les choses ouvertes, même s'il fait l'effet d'une douche froide, au-delà de la gauche, pour toute une tradition française qui vit très mal l'irruption de l'extérieur – « On fait ce qu'on veut chez nous ! ».

À partir de mars 1983, la relance européenne n'est plus une option, c'est une obligation. Puis ce sera un projet.

Comment s'enclenche cette relance ?

Il faut commencer par la gestion politique du tournant. Mitterrand prend ses responsabilités historiques, mais n'assume pas le tournant comme tel. Il ne l'exprime pas par un changement de gouvernement. Le maintien du gouvernement Mauroy est destiné à masquer le changement.

Il faut attendre la présidence française, début 1984, pour pouvoir agir. Mitterrand s'organise en fonction de cette échéance, et là, il affiche son projet européen avec conviction. Fin 1983, il fait pour cela entrer Roland Dumas au gouvernement. C'est également à ce moment-là qu'il charge Élisabeth Guigou, à l'Élysée, des affaires européennes. En 1984, il aborde cette présidence en prenant le dossier à bras-le-corps. À l'époque, il y a dix-sept contentieux en suspens, dont le contentieux sur le budget britannique. Mitterrand fait le tour complet des neuf capitales de l'Europe d'alors avec Dumas, Attali, Élisabeth Guigou, parfois Bianco ou moi – une toute petite équipe. Il traite lui-même les dossiers les uns après les autres. Il réussit à en régler une grande partie en mars. Après quoi, il recommence une tournée complète. On arrive au Conseil européen de juin 1984 à Fontainebleau, où Kohl et Mitterrand se mettent d'accord sur un chiffre à proposer à Mme Thatcher pour qu'elle arrête de faire de l'obstruction. Mme Thatcher recourt à une bonne vieille politique en essayant de diviser Mitterrand et Kohl, mais, lorsqu'elle s'aperçoit que cela ne marche pas, elle capitule – elle n'a pas senti venir l'entente entre Kohl et Mitterrand. C'est là qu'intervient le déblocage.

On entre ensuite dans une période qui forme un tout – on le voit mieux avec le recul – et qui va de juin 1984 à septembre 1992, à la ratification du traité de Maastricht. D'une date à l'autre, c'est une constante galopade. Mitterrand n'a pas abandonné les autres volets de sa politique, mais ils se sont réordonnés en fonction de cet axe central. Cette politique mitterrandienne sur l'Europe va être, avec celle de De Gaulle sur la défense et la dissuasion, la plus tenace, la plus volontariste des politiques menées sous la Vᵉ République. Elle l'est tellement que si Mitterrand et Kohl avaient su à ce moment-là – ce que personne n'imaginait – que le mur de Berlin tomberait en 1989 et que l'URSS disparaîtrait en 1991, je ne vois pas ce qu'ils auraient pu faire de plus et de mieux, pour préparer cette échéance, que ce qu'ils ont fait ensemble de 1984 à 1989. D'où leur réponse commune en 1989-90 : monnaie unique, relance politique, Maastricht.

Voilà mon découpage : 1981-1984, 1984-1992, puis une période des grandes interrogations européennes, à la fois parce que les peuples ont besoin de digérer toutes ces avancées, parce que l'absence de croissance inquiète et parce que la France se demande ce qu'elle va devenir dans le magma global.

Cela signifie que, selon vous, la chute du Mur en général et la crise yougoslave en particulier n'ont pas eu de rôle déterminant dans l'orientation de la politique européenne ?

Non. C'est une même politique qui a été poursuivie et renforcée. La politique que Mitterrand avait vaguement en tête au départ, qu'il a commencé à ressentir comme vitale après mars 1983, qui est devenue possible à partir de juin 1984, que Kohl et lui ont conduite ensuite ensemble, notamment en créant une connexion quotidienne entre leurs deux entourages, n'est comparable à rien de ce qu'on a vu entre deux pays. À chaque étape, ils ont confirmé cette politique. Elle a traversé des tempêtes considérables, mais ils n'ont pas molli. Même lorsqu'il leur est arrivé d'être en vif désaccord sur certains sujets comme la frontière Oder-Neisse, ils n'ont jamais cessé d'être en accord sur l'essentiel.

Quant à l'affaire yougoslave, ils l'ont vécue comme une preuve supplémentaire de la nécessité d'aboutir un jour à une politique étrangère commune. Ce n'est pas parce qu'ils avaient eu le courage d'en exprimer l'ambition qu'ils auraient dû se sentir responsables du fait que, dès le lendemain, leur était apportée une preuve tragique supplémentaire de son inexistence.

Ne sous-estimez-vous tout de même pas la perturbation majeure qu'ont représentée l'effondrement du bloc communiste et le bouleversement complet des repères qui en a résulté ?

Je ne conteste évidemment pas que l'événement ait été très perturbant, y compris pour la France. Ça ne se discute même pas. Ce que la France avait bien géré depuis la guerre, depuis qu'elle avait miraculeusement récupéré un siège au Conseil de sécurité, et ce qui avait été géré encore plus intelligemment depuis la Ve République, c'était la posture d'un pays membre de l'un des deux ensembles, allié de ses alliés, si je puis dire, notamment dans les grands moments, et néanmoins autonome à la marge. Nous avons longtemps bénéficié de cette posture avantageuse d'un pays survalorisé parce que, tout en étant un allié important, il n'était pas inconditionnel, qu'il disposait de sa force de dissuasion et qu'il maintenait un dialogue avec tout le monde à l'Est et au Sud. Cette posture s'est dissoute après 1991. Ce n'est pas la réunification allemande en soi qui en a été la cause. Supposons qu'elle ait eu lieu et que, je ne sais comment, le système Est-Ouest se soit maintenu, notre situation pseudo-frontalière eût gardé tous ses avantages.

Le changement est colossal. Je ne songe pas à le nier, bien au contraire. Ce que j'observe, c'est que la façon dont les principaux dirigeants ont réagi à la réunification allemande – événement qui aurait pu être complètement déstabilisateur à la fois pour la sécurité et pour la construction européennes – a témoigné d'une grande intelligence collective. Tous ont réagi en dirigeants responsables (« Puisque cela se produit, faisons avec, mais faisons en sorte que ça se passe bien ! »). Ils ont évité les réactions d'apprentis sorciers. Pourtant, ils n'avaient pas les mêmes priorités. Pour les États-Unis, la priorité, c'était de renforcer l'OTAN. Pour Mitterrand qui, par chance historique, s'est accordé là-dessus avec Kohl, la priorité était au renforcement de l'Europe. Si la réunification allemande avait dû affaiblir l'OTAN, Mitterrand n'aurait pas été désespéré ; et si elle avait fait éclater l'Europe, les Américains n'auraient pas versé de larmes. Quant à Gorbatchev, au bout d'un moment, il ne posait plus d'autre condition qu'une demande d'aide pour ne pas être renversé, disant que sa politique était la moins mauvaise possible pour les Occidentaux. La seule a n'avoir pas eu de réponse articulée est Mme Thatcher : elle était épouvantée par la réunification allemande et follement hostile au renforcement de l'Europe – elle n'avait donc pas de sortie possible. Mais tous les autres dirigeants, Bush, Kohl, Gorbatchev, Mitterrand, s'ils ont posé des conditions différentes, qui étaient d'ailleurs justifiées, ont assuré un beau travail collectif, comme la suite l'a montré. Tous les problèmes graves qui auraient pu se poser ont été résolus avant octobre 1990 : la frontière, la dévolution des pouvoirs des « puissances victorieuses », la relance de l'Europe monétaire et politique, le désarmement, l'inclusion de l'ex-Allemagne de l'Est dans l'OTAN sans avancée des armes. On remarque moins ce qui réussit que ce qui échoue. Or nous n'en serions pas là où nous sommes si le changement n'avait pas été géré au plus près.

J'ajoute que la polémique sur la politique française n'a éclaté en fait que tardivement, après octobre 1989. Tout est parti des réponses de Mitterrand à un journaliste allemand sur la frontière Oder-Neisse, lors d'une conférence de presse, à Bonn, le 3 novembre 1989. Il n'en a pas parlé le premier, il ne voulait pas embêter Kohl, mais il a dit ce qu'il pensait, et, à partir de là, il a été matraqué par une partie de la presse allemande. Ces attaques ont été reprises en France par certains commentateurs qui cherchaient avant tout des projectiles contre Mitterrand. Ils ont eux-mêmes orchestré – encore une fois, tel est le combat politique – ce qu'ils ont présenté comme un mécontentement des Allemands vis-à-vis de François Mitterrand. Interprétation qui persiste chez certains, mais pas chez les dirigeants allemands !

Je pense que Mitterrand a fait ce qu'il devait faire, mais qu'il n'a pas toujours su – ou qu'il n'a pas voulu – l'expliquer.

Plutôt su ou plutôt voulu ?

Un mélange des deux. C'était trop délicat à gérer pour qu'il puisse tout expliquer au moment où il le faisait. Il ne voulait pas amputer sa liberté en exposant une manœuvre assez complexe, parce qu'il y avait à la fois un accord fondamental avec Kohl et des désaccords ponctuels parfois sérieux. Il n'a pas trouvé les mots et la forme pour tenir un langage clair sur ce qu'il allait faire, mais rassurant pour les Français comme pour les Allemands, tout en restant vigilant. Ce n'est pas la conception qui est ici en cause, mais la formulation.

Pourquoi ce défaut d'explication ?

Parce que, fondamentalement, Mitterrand n'aimait pas cet exercice. Pour lui, s'expliquer, c'était se justifier ; et expliquer, c'était aussi se lier les mains. Il affectionnait les grandes fresques sur l'état du monde, mais pas vraiment la pédagogie ni le décryptage de l'exercice quotidien du pouvoir.

Il n'y a qu'à propos de l'Allemagne que vous jugez qu'il n'a pas su trouver le langage adéquat ?

Je regrette aussi qu'il n'ait pas profité davantage de la stature qu'il avait acquise dans les derniers temps pour décrire sans fard à nos compatriotes la réalité des rapports de forces dans le monde global où nous vivons depuis 1991, et pour dire à quel point, pourquoi et comment la France doit s'adapter. Il a fait à ce sujet des concessions inutiles à l'esprit du temps en parlant, après la guerre du Golfe, de « nouvel ordre international », lui dont j'ai souvent admiré par ailleurs la force de caractère et la capacité à résister aux idées du moment. Il n'a pas assez parlé du monde tel qu'il est, très concurrentiel, travaillé par une guerre économique féroce, marqué par une évolution qui met en cause tous les fondements de la France en tant qu'entité, et de l'État français. Un monde américain, anglophone, ultra-libéral, qui « biodégrade » partout les États, qui met les puissances publiques partout sur la défensive. Il aurait rendu service en le disant plus crûment.

Quand on vous entend, on ne peut pas se défendre d'une sorte de vertige. La politique européenne est, à l'échelle française, la seule frontière ouverte pour une grande action politique. Un président de la République française, de par la nature écrite et non écrite de ses fonctions, a besoin de faire de la grande politique. Qu'est-ce qui compte le plus, pour finir : la posture que la politique européenne lui permet d'endosser ou le but en lui-même et pour lui-même ? On ne peut pas ne pas se le demander, compte tenu de ce qui apparaît de l'extérieur comme une certaine indifférence au résultat final.

Nous sommes loin du résultat. Cela reste un horizon.

Nous sommes cependant arrivés quelque part...

L'Europe est le contraire d'une posture : une orientation stratégique décisive, difficile à traduire au jour le jour dans les actes, qui engendre plus de difficultés que d'applaudissements. Mitterrand ne se demandait pas de quel sexe était l'Europe ; il pensait que le mieux pouvait être l'ennemi du bien ; il avançait.

Chaque fois qu'il était obligé de renoncer à quelque chose pour la France du fait du contexte international, de la situation économique, etc., il se disait : en construisant un instrument européen puissant, on retrouvera un jour la possibilité de ce qui nous est refusé aujourd'hui. Le point délicat, c'est qu'il s'agit d'une translation, de la transposition du volontarisme français sur un plan européen. Notion très difficile : il faut que nous « disparaissions » pour renaître ! Nous n'y sommes pas résolus. Nous vivons là-dessus tous les jours dans la contradiction. Quels sont les sujets sur lesquels il nous faut maintenir une approche purement française le plus longtemps possible, le plus spectaculairement possible, pour arriver, le moment venu, à intégrer dans la boîte noire européenne le maximum d'influence française ? Faut-il adopter une approche modeste, coopérative, comme un Scandinave qui accepte de fondre sa position dans une synthèse, ou faut-il au contraire nous présenter le plus longtemps possible en héraut d'une cause qui nous tient à cœur ? Ce choix se présente sans arrêt. Sur bien des sujets, on se dit : il est possible de faire ceci ou cela (voyage, décision, déclaration) d'une manière purement française, cela sera spectaculaire et frappera les esprits. Mais, comme cela sera purement français, cela va exaspérer les Italiens, les Espagnols, les Hollandais ou d'autres qui nous feront défaut, dans trois mois, dans un vote sur une question qui, aujourd'hui, ne paraît pas importante, mais qui engage l'avenir d'une branche industrielle entière. En même temps, si nous ne le faisons pas, personne ne le fera à notre place. C'est là un exemple. Mais ce débat-là est sans fin.

Si vous estimez que vous avez encore une vraie souveraineté à préserver, vous retardez ce moment ; si vous estimez que cette souveraineté est déjà illusoire, vous êtes au contraire pressé. Par exemple, en matière de monnaie, la souveraineté est d'ores et déjà en grande partie illusoire. Là-dessus, Mitterrand était parfaitement tranquille : la monnaie unique était un vrai projet, et les gens qui luttaient contre la monnaie unique « euro » militaient en fait, sans le savoir, pour la monnaie unique « mark ». Il ne s'agissait pas d'abandonner de la souveraineté au nom d'idéologies fumeuses ; il s'agissait de reconstituer de la souveraineté déjà dissoute. Nous n'avions rien à perdre, mais tout à gagner. C'est cela, la philosophie du monde multilatéral où il nous faut apprendre à vivre. Il est très rare qu'un État puisse décider seul. Il faut l'accord de cinq, de dix, de quinze autres pour décider. La souveraineté s'exerce en commun, comme il faut tous les numéros de la bonne combinaison pour ouvrir un coffre.

En matière monétaire, ç'a été clair très tôt pour Mitterrand. En matière de politique étrangère, pas du tout. Dans l'affaire du Golfe, il n'a pas du tout cherché ne serait-ce qu'à enrober la participation française dans un vernis européen. Il a gardé les choses par-devers lui. Quand on parlait de réforme du Conseil de sécurité, il disait : ça se fera, mais après moi. Il pensait que c'était trop tôt. Il jugeait que le moment n'était pas venu d'aller s'immoler en abandonnant notre siège à une Europe qui prendrait des positions que personne ne connaît à partir d'un vote aléatoire. « Le moment viendra, sans doute, mais c'est trop tôt… » Contradictions…

On ne peut pas ne pas parler de la politique africaine, où Mitterrand s'est montré d'un classicisme à toute épreuve.

Avant de qualifier la politique africaine qu'il a menée, il faut souligner qu'il en a eu une. Ce n'est pas une boutade : la plupart des anciennes puissances coloniales, ou des grandes puissances, ont tout bonnement abandonné l'Afrique à ses malheurs et au FMI. L'avantage pour elles, si je puis dire, c'est que, du coup, on ne les juge pas responsables des drames de l'Afrique, plus fréquents dans leurs anciennes zones d'influence.

La politique africaine de Mitterrand a été une politique traditionnelle, disons IVe et Ve Républiques, évolutive, marquée par sa découverte ancienne de l'Afrique comme ministre de la France d'outre-mer, et par la hantise de ne pas être un apprenti sorcier à la Jimmy Carter, lequel, à partir de bonnes intentions, précipita la révolution islamique en Iran. Mitterrand voulait éviter de réveiller les luttes interethniques et de pousser des dirigeants cyniques à passer des accords avec l'Union soviétique – ce qui était encore un risque au début des années 80. Il a eu, de ce fait, une politique que la gauche socialiste a trouvée très conservatrice, une politique prudente, qui encourageait des évolutions discrètes, sans proclamations spectaculaires ni leçons pleines de morgue. Il empruntait plus volontiers la « voie chinoise » que la « voie gorbatchévienne » : on commence par la consolidation économique du continent, et la démocratie viendra par surcroît sur un terrain plus solide. De fait, il est tout à fait en pointe sur l'aide à l'Afrique, que ce soit au sommet des Sept ou au Conseil européen. Il se montre là-dessus si insistant que les autres le trouvent parfois lassant. Tous les dirigeants africains savaient que c'était lui qui défendait leurs intérêts, et personne d'autre. C'est grâce à lui que les accords de Lomé ont été maintenus. Telle a été sa politique jusqu'au discours de La Baule, en 1990. Pour le reste, il assume sans états d'âme les engagements du passé, les accords de sécurité, en prenant garde à ne pas se laisser entraîner dans des luttes internes. Il va même au-delà, dans le cas du Tchad où il n'y a plus d'accord. Mais il pense que si la France n'est pas capable de défendre l'intégrité du Tchad face à l'occupation libyenne, sa parole ne vaudra plus rien dans l'ensemble de l'Afrique. Politique très contestée par les idéalistes ! Je l'ai vu s'irriter contre le droit d'ingérence, reprochant à ses promoteurs de tenir des raisonnements de l'époque coloniale en voulant apporter le progrès par la force.

En 1990, l'URSS est encore là, mais elle n'a plus les moyens de nuire. Il prend alors un tournant avec le discours de La Baule. C'est un deuxième chapitre qui s'ouvre. Nous n'allons laisser tomber personne, dit-il, parce que nous avons une responsabilité historique, mais il y aura un *plus* pour les pays qui iront vers la démocratie. Et il est vrai que, cahin-caha, il y a eu, dans tous les pays africains d'influence française, entre 1990 et 1995, des élections à peu près libres, une libéralisation de la presse et des améliorations constitu-tionnelles. Ça ne résout pas tout comme par miracle : la plupart des despotes réussissent à se faire réélire, les opposants se révèlent être des chefs tribaux. Mais il y a quand même là une avancée.

Sur l'affaire du Rwanda, on a dit des abominations : que la France avait armé un régime qui préparait un génocide ! Personnellement, je trouve que ce sont là les seules critiques inadmissibles sur sa poli-tique étrangère, les autres relevant du commentaire politique normal. C'est peut-être au contraire le cas où l'on pourrait reprocher à Mitterrand, lui si prudent, de s'être peut-être montré imprudent par bonnes intentions démocratiques. 85 % de Hutus, 15 % de

Tutsis : dès qu'on procède à des élections convenables, ce sont les Hutus qui gagnent. Pour essayer d'empêcher les Tutsis de reprendre le pouvoir par la force avec l'aide de l'Ouganda, la politique de Mitterrand a consisté à essayer de convaincre les Hutus de faire une petite place aux Tutsis. C'est parce que le président du Rwanda a cédé aux pressions françaises en faveur d'une sorte d'accord de coalition – les accords d'Arusha – qu'il a été assassiné, sans doute par des extrémistes hutus. S'il y avait une critique à faire à Mitterrand, ce serait de ne pas avoir été assez conservateur, d'avoir jeté dans la poudrière rwandaise l'étincelle de La Baule : « Avec vos idées fumeuses de démocratisation à toute force, vous avez contribué à réveiller des affrontements sous-jacents qu'il eût fallu calmer par une politique beaucoup plus traditionnelle » – voilà ce qu'on aurait pu plutôt lui reprocher. Je force ici le trait à dessein pour faire réfléchir...

Au cours des quatorze ans que vous venez d'évoquer, l'organisation internationale s'est complètement transformée. Vous avez parlé incidemment de « monde global » pour qualifier ce nouvel état. Certains parlent d'un « nouvel ordre mondial », d'autres, à l'opposé, de « désordre mondial ». Comment concevez-vous les perspectives françaises dans ce monde où la modestie de notre place et de nos moyens s'est cruellement accusée ?

Il n'y a pas de grille d'interprétation admise par tous. Il y a plusieurs façons d'interpréter la situation d'aujourd'hui. Le vocabulaire lui-même est à redéfinir.

Soit : commençons par le vocabulaire. La notion d'« intérêt national », d'intérêt de la France, garde-t-elle un sens dans le monde d'aujourd'hui et, si oui, comment la définir ?

Je suis convaincu que non seulement la notion d'intérêt national garde un sens, mais qu'il est urgent de revenir à cette idée en tant que fil conducteur pour analyser le monde tel qu'il est et s'y repérer. Si nous parvenions à relancer une discussion sur le point de savoir s'il y a un intérêt national français et lequel, et, plus excitant encore, s'il y a un intérêt national européen, et lequel, nous ferions œuvre utile. C'est un concept qui a été perdu en cours de route. L'idée de politique étrangère s'est complètement brouillée. S'y est substituée une brume faite de concepts qui n'en sont pas, répercutés sans fin par l'univers médiatique, à base d'universalisme bavard et d'humanitarisme velléitaire. Des téléspectateurs indifféremment situés à Los Angeles, à Kyoto ou à Marseille sont émus par les mêmes images, généralement d'origine américaine, représentant celles des tragédies qu'on peut filmer ou qu'on a envie de montrer : voilà la nouvelle donnée de base. Chez ces spectateurs, le réflexe compassionnel (j'exige de mon gouvernement qu'il fasse quelque chose pour faire cesser les souffrances de ces gens et, du même coup, la mienne) supplante la conscience citoyenne ou patriotique (qu'est-ce que je peux faire ? qu'est-ce que mon pays a intérêt à faire, et peut faire, dans cette situation aussi bien sur le plan matériel que sur celui des valeurs ?). Ces habitants de la planète Médias ont désappris la géographie et perdu le fil de leur propre histoire ; ils n'ont plus de coordonnées. Tous les enseignements de la géopolitique leur sont devenus des hiéroglyphes indéchiffrables. Il faut au contraire savoir « d'où on regarde », retrouver – et ne pas hésiter à dire – ce que peut être aujourd'hui l'intérêt national.

L'outil d'une telle clarification reste-t-il, à vos yeux, l'analyse géopolitique du rapport de forces, dans une ligne de calcul non sentimental qui court de Richelieu à Kissinger, en passant par Bismarck ?

Je me sens plutôt appartenir à cette école, tout simplement parce que je ne connais pas d'analyses plus convaincantes.

Mais, à supposer que nous soyons toujours dans un monde régi par l'équilibre des forces – équilibre quand ça marche bien, parce que le déséquilibre a cours, lui aussi –, la question est de savoir : équilibre entre *quels types de forces* ? C'est là que commence la vraie discussion.

Je ne partage pas l'illusion d'un « nouvel ordre international ». Une idée que Bush, mais aussi François Mitterrand dans un moment de briandisme social-démocrate ont contribué à répandre après 1991. Comme si nous étions dans un monde régi par le droit international, où les choses se passent comme prévu dans la Charte des Nations unies. Je serais content de pouvoir y croire, mais je ne vois pas comment. On ne va pas dire qu'il y a cent quatre-vingt-cinq pays à l'ONU, qu'ils sont tous égaux en droits et que, par conséquent, ils vont gentiment régler leurs problèmes dans le cadre de négociations multilatérales et dans le respect de la Charte. Si c'est cela, l'interprétation alternative à l'analyse classique du rapport des forces, il est impossible d'y adhérer. On peut le regretter, espérer que cette utopie sympathique organise le monde un jour, mais il serait imprudent de se reposer sur elle aujourd'hui.

Équilibre, donc, entre quels types de forces ? Il faut prendre les États un par un, et distinguer ceux d'entre eux qui sont des puissances et ceux qui n'en sont pas. La France a un problème de terminologie à ce sujet. Les gens savent bien que nous ne sommes plus une « grande puissance ». Mais nous sommes encore une « puissance », sans aucun doute. Quand Giscard avait dit que nous étions une « puissance moyenne », il avait provoqué des réactions outragées, vous vous en souvenez... Disons que sur les cent quatre-vingt-cinq pays de l'ONU, il n'y en a qu'une vingtaine qui sont des « puissances » au sens classique du terme, c'est-à-dire qui sont capables d'assurer leur propre sécurité et qui exercent une influence sur les autres. Les autres sont des États, pas des puissances. Parmi ces quelque vingt puissances, il y en a une à part, la seule qui mérite peut-être encore le nom de « superpuissance » (celle qui fait ce qu'elle veut, quand elle veut, comme elle veut, et seule) : les États-Unis. Et encore, même eux rencontrent des limites, essentiellement internes mais réelles, à l'exercice de leur puissance. En tout cas, ils sont bien la puissance « prédominante », selon le terme de Kissinger, et j'ajouterai : à tendance hégémonique. (Ils disposent de la puissance économique, de la domination sur les technologies de l'information, de la suprématie militaire, de la langue d'usage planétaire, du messianisme, et ils n'ont pas de contrepoids face à eux.)

Après eux, que trouve-t-on ? Moins de dix pays qui détiennent un ou plusieurs des attributs de la grande puissance, mais pas tous : la Russie, la Chine, le Japon, l'Inde, l'Allemagne, la Grande-Bretagne, la France. Ce ne sont pas vraiment des « grandes puissances », je l'ai dit, mais plutôt des « grandes puissances incomplètes » (la Russie a encore l'espace et un peu la puissance militaire, ainsi qu'un siège de membre permanent au Conseil de sécurité, mais plus de capacités économiques et plus de volonté de grande puissance ; la Chine a la population, l'espace, des armes nucléaires, elle est membre permanent, mais n'aura pas avant longtemps la puissance économique ; le Japon a la puissance économique et pourrait avoir les moyens militaires, mais n'est pas membre du Conseil de sécurité et suscite encore des méfiances fortes en Asie) ; ou des anciennes grandes puissances, des grandes puissances « résiduelles » telles que la France ou la Grande-Bretagne qui ont gardé sur certains plans (Conseil de sécurité, armement nucléaire, langue) une influence mondiale.

Les critères d'appréciation de la puissance moderne sont nombreux et doivent être mesurés dans leur synergie : le territoire, la population, les ressources, l'économie, la monnaie, les armes, bien sûr. Mais aussi, on le voit, le statut militaire, politique et diplomatique permettant ou non d'influencer des groupes, de faire fonctionner un réseau à son profit, d'exercer en fait ou en droit un veto. Enfin, les moyens d'influence modernes sur l'information – l'image, l'imaginaire, les communications, les mythes, le langage CNN, Disney, Hollywood, Microsoft, l'américain = combien de mégatonnes ?

Vient ensuite une autre catégorie de pays qui exercent une influence plus limitée, plus localisée ou plus catégorielle que les précédents, mais réelle du fait d'un atout particulier, le poids qu'ils exercent sur la prise de décision aux États-Unis mêmes, une situation donnée ou leur appartenance à un organe important (le sommet des Sept pour le Canada ou l'Italie, par exemple) : ce sont le Brésil, le Mexique, le Canada, l'Italie, l'Égypte, la Turquie, l'Iran, l'Irak, le Pakistan, l'Indonésie, la Corée, l'Afrique du Sud, sans oublier le cas particulier d'Israël, et d'autres encore, variables selon les moments. Enfin il reste tous les autres, soit environ cent soixante-cinq pays qui ne sont pas des « puissances » à proprement parler.

La France n'est donc ni une « grande puissance », ni une « puissance moyenne » ; elle est une des sept ou huit puissances d'influence mondiale. Elle le restera ou non, cela n'est pas joué.

Comment peut évoluer la combinaison instable de ces facteurs hétérogènes ?

Si l'on raisonne en termes de « puissances », les hypothèses sont les suivantes :

1) L'extrapolation de la situation actuelle. Les États-Unis maintiennent leur suprématie. Sans être « hégémoniques » au sens complet du terme, ils dominent quand même sur tous les plans la vie internationale. Et cela dure jusqu'à ce qu'une autre « grande puissance » prenne (peut-être) un jour le relais – vers 2020, 2030 ? –, par exemple la Chine. Mais, prudence !... Il y a vingt ans, on annonçait le Japon comme « troisième grand ».

2) La suprématie américaine est assez vite contrebalancée (en dix ou quinze ans) par d'autres puissances. Il se met en place, par ajustements progressifs ou à l'issue d'épreuves de force, une sorte d'équilibre des forces comme celui qui a prévalu en Europe après le congrès de Vienne, entre 1815 et la fin du XIXe siècle, mais, cette fois-ci, entre des « États-continents » : les États-Unis, la Russie, la Chine, le Japon, l'Inde et peut-être... l'Europe. C'est l'hypothèse de Kissinger. Ce « peut-être » contient notre destin. Dans ce système, l'Europe pèserait, au premier plan. Pas la France seule ni l'Allemagne seule.

Ce que dit Kissinger à ce propos tranche assez nettement sur l'état d'esprit et le comportement américains actuels, très dominateurs : selon lui, l'Amérique restera la plus grande nation, la plus puissante aussi, mais une nation parmi d'autres.

Peut-être accorde-t-on cependant dans cette prospective géopolitique une place trop importante aux critères classiques de la puissance au détriment de critères nouveaux tels que la maîtrise de l'information – technologies et contenus.

Peut-on vraiment imaginer un retour aux relations internationales classiques ?

Jusqu'à un certain point. Par rapport à la période de polarisation Est/Ouest, cela se défend. Sauf que les relations internationales classiques reliaient entre elles une dizaine de puissances au maximum ; entre-temps, la souveraineté a proliféré : cent quatre-vingt-cinq pays à l'ONU ! D'autre part, ces relations de puissance seront quand même insérées dans un système multilatéral de plus en plus dense permettant à chaque État, même minuscule, de jouer à la marge, dans les réseaux, un certain rôle vis-à-vis des principaux pôles de puissance. Tout cela n'excluant pas, malgré tout, des conflits dans les « trous du filet », notamment là où les États sont trop faibles ou se décomposent du fait d'affrontements internes (régionaux, religieux, ethniques).

Que pensez-vous de la thèse de Huntington sur les conflits de civilisations destinés à remplacer à l'avenir les affrontements entre États ?

Elle n'est foncièrement pas différente dans ses principes des analyses en termes de puissance. Elle met simplement le facteur civilisation au premier plan, dans l'idée que c'est aux frontières des civilisations que se produiront les affrontements de demain. Il en recense huit : 1) l'occidentale (sans distinguer entre Amérique du Nord et Europe) ; 2) la slavo-orthodoxe ; 3) la latino-américaine ; 4) l'africaine ; 5) l'islamique ; 6) l'hindoue ; 7) la confucéenne ; 8) la japonaise. Il estime que, déjà, les affrontements les plus durs ont eu lieu sur leurs lignes de fracture. Exemple : la Bosnie, divisée entre trois de ces civilisations. Et il prévoit un choc entre la civilisation occidentale et les civilisations confucéenne et arabo-islamique.

Il est assez distrayant d'observer comme certains Occidentaux sont stupéfaits et inquiets qu'après quatre siècles d'expansion européenne et occidentale il reste encore plusieurs civilisations ! Cela dit, la partie descriptive de cette thèse énonce une évidence (mais attention à la schématisation !) : de grandes voix s'élèvent dans les mondes confucéen et arabo-islamique pour récuser, avec assurance et véhémence, le caractère automatiquement universel de toutes les valeurs occidentales. Et je pense qu'en effet toutes les différences ne sont pas solubles dans l'idéologie démocratique, l'économisme ou le droit international public. Mais ce n'est pas parce qu'il y a une part de vrai chez Huntington (des civilisations), que son extrapolation à la fois systématique et dramatique (leur choc) est exacte ; et encore moins qu'elle est souhaitable ! Dans la mesure où la thèse de Huntington est fondée, il faut tout faire pour éviter ces conflits qu'il annonce, dont la perspective ne tentera que trop de gens assoiffés d'identité batailleuse dans chaque aire culturelle. Bâtissons plutôt un solide équilibre entre puissances…

C'est le scénario d'évolution qui a votre préférence ?

À titre personnel, je pense que notre intérêt est de contribuer à l'élaboration de ce que Kissinger décrit. Soit la reconstitution, à l'échelle du monde, d'un équilibre des puissances. À condition qu'une Europe forte en soit partie prenante. Ce qui nous renvoie à l'autre question que nous avons évoquée, qui est de savoir comment nous pouvons exercer, à l'intérieur de cette puissance européenne en formation, le maximum d'influence française. Ce sera le casse-tête numéro un de la diplomatie française pour vingt ans. Voilà ce qui me paraît correspondre le mieux à ce que nous appelons, en France, l'intérêt national, qui ne me semble pas incompatible avec le maximum de système international, de sécurité collective, ni avec le rôle d'un Conseil de sécurité repensé. Autant il serait tragiquement imprudent de s'en remettre totalement à l'idée d'un ordre régi par le droit, autant il ne faut pas jouer la carte de l'équilibre des forces contre l'autre. Les deux dimensions peuvent assurément se combiner.

Revenons sur la question de l'humanitaire et de la pesée qu'il exerce sur l'action des gouvernements. Jusqu'où va son emprise ? Faut-il accepter l'idée de Régis Debray d'un « État séducteur » entièrement asservi à la compassion médiatique ?

La question est importante. La souffrance des téléspectateurs occidentaux pèse ! Du coup, les gouvernements sont détournés de leurs tâches et pressés de faire des signes, comme s'ils s'occupaient en toute priorité du problème qui a bouleversé l'opinion la veille. En général, ils n'y peuvent pas grand-chose : c'est loin, c'est compliqué – la Somalie, par exemple… Mais s'ils veulent continuer leur tâche, ils sont obligés de concéder suffisamment de signaux pour que l'opinion les laisse travailler. C'est perturbant, mais cela ne change pas encore la façon dont s'organisent les grands rapports de forces. Avec son jansénisme habituel, Régis Debray se place dans la pire des hypothèses, celle d'acteurs qui n'ont plus aucun cap et pour qui l'abdication de l'État est une aubaine. Elle contient, hélas, une part de vrai. Mais je préfère me placer dans l'autre hypothèse, celle d'un État qui continue à exister et d'acteurs qui ont conservé le sens de l'État, celui de leur pays, et de la durée.

Cela dit, le risque est aujourd'hui réel de voir les politiques étrangères s'étioler et se réduire à des postures que je mets toutes dans le même sac, car elles traduisent une même démission : la nostalgie, le déclaratoire, la compassion. Je sais bien qu'une politique étrangère consiste « aussi » à dire ce qu'il faut, quand il le faut, avec des mots justes. Mais je m'insurge contre le passage d'« aussi » à « seulement ». D'une certaine façon, c'est parce que trop de gens dans ce pays, qui a cultivé jusqu'à l'ivresse la notion de puissance, de nation, d'indépendance, pensent maintenant que, dans le monde global, nous ne pouvons plus rien, que notre ultime mission est protestataire, qu'il y a par contrecoup cette mélancolie, cette fuite en avant dans le verbe, les postures charitables. Qui n'est pas « pour les droits de l'homme » ? Mais une politique étrangère, ce n'est pas cela ! Ce sont des objectifs, des moyens, une tactique, une stratégie, non pas pour prendre position *à propos* de ce qui se passe, mais pour agir *sur* ce qui se passe !

Vous ne voyez donc pas dans le droit d'ingérence l'instrument d'une réorganisation de la société internationale ?

Certainement pas sous la forme d'une instruction que donneraient à leurs gouvernements les opinions survoltées des pays occidentaux hypermédiatisés, d'avoir à s'ingérer partout comme les légitimes gendarmes moraux du monde ! D'ailleurs, vous voyez bien : cela tourne court, ou mal ; l'opinion se retourne ; à trop vouloir attendre de l'humanitaire ou de l'ingérence, on les tue. C'est qu'on ne peut éluder la question : qui s'ingère, chez qui, au nom de quoi, pour faire quoi ? Sinon, on en revient vite aux expéditions coloniales, au nom des valeurs du plus fort. Dans le monde actuel, le seul droit d'ingérence admissible, car fonctionnant selon des règles précises, est celui que codifie le chapitre VII de la Charte des Nations unies, utilisé dans la guerre du Golfe. Faut-il l'étendre ? Il est déjà très large. Et cela reposerait la question de la légitimité actuelle du Conseil de sécurité. Faut-il l'adapter, l'élargir, et comment ?

Parmi les puissances que vous avez énumérées, il y en a une qui pose un problème tout à fait particulier : la Russie. Ex-superpuissance, certes déchue, mais porteuse de menaces d'autant plus redoutables. Gérer le déclin d'un empire en ruines, dit en substance Kissinger dans son livre récent Diplomatie, *est le défi le plus difficile qui soit pour une diplomatie. Il se montre d'ailleurs très sévère pour la politique américaine en la matière. Comment voyez-vous le problème ?*

Je suis là-dessus moins sévère et moins pessimiste que Kissinger. Compte tenu de ce que le peuple russe a enduré au XXe siècle, la façon dont il a supporté sans drame gigantesque la transition engagée depuis 1991, effroyable sur le plan matériel, humiliante sur les plans politique et psychologique, je trouve que la Russie est dans une situation inespérée. Qui pouvait penser qu'elle deviendrait en sept jours un pays moderne et démocratique ? Ceux qui croient que l'Europe occidentale a parcouru ce chemin en un jour ? La Russie est maintenant une « démocratie émergente ». C'est déjà beaucoup !

Les dirigeants occidentaux, tous, ont accompagné le déclin de l'URSS en payant d'énormes primes d'assurances. On nous demandait sur un ton de reproche : pourquoi aidez-vous Gorbatchev ? Tout simplement pour que la montagne ne nous tombe pas sur la tête ! Quand Gorbatchev a été remplacé par Eltsine, les Occidentaux ont continué à aider Eltsine, quoi qu'ils aient pensé de lui, en fonction du même raisonnement. La politique d'accompagnement menée par les Occidentaux, qui a été la principale activité des sommets des Sept depuis quelques années, ne me semble pas avoir été sotte. Elle a évité le pire. Nous aurions pu avoir à connaître d'immenses troubles. Les efforts occidentaux ont eu un effet bénéfique. Les polémiques autour du gaspillage de l'aide n'ont guère de sens. Quand on aide des pays, c'est que ces pays sont par définition incapables de bien utiliser cette aide. Mais faut-il alors n'aider que la Suisse ? Les raisons de l'aide sont ailleurs – on aide pour soi-même, en fait.

Mais le but étant de contribuer à créer à nos portes une Russie moderne, pacifique et démocratique, il reste encore du chemin.

Dans les termes de Kissinger, le but est surtout de créer une Russie qui n'ait pas envie de renouer avec une politique expansionniste. C'est sur ce point que sa critique porte.

C'est une inquiétude pour l'avenir plutôt qu'une critique du passé, car je ne trouve pas que des erreurs aient été commises sur ce plan depuis sept à huit ans. Sauf peut-être l'élargissement de l'OTAN, qui ne me semble pas avoir été vraiment pensé, du moins de notre point de vue. Il n'a d'ailleurs pas été engagé pour des raisons géopolitiques sérieuses, mais du fait de la rencontre entre un désir des

anciens pays communistes, relayés par leurs lobbies, de se sentir pleinement occidentaux et une volonté américaine de *leadership* sur l'Europe.
Dans cette affaire, les États-Unis ont décidé de l'opportunité, des
modalités et du moment. L'Europe a été traitée en objet et non en
sujet, comme aux beaux jours du condominium. Est-ce une conséquence fâcheuse, ou était-ce l'objectif ? En tout cas, nous sommes
maintenant obligés d'assumer, tout en cherchant à contrebalancer
l'élargissement par un lien – d'une nature à trouver : par l'OTAN ou
par l'Europe – avec la Russie.

S'agissant de l'organisation de la société internationale, que pensez-
vous des projets de réforme de l'ONU en général et du Conseil de sécu-
rité en particulier, auxquels vous avez fait allusion tout à l'heure ?

Le Conseil de sécurité reflète la situation de 1945, pas celle de
1997, c'est évident. Mais à qui et comment l'élargir ? C'est délicat,
et les membres permanents peuvent bloquer l'exercice. En mars, le
secrétaire général de l'Assemblée générale de l'ONU a proposé la
création de neuf nouveaux membres (portant leur nombre à vingt-
quatre, donc, au lieu de quinze), dont cinq permanents mais sans
droit de veto, afin d'éviter la paralysie.

Mais l'Allemagne et le Japon – on pense tout de suite à eux – se
satisferaient-ils de ce demi-statut ? Et quels seraient les trois autres ?
L'Inde ? Le Brésil ? Leurs voisins régionaux l'accepteraient-ils ? Et
puis un pays africain ? Un pays arabe ? Lesquels ? On le voit :
combiner représentativité et efficacité va être compliqué. Mais c'est
indispensable.

En effet, il faut renforcer quelques-uns des lieux de macro-
régulation mondiale existants. Ils sont beaucoup plus utiles pour
une « moyenne grande puissance » que pour « la » grande puissance,
qui peut s'en passer. À cet égard, il serait intéressant de faire l'inventaire de toutes les propositions qui ont été avancées en ce qui
concerne le Conseil de sécurité, le sommet des Sept, le FMI, etc.
Car il y en a quand même eu ! Elles ont fleuri comme après l'averse
au moment où il a été question de la réforme de l'ONU, et puis
elles ont disparu. Nous sommes à présent dans le vide. En fait non,
puisqu'il y a les États-Unis…

Du point de vue français, c'est intéressant à souligner, les instances de décision auxquelles nous avons la chance d'appartenir, du fait de l'Histoire, sont toutes promises à l'élargissement. Dans tous les cas, notre influence va se trouver relativisée ou diluée. Je ne dis pas marginalisée, mais quand même : là où nous étions un cinquième, nous ne serons plus qu'un dixième, là où nous étions un quinzième, nous ne serons plus qu'un trentième. *Aucune des évolutions en cours dans le monde ne nous est spontanément favorable.* Ce n'est pas tragique, mais nous ne pouvons pas nous permettre de nous endormir sur nos lauriers. Nous sommes un rentier diplomatique – un rentier dont les économies fondent. Sauf à inventer une politique très audacieuse, très mobile, qui suppose une vision de l'avenir, et sa part de sacrifices.

Dans quelle mesure le sentiment d'urgence que vous exprimez est-il partagé par nos partenaires européens ? Jusqu'à quel point se rallient-ils à cette idée que leur intérêt national est de fabriquer avec nous un intérêt commun européen ?

C'est le côté pathétique de la question. Une fois qu'on a pris sur soi pour faire ce raisonnement et se résoudre à certains sacrifices, nous, Français, c'est pour nous apercevoir *in fine* que ça n'intéresse personne d'autre ! Aucun pays européen ne raisonne comme nous. Ce constat a quelque chose d'accablant. Par exemple, quand on réfléchit au concept de politique étrangère commune, on s'aperçoit qu'il y a en Europe deux ou trois pays, pas plus, qui ont l'habitude de la puissance, qui savent ce que c'est, mais ce sont des puissances historiquement antagoniques. Les autres haïssent l'idée de puissance : petits pays qui ont abdiqué l'idée de puissance depuis la nuit des temps, ou pays commerçants qui n'ont jamais eu cette approche et qui trouvent l'idée presque obscène. De surcroît, depuis 1945, avec la protection américaine, ils ont pris l'habitude de remettre leur destin entre les mains des Américains. Le seul point positif, c'est qu'on s'aperçoit, à observer la vie internationale de ces dernières années, que lorsque les pays européens voient leurs intérêts économiques concrets menacés, par exemple par l'unilatéralisme américain, ils forment un front commun. À ce moment-là, le rapport de forces se corrige. Les États-Unis en tiennent compte. Ils respectent l'intérêt commun européen en formation. Les Européens pratiquent donc à l'occasion les rapports de forces, mais l'idée reste pour beaucoup blasphématoire.

Pour un pays comme la France, la voie n'est donc pas complètement fermée, si nous sommes convaincus qu'il faut nous adapter, mais à condition de faire preuve de beaucoup de doigté. Un doigté qui n'est pas dans notre génie. Il suppose d'éviter les proclamations, les postures avantageuses, les bras de fer verbaux – tout ce qu'on aime, hélas ! Il nous faut être patients, méthodiques, tenaces. Cela, en tout cas, jusqu'à un moment qui n'est plus très éloigné, j'espère, et dont l'opportunité peut être saisie, celui de l'avènement de l'euro. Je fais partie de ceux qui sont convaincus que la mise en place d'une monnaie unique européenne va créer un choc positif. Elle exercera une influence fédératrice très grande, que les gouvernements taisent parce qu'ils n'ont pas envie d'entrer dans des controverses sans fin sur la coordination intérieure des politiques budgétaires, fiscales et autres. Cette influence fédératrice ne sera pas que d'ordre technique. Après la phase d'avancée très rapide, de 1984-1992, puis la phase d'arrêt, d'interrogations, de doutes qui a suivi, je pense que va s'ouvrir, vers 1999, une nouvelle « fenêtre » de quelques années. S'il se trouve à Paris, à Bonn, dans les autres capitales européennes, des dirigeants capables de saisir cette opportunité, nous pourrions connaître là une nouvelle période d'avancées. L'avènement de l'euro aura en soi une vertu rééquilibrante dans un jeu mondial dominé par les autorités monétaires américaines depuis 1971 – depuis que Nixon a mis par terre le système de Bretton Woods. Il faut préparer ce moment.

La France doit-elle accepter le vote à la majorité au Conseil européen, avec les conséquences qui ne manqueront pas d'en découler ?

Ces conséquences sont, à court terme, le risque de trouver contre elle des coalitions de petits États. Mais le risque vaut d'être couru à plus long terme, au nom de la constitution d'une puissance. Faire l'Europe, ce ne peut pas être simplement modeler l'Europe à notre image, mais participer avec nos partenaires à la naissance d'une souveraineté nouvelle, exercée en commun. Nous serons de plus en plus, sur tous les terrains et dans toutes les enceintes, obligés de raisonner en termes d'influence, de coalition, de compromis, de votes à la majorité. Apprenons à nous mouvoir dans ces eaux-là, débarrassons-nous de la nostalgie, aussi débilitante que mauvaise conseillère !

Comment expliquez-vous le fait que ces questions vitales ne sont pas du tout débattues dans l'espace public ? Qu'est-ce qui s'y oppose ?

Peut-être est-ce le désir de ne pas avoir à faire face aux conclusions dérangeantes auxquelles on ne peut pas ne pas parvenir ? Pour un pays historiquement si égocentrique, si convaincu de la portée universelle de ses messages (parfois à juste titre, mais cela ne change rien), si péremptoire, et qui a fait, à droite comme à gauche, de l'incantation volontariste un élément de l'identité nationale, le choc est rude. Nous ne reconnaissons pas comme nôtre ce monde anglophone ultralibéral qui, blessure suprême, pourrait se passer de nous, mais dont nous, nous ne pouvons pas nous abstraire ! D'où cette lancinante difficulté à dire aujourd'hui ce que sera notre pays dans quinze ans. Les hommes politiques n'ont pas envie d'en parler parce que cela sape leur statut. Les appareils des partis sont incapables d'en traiter parce qu'ils vivent, à droite comme à gauche, sur un volontarisme verbal qui est sans prise sur la réalité de l'heure. Quant aux intellectuels, ils s'en détournent parce qu'ils sont enfermés, par fonction, dans l'interpellation du Prince, comme si c'était toujours lui qui commandait à tout et aux astres… On peut comprendre l'envie de l'autruche française de garder sa tête dans le sable. Mais il ne faut pas se lasser de lui rappeler que le monde n'en continue pas moins sa course, qu'il n'est que temps de refonder notre volontarisme sur la lucidité.

Vous vous souvenez de la question de l'humoriste : faut-il rapprocher le tabouret du piano ou le piano du tabouret ? Comme le monde ne s'adaptera pas à la France, il faudra bien que la France s'adapte au monde.

Le Débat, *mai-août 1997*

Au ministère des Affaires étrangères

1997-2002

Lorsqu'il devient ministre des Affaires étrangères, en juin 1997, Hubert Védrine décide d'ajouter au programme prévu pour la Conférence annuelle des ambassadeurs – créée en 1993 par Alain Juppé – une séance de clôture sur les États-Unis. Ce pays occupe déjà une situation de puissance sans précédent – Hubert Védrine ne parle pas encore d'hyperpuissance – et sa politique n'est pas, aux yeux du nouveau ministre, assez étudiée. Cette question est souvent éludée ou minimisée, comme si elle gênait. Dans cette première intervention devant les ambassadeurs, le nouveau chef de la diplomatie française développe son analyse de l'état du monde et propose une stratégie pour promouvoir les intérêts et les valeurs de la France. En voici les principaux extraits.

Allocution à la Conférence des ambassadeurs (extraits)

Mon exposé s'articulera autour de trois questions :

1. Quelle analyse devons-nous faire de l'*état du monde* aujourd'hui ?

2. Quelle *stratégie française* pour promouvoir nos intérêts et nos valeurs ?

3. Quel *outil diplomatique* au service de cette stratégie ?

1. Une analyse lucide de l'état du monde

Commençons par le diagnostic.

Ce n'est pas à vous que j'apprendrai que le monde dans lequel nous sommes entrés depuis 1991 n'a plus grand-chose à voir avec celui qu'avait engendré la Deuxième Guerre mondiale.

Un des phénomènes les plus marquants depuis la fin du monde bipolaire est l'extension progressive à toute la planète de la conception occidentale de la démocratie, du marché et des médias.

Ce marché global crée un monde encore plus exigeant, plus instable, plus compétitif qu'on ne le croit ; un monde de concurrence acharnée : au niveau des individus qui se retrouvent socialement déclassés lorsqu'ils n'ont pas de qualification ; au niveau des entreprises qui doivent se montrer résolument offensives et ne peuvent plus s'abriter derrière les protections commerciales ou les subventions ; au niveau des États eux-mêmes dont les compétences, pour ne pas dire la légitimité, sont de plus en plus ouvertement remises en cause, y compris dans leurs prérogatives régaliennes.

En outre, dans ce monde libéral et global, il y a aujourd'hui une seule grande puissance : les États-Unis d'Amérique. C'est particulièrement évident dans le domaine stratégique. C'est également vrai dans le domaine économique : malgré un poids relatif dans les échanges mondiaux inférieur à celui des pays européens cumulés, les États-Unis bénéficient en effet d'atouts dont aucune autre puissance, pas plus l'Europe qu'une autre, ne dispose encore : le poids politique ; la suprématie du dollar ; la maîtrise des réseaux de communication, les usines à rêves, les nouvelles technologies. Le Pentagone, Boeing, Coca-Cola, Microsoft, Hollywood, CNN, Internet, l'anglais. Cette situation est quasiment sans précédents. Ce doit être un élément de notre réflexion.

Ce monde, enfin, est aussi potentiellement instable du fait de la prolifération de la souveraineté – cent-quatre-vingt-cinq États sont aujourd'hui membres de l'ONU –, mais d'une souveraineté parfois illusoire, compte tenu de l'érosion du rôle régulateur de l'État par la globalisation, les marchés, les médias et l'opinion publique transnationale qui fonctionnent en continu. En fait, il ne se trouve qu'une dizaine d'États pour disposer d'un ou de plusieurs des attributs de la puissance globale. Une dizaine d'autres a une influence régionale. Restent tous les autres qui, sans être des puissances, n'en sont pas moins des acteurs qui coopèrent ou s'affrontent, selon des combinaisons mouvantes et variables, au sein de l'ONU, de l'OMC et dans un grand nombre d'autres instances. Voilà un autre élément de notre réflexion : tout se négocie en permanence dans des enceintes multiples et interactives.

Comment nous situer dans ce contexte ? Les mots sont importants. Au regard de cette hiérarchie, la France n'est ni un acteur parmi d'autres, ni une puissance « moyenne », terme impropre. Elle n'est pas « la » puissance hégémonique ou « la » superpuissance. Mais elle est une des sept ou huit puissances d'influence mondiale. C'est-à-dire un des grands pays du monde, qui a les moyens d'une vraie politique globale.

2. Pour la France, une stratégie repensée

J'en viens maintenant à notre stratégie.

Rien ne nous est plus acquis par principe, du seul fait d'une histoire prestigieuse ou de la haute idée que nous nous faisons de notre pays. Les mythes consolateurs, l'autocélébration ne nous sont d'aucun secours. Le réalisme, le pragmatisme, la mobilité, l'initiative et la ténacité s'imposent donc.

Quelle attitude adopter face à une superpuissance et face à la prolifération de la souveraineté ?

Parlons d'abord des États-Unis. Quand j'évoque leur puissance, je constate un fait. Je le fais, faut-il le souligner, sans acrimonie. Un fait est un fait. L'Histoire, la volonté de leurs dirigeants, leur prodigieux dynamisme, leur confiance en eux, la défaillance de bien d'autres puissances les ont amenés là où ils sont. Mais cette puissance porte en elle-même, dès lors qu'elle est sans contrepoids, la tentation unilatéraliste et le risque hégémonique. Donc, selon les cas, nous serons les amis des États-Unis, ou à tout le moins leurs alliés ; dans d'autres, nous leur dirons non au nom de nos intérêts légitimes, ou de ceux de l'Europe, ou encore de l'idée que nous nous faisons des relations internationales. Tout cela, nous devons le leur dire dans le cadre d'un dialogue amical, franc, véritable et direct.

Cela nous amène à souhaiter que les puissances qui émergeront dans le monde de demain – Russie, Chine, Japon, Inde – soient également dissuadées de toute tentation hégémonique. C'est pourquoi nous avons intérêt, dès maintenant, à travailler à la bonne intégration dans le système international de demain de ces grandes puissances émergentes. Nous devons avoir avec elles une politique de longue haleine. Sans oublier d'autres ensembles pour le moment à vocation purement économique, tels que l'ASEAN ou le MERCOSUR. C'est le sens des initiatives prises envers l'Asie ou l'Amérique latine.

Naturellement, ce que j'esquisse du monde multipolaire de demain n'est à encourager qu'à condition qu'une Europe forte voie le jour et en soit un élément clef. J'y reviendrai dans un instant.

L'autre conséquence stratégique à tirer de l'état du monde est la suivante : face au pullulement des acteurs, il faut aiguiser nos capacités de négociation, et qu'il existe de vraies règles du jeu :

– Si tout se négocie, si plus rien ne se décide unilatéralement ni ne s'impose par le fait accompli, il nous faut alors développer nos moyens de convaincre, de rassembler, de constituer dans toutes les enceintes les coalitions d'intérêts et les majorités dont nous avons besoin. Cela suppose une attitude psychologique et diplomatique d'ouverture, d'écoute, de disponibilité et de persuasion adaptée à cette nécessité, et le sens du compromis dynamique.

– D'autre part, cette multiplicité des acteurs, le risque hégémonique, la perspective multipolaire rendent indispensables de vraies règles du jeu, juridiques aussi bien qu'économiques, équitables, reconnues et valables pour tous, que ce soit au sein du Conseil de sécurité de l'ONU, de l'OMC, ou dans toutes les enceintes de négociation, sur le désarmement ou autres. À ces conditions-là, l'interdépendance n'est pas l'impuissance, et une volonté forte peut trouver à s'affirmer. Tout cela reste à consolider, si ce n'est à bâtir.

En ayant à l'esprit ces quelques règles, nous agirons pour :
– assurer notre sécurité ;
– défendre nos intérêts ;
– promouvoir nos valeurs et nos conceptions.

Nous préserverons notre capacité propre d'influence par tous les moyens dont nous disposons, que ce soit la diplomatie classique, les entreprises exportatrices, la diplomatie culturelle, la francophonie, afin :

– de contribuer à résoudre les drames tels que ceux du Proche-Orient, de Bosnie, du Caucase, du Cambodge ;

– de tirer le meilleur parti des lieux de pouvoir multilatéraux par le truchement desquels nous pouvons agir (Conseil de sécurité, Union européenne, G8, etc.) ;

– de favoriser le renforcement de règles multilatérales claires et équitables contre les tentations du fait accompli ou de l'unilatéralisme ;

– et de contribuer également à l'émergence de par le monde de plusieurs pôles capables de constituer, en plus du multilatéralisme organisé, un facteur d'équilibre.

J'en viens à l'Europe, qui est au carrefour de ces ambitions. L'Europe est un acteur absolument nécessaire de ce monde multipolaire à venir, non seulement par sa capacité propre, mais par la valeur d'exemple qu'elle offre pour d'autres regroupements du même type. C'est l'entreprise d'intégration régionale la plus novatrice qu'ait portée l'Histoire. C'est un exemple sans précédent de coexistence volontaire entre des États-nations qui cherchent à inventer une nouvelle forme de souveraineté exercée en commun et qui sert de référence à des processus d'intégration régionale en cours en Amérique latine, en Afrique, en Asie du Sud-Est, qu'il nous faut encourager. Nous n'accepterons pas qu'elle se dilue dans une simple zone de libre-échange. Nous n'avons pas œuvré depuis quarante ans à la construction européenne pour en arriver là. Et les candidats à l'adhésion concluraient un marché de dupes s'ils entraient dans une Europe impotente.

Pour jouer le rôle que nous lui assignons, il faut que l'Union européenne renforce sa cohésion interne et sa crédibilité externe, et donc prioritairement réussisse l'euro. S'il se trouve dans les capitales européennes des dirigeants capables de saisir l'opportunité que constituera sa création, de nouvelles avancées pourront alors se produire dans la construction de l'Europe politique dont le monde a besoin. L'avènement de l'euro constituera un choc positif et fédérateur, et aura une vertu rééquilibrante dans un jeu mondial dominé par le dollar.

Bien entendu, cela ne signifie pas que nous devions attendre passivement l'avènement de l'euro. L'Europe ne peut se réduire à sa seule dimension monétaire. Le Premier ministre s'est fortement engagé, à Amsterdam, à lui donner un contenu social effectif. D'autre part, le destin de l'Union se joue aussi sur sa capacité à ne pas se dissoudre dans l'élargissement au détriment de ses membres actuels et futurs. Cela suppose que nous la dotions au préalable d'institutions efficaces, qu'elle ne perde pas de vue qu'elle est d'abord au service des citoyens, qu'elle réussisse à affirmer progressivement son identité dans les domaines diplomatique et militaire.

Rares cependant sont nos partenaires qui partagent spontanément notre vision d'une Europe-puissance. Chaque fois que nous invoquons la cause européenne pour enrôler les autres États membres derrière un projet trop exclusivement français ou trop abstrait, cela ne marche pas. Ce qu'il s'agit de faire, c'est participer, avec nos partenaires, à la naissance d'une souveraineté nouvelle exercée en commun. Ce que le Premier ministre a appelé « faire l'Europe sans défaire la France ». Ne nous leurrons pas : il faudra, pour y parvenir, déployer encore des trésors de patience et de ténacité, et travailler jour après jour à exercer dans l'Union l'influence française la plus forte possible.

3. *Un outil diplomatique efficace*

[…] Je vous ai parlé avec un souci de vérité. Je n'ai pas cherché à cacher les difficultés qui nous attendent dans le monde actuel. C'est à mes yeux la seule façon d'espérer les surmonter efficacement. Nous avons besoin d'un diagnostic sincère pour sortir du cycle arrogance/dépression auquel s'abandonnent trop de bons esprits dans ce pays. Le rôle historique de la France n'est pas achevé. Il n'y a pas matière à se complaire dans la nostalgie. Mais nous sommes dans un monde où rien ne va plus de soi, pour personne. Aucun État, si puissant soit-il, ne peut prétendre détenir les clés de l'avenir. Le jeu est ouvert. À nous de jouer nos cartes !

À partir de ce constat, il nous faut trouver les relais et les leviers nécessaires pour défendre et promouvoir nos intérêts, nos idées, nos valeurs, ce qui forme un tout. À mes yeux, la vraie démission serait de réduire notre politique étrangère à une simple posture, de nous livrer à une fuite en avant dans le déclaratoire. Je ne vous dirais pas cela si je n'étais pas entièrement convaincu qu'il y a mieux à faire.

Chacun d'entre vous est détenteur d'une parcelle de l'intérêt national. La compétition qui s'ouvre redonne toute sa légitimité au métier d'ambassadeur. Prenez-la comme un défi personnel. Partout où il y a des ambassadeurs dynamiques, introduits dans la société locale, actifs dans les milieux les plus variés, connus des médias, prompts à susciter des initiatives, la France est bien représentée.

Août 1997

En février 1998, en répondant aux questions de Jeune Afrique *sur la politique irakienne des États-Unis, qu'Hubert Védrine emploie pour la première fois le mot « hyperpuissance ». Il y revient en mai dans un entretien avec Jean Daniel, directeur du* Nouvel Observateur.

Le président Clinton est alors dans la deuxième année de son second mandat. Son attitude personnelle est ouverte et relativement multilatéraliste, mais, en profondeur, les mentalités américaines ont commencé à changer.

Entretien dans l'hedomadaire *Jeune Afrique*

JEUNE AFRIQUE : Vous avez vécu, depuis l'Élysée où vous étiez conseiller diplomatique, puis secrétaire général, la crise, puis la guerre du Golfe de 1990-91. La situation actuelle est-elle comparable ?

HUBERT VÉDRINE : Le contexte est très différent. Il ne s'agit pas aujourd'hui de l'invasion d'un pays membre des Nations unies par un autre. En dehors de Saddam Hussein, tous les acteurs ont changé. L'Union soviétique, elle, a carrément disparu. La coalition constituée en 1991 contre l'agression irakienne comprenait près de la moitié des pays arabes. Cette fois-ci, rien de tel. On ne constate pas non plus ce phénomène de mobilisation de l'opinion arabe qui avait caractérisé la première crise, même si on peut penser qu'elle réagirait très mal à une frappe américaine. Du côté des gouvernements arabes, c'est une sorte d'homogénéité à profil bas qui domine : à peu près tous estiment que Saddam Hussein est la source principale des malheurs de son peuple, mais tous appréhendent les conséquences d'une action militaire contre l'Irak.

Face à l'hyperpuissance

Saddam Hussein a-t-il changé ?

On peut se poser la question. En 1990-1991, cet homme n'a jamais cédé ni reculé, au prix d'immenses erreurs. Mais, en ce début de 1998, que constatons-nous ? La Commission de contrôle de l'ONU a été créée, et l'Irak a fini par l'accepter ; elle a pu travailler, détecter, puis mettre hors d'usage plus d'armes que ce qui a été détruit pendant la guerre du Golfe. Malgré quelques périodes de crise, trois cents établissements irakiens sont aujourd'hui sous surveillance de la Commission, et une soixantaine de sites sont inspectés en permanence. On peut donc espérer que Saddam ne prendra pas le risque inconsidéré d'une seconde guerre uniquement parce que cela lui pose un problème d'ouvrir les huit sites dits « présidentiels ».

Le secrétaire général du Quai d'Orsay, Bertrand Dufourcq, a rencontré Saddam Hussein le 10 février 1998 à Bagdad. Quelles impressions a-t-il ramenées de cet entretien ?

Saddam Hussein n'est pas coupé du monde et écoute ce qu'on lui dit. Tarek Aziz, par exemple, s'exprime tout à fait normalement en sa présence. À la différence de 1990, Saddam Hussein semble informé du rapport de forces actuel. En tire-t-il les conclusions qui s'imposent ? C'est une autre affaire. Nous, Français, nous nous sommes en tout cas employés à lui faire parvenir l'information la plus exacte possible. Notre message a été le suivant : ne vous méprenez pas, l'unité et la crédibilité du Conseil de sécurité sont réelles, une solution conforme aux résolutions doit être trouvée, car les États-Unis sont déterminés à aller jusqu'au bout.

Comment les Américains réagissent-ils à cette médiation française ?

Avec scepticisme : ils ne pensent pas que ça marchera. Mais vous remarquerez que personne ne critique la position française, ni dans la presse internationale, ni ailleurs, dans la mesure où cette action est totalement conforme aux résolutions du Conseil de sécurité.

Et les gouvernements arabes ?

Je n'entends que soutien et encouragement aux efforts déployés par la France.

Si Saddam fait toutes les concessions exigées de lui, que se passera-t-il ?

S'il autorise l'inspection des sites présidentiels – dans les conditions que précisera le secrétaire général Kofi Annan –, les choses s'arrêteront d'elles-mêmes. Je n'imagine pas que le président Clinton puisse donner alors l'ordre d'attaquer.

S'orientera-t-on vers une levée de l'embargo qui frappe l'Irak ?

Le jour où la Commission d'enquête aura tout découvert, tout démantelé, la question se posera au Conseil de sécurité. Oui, il faudra prendre cette décision. Il n'y a pas pour nous de résolutions cachées. Si certains disent : « Cela ne suffit pas, trouvons d'autres conditions », ce ne sera pas notre position.

Pensez-vous que les Américains veulent la « peau » de Saddam ?

Nous sommes devant un phénomène d'« hyperpuissance » : les Américains s'exaspèrent de voir un récalcitrant leur résister. Même si, en l'occurrence, les exigences américaines coïncident avec celles de l'ONU, ce facteur est largement propre aux États-Unis. Ils estiment être investis d'une mission qu'ils se sont donnée à eux-mêmes, de par leur poids sur l'échiquier mondial. Ils ont aussi la faculté de se désigner des adversaires. Ces derniers sont présentés tour à tour comme énervants, puis irritants, puis menaçants, puis intolérables, jusqu'au jour où c'est la crédibilité de la puissance américaine qui est en jeu. Tel est le mécanisme sur lequel on ne peut pas ne pas s'interroger.

La même détermination n'est évidemment pas au rendez-vous quand il s'agit d'obliger Israël à appliquer les accords de paix ou les résolutions du Conseil de sécurité qui le concerne.

En effet.

Y a-t-il des différences, ou plutôt des nuances, entre l'analyse que fait de cette crise le gouvernement français et celle que développe le président Chirac ?

Non, je n'en vois aucune. Mais cette harmonie ne tombe pas du ciel. L'Élysée et le gouvernement travaillent ensemble constamment. C'est une vraie gestion commune de crise.

Que dit Saddam Hussein de la France et de son rôle dans cette crise ?

Il tend à présenter les choses comme si rien ne s'était passé depuis le milieu des années 70. Mais l'important est ce que nous lui disons en tenant compte des liens spécifiques entre la France et le monde arabe : il n'y a pas d'autre porte de sortie que l'application des résolutions. Ne pas le comprendre serait commettre une terrible erreur de calcul. C'est d'ailleurs ce que j'ai dit, le 17 février, au ministre irakien des Affaires étrangères, Mohamed Saïd al-Sahhaf. Il y a une disproportion tragique entre les raisons pour lesquelles Bagdad refuse l'inspection des huit sites dits « présidentiels » et les conséquences possibles de ce refus.

Vous vous êtes aussi longuement entretenu au téléphone avec Tarek Aziz. L'entourage de Saddam Hussein vous paraît-il redouter une attaque américaine ? Avez-vous senti une sorte de peur ?

Peur, non. Les Irakiens ont leur fierté et affichent une sorte de bravoure. Ils montrent une vive susceptibilité sur le respect de leur souveraineté. Mais ils ont conscience du rapport des forces. Et puis, ils n'ignorent pas que si aucun chef d'État arabe ne souhaite que l'Irak soit bombardé, la plupart d'entre eux ne seraient pas mécontents de voir Saddam Hussein disparaître du paysage.

Les chefs d'État arabes vous ont-ils fait part de leurs préoccupations ?

Nous sommes en contact avec toutes les capitales arabes. Des émissaires français s'y sont rendus, le président Chirac et le roi Hassan II se sont parlé au téléphone, j'ai eu moi-même nombre d'entretiens… Disons que la tonalité générale est plutôt au scepticisme, soit parce qu'ils pensent que Saddam ne reculera pas, soit parce qu'ils estiment que les États-Unis frapperont quoi qu'il arrive. Mais ils soutiennent notre action.

Expriment-ils des craintes quant aux réactions de leur opinion en cas d'attaque américaine ?

Je crois qu'ils les redoutent surtout en cas de répétition des frappes dans un contexte d'asphyxie du processus de paix israélo-palestinien. Les opinions ne pourront alors que s'emballer, avec tous les risques que cela représente.

Un récent rapport du Congrès américain affirme que l'Irak aurait disséminé des armes bactériologiques au Soudan, au Yémen, en Libye et en Algérie. Est-ce exact ?

Je n'en sais rien.

Les armes irakiennes – ce qu'il en reste – menacent-elles Israël ?

Je ne le crois pas. L'affirmer serait d'ailleurs en contradiction avec les conclusions du rapport rédigé par Richard Butler, le

114

responsable de la Commission d'enquête des Nations unies. Il ne semble pas que les Irakiens aient encore des moyens balistiques.

La crise a-t-elle un impact sur le processus de paix israélo-palestinien ?

Avec ou sans crise, le processus est bloqué, chacun le voit. Benyamin Netanyahou a beaucoup plus d'influence sur les États-Unis que ces derniers n'en ont sur lui pour le moment. Cette politique ne lui porte pas tort sur le plan intérieur israélien. Il n'y a donc pour le moment ni aggravation du blocage – comment serait-ce possible ? –, ni impact direct. Cependant, une offensive militaire américaine contre l'Irak pourrait modifier dans le mauvais sens le rapport des forces entre l'OLP et le Hamas.

Jeune Afrique, *24 février 1998*

Entretien dans *Le Nouvel Observateur*

LE NOUVEL OBSERVATEUR : Si vous acceptez que la politique étrangère consiste à défendre les intérêts de la France dans le monde et à se soucier de son rang, vous êtes conduit à vous préoccuper du sentiment qui prévaut chez les Français. Or il y a chez eux, plus que dans des pays comme l'Espagne, l'Italie et l'Angleterre, une morosité et une inquiétude si profondes qu'il faut bien leur reconnaître une signification identitaire. La France n'est-elle pas en train de douter de sa survie comme État et comme nation ? Et comment formuler pour elle une politique volontariste si elle se sent agressée à la fois par l'Europe, le chômage, le mélange des cultures, la mondialisation, le discrédit de la politique ?

HUBERT VÉDRINE : J'ai le sentiment que la France se débat dans une interrogation inquiète depuis plus d'un siècle. Depuis 1870 ? S'il est difficile d'en situer l'origine, le fait est là, marqué avec une alternance d'arrogance et de manque de confiance en soi. Depuis longtemps, le second domine et l'avenir inquiète. Pourtant, si l'on observe sans *a priori* le monde d'aujourd'hui, on y voit une France bien placée. Précisons : il y a dans le monde cent quatre-vingt-cinq pays. Un seul – les États-Unis – est dominant dans tous les domaines, c'est pour cela que j'emploie à son sujet l'expression « hyperpuissance ». La France vient dans la catégorie qui suit immédiatement. Est-ce démoralisant ?

On connaît la définition de la « superpuissance » liée à la bipolarisation de la guerre froide. Quelle distinction faites-vous entre « super » et « hyper » ?

Le terme « hyperpuissance » exprime, selon moi, le fait que cette hégémonie américaine, pour reprendre le mot de Brzezinski, se manifeste sur tous les plans : l'économie, le commerce, la technologie, la capacité d'invention, l'armement, la diplomatie, la langue, les images, les technologies de l'information. Cette multiplicité n'est pas contenue dans la notion de « superpuissance », trop exclusivement militaire, ni dans celle de « grande puissance », trop classique.

Comment peut-on situer la France par rapport à cette hyperpuissance ?

Je le disais : dans la catégorie qui suit, celle des « puissances d'influence mondiale ». Ce sont des pays pourvus de certains éléments de la grande puissance, mais pas de tous : ils ont la force militaire mais pas économique, ou ils ont un siège au Conseil de sécurité, mais pas l'espace, ou la population, ou pas la technologie, etc. Mais ils exercent quand même, directement ou indirectement, une influence ou une action mondiale. Dans cette catégorie, je mettrais à la fois des pays comme l'Allemagne, la Grande-Bretagne ou la France, et des pays comme la Russie, la Chine, le Japon et l'Inde. Donc, sept pays. Il en reste cent soixante-dix-sept.

Ces cent soixante-dix-sept pays connaissent des situations très différentes. Il paraît difficile de ne pas distinguer entre eux.

En effet. Sur ces cent soixante-dix-sept pays, il y en a encore vingt à trente qui sont des puissances à l'influence plus limitée. Par exemple, l'Indonésie, le Brésil, le Nigeria, l'Afrique du Sud, le Mexique, des pays d'Europe qui, parce qu'ils sont dans l'Union, disposent quand même d'une voix sur quinze dans les décisions européennes – ce qui décuple leur influence –, ou des pays qui participent au sommet des Huit. Enfin, il faudrait une catégorie spéciale pour Israël… Les cent quarante restants sont des pays qui, tout en ayant leur place dans le système multilatéral, ne sont pas des puissances. Toujours est-il qu'il y a dans le monde cent soixante-dix-sept pays qui sont moins influents et qui ont moins de poids que la France. Il n'y a donc aucune raison – sauf nostalgie obsédante – de raser les murs ni de cultiver cette morosité française.

Qui n'est d'ailleurs pas en rapport avec ce que l'on peut voir de l'évolution réelle de la société française, qui bouge, ni de la capacité réelle de l'économie française, qui est forte…

Je pense que les Français vivent mal le décalage entre l'idée qu'ils se font de ce qu'a été la France comme grande puissance et la réalité d'aujourd'hui. Ils en ressentent une vexation, voire une souffrance. Mais c'est si loin des relations internationales actuelles ! Cette nostalgie de la « grande puissance » est tenace, comme le révèle le succès des biographies de Louis XIV ou de Napoléon, mais elle est handicapante. Le culte du passé ne nous aide pas face au monde d'aujourd'hui.

Ainsi, vous expliquez la morosité française par la nostalgie de ne plus être entendu, de ne plus pouvoir dire le droit ni exprimer la civilisation ?

On voudrait que ce soit encore le cas, on le prétend, mais cela ne marche plus comme ça. Les proclamations ne changent pas les faits. Le monde change, mais il change en anglais et sous l'influence d'autres facteurs – CNN, Internet... –, d'où une vraie mélancolie. Pourtant, nous sommes parfaitement capables d'agir dans ce monde-là, mais par la négociation, le compromis, le troc entre ceci et cela, un travail de bénédictin, la technicité, l'ingéniosité, l'investissement dans la durée. Des choses qui n'ont rien à voir avec les formes habituelles de notre « génie ». Mais il y a une autre conception de la grandeur. Il faut nous adapter. Lancer des concepts, de grandes idées reste possible, et même indispensable. Nous le faisons, cela ne nous dispense pas de l'effort continu. C'est vrai qu'il est astreignant d'avoir à négocier avec vingt, trente, cinquante pays, cent quatre-vingt-cinq dans le pire des cas, pour traiter de tout et de n'importe quoi dans une sorte de gigantesque assemblée de copropriétaires ! Et pourtant, il faut connaître et apprendre ces règles pour les maîtriser.

En va-t-il de même pour l'Europe ?

Le dilemme européen est à la fois semblable et différent. Après la guerre, les dirigeants français ont reporté sur l'Europe leur ambition pour la France. De Gaulle disait à Adenauer : « L'Allemagne ne peut pas être le leader de l'Europe pour des raisons historiques évidentes. La France ne le peut plus à elle seule. Ensemble, on le peut. » Mais, au fur et à mesure que l'Europe a réussi, qu'elle s'est perfectionnée, qu'elle s'est élargie, elle s'est compliquée, devenant une « usine à gaz ». Voilà que cette Europe conçue pour être une réponse, un élément d'équilibre, un multiplicateur d'influence par rapport à ce que la mondialisation peut avoir de corrosif pour nous, apparaît aux yeux de certains comme un réducteur d'influence, une sorte de « trou noir » qui absorberait la souveraineté nationale et l'énergie identitaire ! C'est le contraire qui doit être vrai.

L'élargissement de l'Europe va accentuer ce sentiment de frustration. Mais avons-nous le choix ?

Ce sentiment est effectivement renforcé par l'élargissement de l'Europe. À quinze États membres, on voit bien qu'on est arrivé à la limite du fonctionnement efficace, et à vingt-cinq ou trente, l'Europe changera complètement de nature. Du coup, certains, surtout en France, refusent de laisser se paralyser cette construction européenne à laquelle nous avons consacré tant d'efforts depuis quarante ans. Ils ont raison. C'est la position du gouvernement. La réponse, ce sont les réformes institutionnelles que la France réclame avant tout nouvel élargissement. Pour ses membres actuels comme pour les candidats à l'adhésion, nous voulons que l'Europe marche !

Pensez-vous que, dans le monde actuel, toutes les évolutions soient automatiquement ou mécaniquement défavorables à la France ?

Il n'y a aucune évolution – économique, technologique, culturelle, linguistique, diplomatique, démographique, juridique ou militaire – qui nous soit mécaniquement favorable. Voyez l'explosion de l'anglo-américain, langue de la mondialisation ; voyez l'avenir de l'Asie ; voyez l'élargissement de tous les organes au sein desquels ou au travers desquels nous exerçons une influence clé : Conseil de sécurité, G8, Union européenne… Il n'y a pas de situation protégée ni d'Olympe d'où nous puissions lancer nos décrets. Je n'en déduis pas que nous n'ayons pas les moyens de faire face – je suis convaincu du contraire –, mais que tout doit être défendu, conquis ou reconquis.

Est-ce la situation de tous les pays ou est-ce une situation propre à la France ?

Il n'y a pas de complot contre la France ! Non, il s'agit d'une situation générale (sauf pour les États-Unis, et encore), mais que tous les pays ne vivent pas de la même façon. Bien sûr, le problème est plus délicat pour des puissances comme la France ou la Grande-Bretagne qui veulent préserver leur influence. Il est tout autre pour la Chine ou pour l'Inde. Notre politique étrangère en tient compte.

Tous les décideurs connaissent ce phénomène. Ils n'en tirent pourtant pas toujours les conséquences...

Si, les dirigeants des grandes entreprises s'y sont adaptés avec succès. Dans d'autres domaines – politique, diplomatique, culturel, intellectuel –, il reste tentant d'entretenir l'illusion d'une place à part. Voyez le Proche-Orient : à partir de 1956, l'URSS et les États-Unis ont décidé de s'y réserver toute l'influence. Et pourtant, les présidents de la Ve République et la diplomatie française ont constamment réussi à y prononcer des paroles ou à y mener des actions importantes. Pas parce qu'un rôle leur était réservé. Parce qu'ils l'ont saisi.

La France semble saisie d'un doute profond depuis la réunification de l'Allemagne. Doute qui s'avive aujourd'hui avec la montée en puissance de l'industrie allemande, notamment dans le secteur de l'automobile. Cela dit, avons-nous tout fait, à ce moment, pour préserver l'efficacité de ce qui est le couple moteur de la dynamique européenne ?

Réalise-t-on enfin que la France, que le président Mitterrand ont fait dès le début de la réunification ce qu'il fallait faire, et que la preuve la plus spectaculaire en est la décision historique prise sur la monnaie unique en décembre 1989 à Strasbourg, date clé que l'on ne rappelle pas assez en ce moment ? Tournons la page sur nos angoisses ! L'Allemagne est un grand pays. Nous aussi. Que craint-on ? La relation franco-allemande est irremplaçable, et pas pour des raisons sentimentales. Aucun autre binôme ne pourra se substituer à celui que forment nos deux pays. D'autant que la mutation européenne de la Grande-Bretagne n'est pas achevée.

Allez-vous, allons-nous accepter l'élargissement du Conseil de sécurité de l'ONU ?

Il ne serait pas sérieux de contester la nécessité de réformer le Conseil de sécurité, reflet de la situation du monde en 1945. L'Allemagne et le Japon y ont leur place, mais on ne saurait faire du Conseil de sécurité le Conseil de l'hémisphère Nord. L'Amérique latine, l'Afrique, l'Asie, le monde arabe doivent y être représentés. De plus, pour rester efficace et pour que l'ONU ne devienne pas une autre SDN, le Conseil de sécurité ne doit en aucun cas laisser tomber en désuétude le droit de veto. À ces conditions-là, la réforme est possible et même souhaitable.

La France n'a pu que se féliciter qu'on lui ait prêté une contribution dans la décision des États-Unis et de l'ONU de renoncer à la guerre contre l'Irak. Mais il semble que les États-Unis n'aient pas apprécié cette contribution, surtout au Congrès, et qu'on entende le faire payer à tous les protagonistes de la paix. On nous reproche d'avoir contribué à innocenter Saddam Hussein...

Il y a deux aspects dans votre question. D'une part, il y a nos relations avec les États-Unis – il faudrait d'ailleurs distinguer ici entre Congrès et Administration – et, d'autre part, la façon dont la récente crise irakienne et la crispation qu'elle a suscitée au Congrès illustreraient ces relations. En réalité, dans la crise irakienne, les positions française et américaine étaient identiques sur le fond – le respect des résolutions de l'ONU –, différentes sur la méthode, et potentiellement divergentes quant à la solution : recours ou non à la force. Mais la France savait bien que sans la menace américaine, la solution diplomatique avait peu de chances de prévaloir. En sens inverse, les États-Unis ne se sont pas opposés aux efforts diplomatiques de la France, menés en complète transparence. Finalement, les approches se sont complétées. On pourrait citer d'autres exemples de complémentarité : sur le Kosovo, au sein du « groupe de contact » ; sur le processus de paix au Proche-Orient où la France a, depuis des mois, soutenu les efforts de Madeleine Albright. Sur un autre plan, nous avons signé récemment un très important accord de coopération aéronautique. Et le sommet Europe-États-Unis du 18 mai est parvenu à un compromis acceptable sur les relations commerciales transatlantiques.

Mais les Américains n'aiment pas tellement associer d'autres pays à leurs initiatives diplomatiques...

C'est vrai, les États-Unis ont souvent tendance à préserver leur *leadership*, voire leur monopole dans la gestion des crises. D'une façon générale, ils ont toujours un peu de mal à accepter la ligne française, constante, qui consiste à leur dire : « Nous sommes vos alliés, vos amis, mais nous ne sommes pas alignés. Quand nous défendons des points de vues différents, ce n'est pas par principe, pour contrarier la politique américaine, mais parce que nous avons des intérêts ou des convictions et des propositions différents des vôtres. Parlons-en et travaillons ensemble. » Certains Américains comprennent ce langage et en voient l'intérêt, y compris pour eux. D'autres en restent au manichéisme : si vous ne soutenez pas toutes nos positions, c'est que vous êtes contre nous. Cette présentation des choses n'a que trop servi. Dans l'affaire de l'Irak où nous avons contribué, je crois, à une bonne solution, nous avons eu affaire ensuite aux deux types de réactions.

L'habile comportement des Irakiens depuis l'accord avec Kofi Anann peut contribuer à rendre moins fermes les menaces du Conseil de sécurité. Pour le Congrès américain, c'est un élément d'exaspération supplémentaire qui le conduit à vouloir faire payer à la France son attitude. Que pouvez-vous faire face à cela ?

Rester serein, garder le contact, expliquer sans relâche, face à une représentation des choses qui relève de la politique intérieure américaine et qui est trop outrancière pour durer. C'est l'hyperpuissance américaine qui peut nous poser un problème, l'*ubris*, pas la nation américaine, que nous admirons pour son énergie, sa créativité, sa confiance dans l'avenir... Mais nous sommes français, nous voulons que notre pays soit respecté, qu'il puisse défendre ses intérêts et ses idées sur la marche du monde, et nous pensons en outre qu'une Europe forte serait utile au monde. J'espère que les États-Unis accepteront un jour, sans arrière-pensées, notre façon d'être solidaires, mais aussi d'être nous-mêmes et de dialoguer avec franchise. Par exemple, nous pouvons dire que, dans certaines régions du monde, la politique américaine gagnerait à faire plus de place à la France ou à l'Europe, à accepter de vrais partenaires, et reconnaître en même temps que la présence américaine est souvent stabilisatrice et réclamée.

Par exemple ?

On voit bien qu'en Asie chaque puissance préfère que les États-Unis restent, plutôt que de se retrouver en tête-à-tête avec son voisin ou ses concurrents. Mais, entre l'Europe et les États-Unis, il y a aussi plusieurs domaines où l'accord a été réel. Par exemple, sur la question de la transformation de la Russie depuis Gorbatchev. On a traité la Russie, qui reste un grand pays, avec égards ; la mutation engagée par Gorbatchev et continuée par Eltsine a été soutenue et accompagnée par le sommet des Sept, devenu le sommet des Huit.

Est-ce qu'il y a une politique commune des membres permanents sur le nucléaire, sur la non-prolifération et sur le désarmement ?

Non, il n'y a pas de politique absolument commune des membres permanents du Conseil de sécurité, néanmoins une entente sur de grandes lignes en matière de désarmement et de non-prolifération, bien que sur ce dernier point la politique soit de conception très américaine, parfois difficile à accorder avec les acquis de la dissuasion nucléaire et de la paix qu'elle a garantis pendant plusieurs décennies. Là-dessus, la Chine manifeste d'ailleurs une réticence constante, même si ce n'est pas une opposition frontale, parce que les Chinois ne veulent pas se mettre en dehors du mouvement général. L'affaire indienne, elle, marque un tournant qui s'explique par un contexte régional, mais peut déboucher sur d'autres essais.

Y a-t-il une position française spécifique au sujet des essais nucléaires par l'Inde ?

La France a évité d'abuser des condamnations. Elle a déploré une action à contre-courant de l'évolution mondiale, mais maintenu son dialogue avec l'Inde, et elle a appelé ce pays à adhérer au traité d'interdiction des essais. Elle a aussi demandé au Pakistan de faire preuve de retenue.

On sait que cela va susciter d'autres essais en chaîne de la part de pays voisins qui vont se sentir obligés de faire la démonstration de leur potentiel...

Oui, on me dit que le Pakistan ne peut pas ne pas en faire à son tour ; et que si le Pakistan en fait, un jour l'Iran en fera. Et que si on le leur reproche, si *a fortiori* on les sanctionne, ils diront qu'il faut alors englober Israël dans la solution. C'est de toute cette évolution qu'il faut reprendre le contrôle si on veut la maîtriser.

Nous sommes dans un monde d'interdépendance où la souveraineté s'exerce souvent en commun. Que restera-t-il à la France de l'exercice de sa souveraineté ?

Mais beaucoup ! Autant qu'aux autres pays qui se trouvent tous confrontés à cette nouvelle réalité mondiale ! Beaucoup plus qu'aux nombreux pays qui n'ont pas les atouts politiques, culturels, diplomatiques et économiques de la France ! Plus encore si elle réalise la mutation mentale qui lui permettra de défendre et de promouvoir plus efficacement ses intérêts et ses idées dans le dialogue avec les États-Unis, l'alchimie de la décision européenne, la négociation multilatérale *non stop*. C'est-à-dire si elle est plus convaincante et moins péremptoire, plus persévérante et moins déclamatoire, volontaire et réaliste à la fois.

Quelle sera la place de la France dans cet ensemble européen ?

Toujours essentielle. Notre objectif est : le plus d'influence française possible dans l'Europe la plus forte possible. En Europe, il faut épouser le terrain : l'Europe sera à la fois fédérale, confédérale, et une fédération d'États-nations, lesquels ne disparaîtront jamais. Elle deviendra une catégorie politico-juridique en soi, qui fera peut-être école. Les institutions devront être réformées, simplifiées, rapprochées des gens. Mais ne doutons pas de ce que représentera la France dans cet ensemble, que ce soit seule, ou avec l'Allemagne, ou avec tel et tel autre partenaire, selon les moments et les sujets. C'est notre avenir.

La construction de l'Europe contribuera-t-elle à la stabilité d'un monde multipolaire ou, au contraire, constituera-t-elle un bloc s'opposant aux autres ?

Le président de la République et le gouvernement estiment qu'un monde multipolaire serait plus sûr, plus gérable et plus équilibré qu'un monde unipolaire dont certains analystes américains eux-mêmes soulignent les inconvénients pour les États-Unis si leur prédominance devait y rester trop marquée. Mais cela ne vaut qu'à trois conditions : 1) que parmi ces pôles il y ait une Europe forte ; 2) qu'il y ait entre ces pôles (États-Unis, Europe, Russie, Chine, Japon, Inde) équilibre et coopération, et non confrontation ; 3) que ce système multipolaire s'insère bien dans un système multilatéral réformé et renforcé.

Croyez-vous que l'Europe reprendra à son compte la vision des valeurs universelles que porte la France, en particulier en ce qui concerne les droits de l'homme ?

Notre but n'est pas de bâtir la politique étrangère de l'Europe sur le plus petit commun dénominateur, mais, au contraire, d'amplifier et de combiner ce que les politiques étrangères et les traditions nationales des pays de l'Union ont de meilleur. En restant bien conscients que leurs identités, leurs personnalités étant très fortes, il faudra une forge à haute température pour réaliser de nouveaux alliages : ce sera la volonté politique. En ce qui concerne la vision des droits de l'homme, je suis sûr qu'elle sera une composante forte de la politique européenne, car tous les pays d'Europe, et pas seulement la France, y sont attachés. Mais je voudrais et je m'emploierai à ce que ce ne soit pas qu'un affichage de positions, et que cette politique ait des effets réels.

Propos recueillis par Jean Daniel, Le Nouvel Observateur, *28 mai 1998*

Dans cet entretien avec Denis Jeambar, directeur de L'Express, *en janvier 1999, Hubert Védrine parle de tout ce qu'une politique étrangère complète et globale doit prendre en charge en sus des enjeux purement diplomatiques, des urgences et de la gestion des crises : préoccupations à long terme, réforme du Conseil de sécurité et de l'Europe, compétition économique, culturelle, linguistique, juridique et universitaire avec les autres grands pays, etc.*

Les « zones grises » de la diplomatie

L'EXPRESS : *La diplomatie est faite d'enjeux visibles et de confrontations spectaculaires, notamment lorsque éclatent des crises. Mais, derrière ce théâtre public, fait de rencontres et de sommets, de voyages, se cache une compétition souvent beaucoup plus importante et déterminante pour l'avenir du monde. Quelles sont, aujourd'hui, les zones grises qui échappent en général à l'éclairage médiatique ?*

HUBERT VÉDRINE : La diplomatie est d'abord perçue comme un outil de gestion de crises : le Kosovo, l'Irak, pour ne citer que les plus actuelles. En revanche, l'opinion perçoit moins les enjeux de fond et à long terme de certaines négociations plus discrètes ou plus complexes. Prenez l'Europe : on s'intéresse surtout, aujourd'hui, à l'agenda 2000 – c'est-à-dire au financement de l'Union pour les seules années 2000-2006 –, et moins à la réforme institutionnelle dont les conséquences seront pourtant très lourdes. Autre exemple pris dans l'Histoire : quand, après la Seconde Guerre mondiale, Churchill a jugé nécessaire pour l'équilibre du Conseil de sécurité de l'ONU que la France y ait un siège, il a imposé une décision qui, un demi-siècle plus tard, a encore des répercussions sur la vie internationale. Il y a donc les urgences et les enjeux de fond qui, parfois, n'apparaîtront clairement que cinq, dix ou vingt ans après une négociation.

Revenons à la réforme institutionnelle de l'Europe. Nous avons connu l'Europe à Six du traité de Rome, puis l'Europe des Neuf, des Douze, et maintenant quinze pays la constituent. Comment la France pense-t-elle la suite ?

On voit déjà qu'à Quinze le fonctionnement de l'Europe est alourdi, d'autant plus que chacune des institutions se « perfectionne ». Quand deux ou trois pays ont la même idée, ils ont plus de mal qu'auparavant à entraîner les autres, qui sont eux-mêmes plus divers. Même quand la France et l'Allemagne sont d'accord, constituer à partir de là une majorité d'idées ou une minorité de blocage n'est pas évident ni automatique. Vous imaginez la situation quand on sera vingt, vingt-cinq ou trente…

Trente !

Oui. Peut-être même plus… Il faut gérer l'immédiat et penser à long terme. Bien des pays de l'Est qui, aujourd'hui, ne sont pas en état d'entrer dans l'Union, ni même d'être candidats, ont vocation, à terme, à y participer. Il nous faut donc, dès 1999, penser des réformes institutionnelles, et régler des problèmes qui, en pratique, ne se poseront pas avant 2015 ou 2020. Les responsables de demain et d'après-demain seront tributaires de ce que nous avons imaginé. Pour prévenir une paralysie de l'Europe, que l'on voit poindre, nous avons proposé, après les petits progrès d'Amsterdam, trois améliorations : la réforme de la Commission, la repondération des droits de vote des pays et l'extension du vote à la majorité qualifiée. Mais nous savons déjà que cela ne suffira pas à rendre opérationnelle une Europe à Trente. Il faudra un tronc commun de politiques communes et des actions à géométrie variable.

Dans la conjugaison permanente du passé, du présent et du futur, cette rationalité que vous exposez est loin, malgré tout, de toujours triompher !

Historiquement, on est aussi frappé par le nombre des décisions prises à chaud pour des raisons de circonstances apparemment impérieuses, qui ont ensuite des effets imprévus, parfois contraires aux objectifs recherchés.

Vous avez évoqué justement les circonstances dans lesquelles la France est entrée au Conseil de sécurité de l'ONU. Personne ne conteste cette présence, mais cet organisme n'est plus représentatif du monde actuel. Parmi les enjeux moins visibles de la diplomatie, il y a la légitimité de cet organisme très important, puisqu'il est le seul à pouvoir en droit recourir à la force pour assurer la régulation du monde. Comment la France peut-elle y préserver son siège ?

Dans un monde qui compte cent quatre-vingt-cinq États, le Conseil de sécurité actuel n'est plus assez représentatif. Le désir de l'Allemagne et du Japon d'en faire partie nous paraît légitime. Mais le Conseil ne peut être celui du seul hémisphère Nord ! Les grandes zones de civilisation – l'Amérique latine, l'Afrique, l'Asie en dehors de la Chine, le monde arabe – devront y être représentées d'une façon ou d'une autre. Par ailleurs, le droit de veto doit être préservé. Mais alors, comment, à vingt-cinq pays, éviter la paralysie ? La solution n'est pas encore trouvée. Dans tout ce débat, la France montre sa disponibilité.

Des voix, ici ou là, s'élèvent pour préconiser un siège européen. N'est-ce pas la concrétisation de l'Europe politique ?

Cela sera concevable quand la Politique étrangère et de sécurité commune européenne sera devenue une réalité. Nous en sommes encore loin ! Aujourd'hui, ce serait prématuré et artificiel. Ce serait inapplicable car le représentant de l'Europe serait souvent déchiré et donc paralysé. Il faut au préalable bâtir une politique commune. Préconiser dès à présent un siège européen au Conseil de sécurité, ce serait mettre la charrue avant les bœufs – et, pour nous, lâcher la proie pour l'ombre.

*La probabilité d'une réforme du Conseil de sécurité demeure néan-
moins très grande. Comment voyez-vous la France dans ce contexte
futur ?*

Toujours très influente. Mais elle sera, au sein du Conseil de sécurité élargi, un membre permanent parmi dix, par exemple, au lieu
d'être un parmi cinq, comme actuellement. Ultérieurement, si on
arrive à un siège européen, notre influence s'exercera alors en amont,
au cours de l'élaboration du point de vue européen unique.

*Restons encore un instant sur le terrain diplomatique classique. Les
États-Unis, passés du rang de « superpuissance » à celui, selon votre
formule, d'« hyperpuissance », ont l'intention, non proclamée, de donner
une nouvelle définition de l'OTAN, qui serait sans limites géographiques.
Comment résistera-t-on à un tel rouleau compresseur ?*

C'est en effet une des tentations de l'Amérique. On la constate
aussi dans tous les organismes de régulation de l'économie mondiale :
G7, FMI, OMC… Comment contrebalancer ces tendances quand
elles sont abusives ? Par un travail régulier et persévérant en faveur
d'un multilatéralisme réel, contre l'unilatéralisme ; pour une multipolarité équilibrée, contre l'unipolarité ; pour la diversité culturelle,
contre l'uniformité. Rien de tout cela ne se fera automatiquement, et
notre influence dans le monde ne s'accroît pas toute seule. Il faut une
stratégie, une tactique, une méthode. C'est possible : la preuve en est
que dans le monde actuel, où l'on compte 6 milliards d'habitants et
185 pays, nous ne sommes pas, malgré la taille de notre territoire et
celle de notre population, une puissance moyenne, mais une des
quelques puissances d'influence mondiale. L'essentiel est que notre
volonté parte d'un diagnostic vrai, et que l'on actionne les bons
leviers.

*Quand avez-vous vraiment pris conscience de l'hyperpuissance des
États-Unis ?*

Elle s'est manifestée par étapes au cours de cette décennie : en
1990-91, la guerre du Golfe, puis la fin de l'URSS ; ensuite, le ralliement planétaire, au moins dans un premier mouvement, à
l'économie de marché, version ultralibérale américaine ; la suprématie
mondiale croissante, sans précédent, des industries culturelles…

Dès qu'on a le souci des rapports de forces prévisibles en 2010 ou 2015, on ne peut avoir une approche exclusivement diplomatique. La lutte pour l'influence mondiale ne se situe-t-elle pas sur d'autres terrains ?

Elle se développe sur le terrain diplomatique, mais aussi sur tous les autres : économique, monétaire, juridique, audiovisuel, linguistique, culturel.

Le nouveau terrain de concurrence le plus identifié, c'est la culture ?

Oui, car il s'agit d'un affrontement économique et industriel, mais aussi identitaire, mental, portant sur la définition des nouveaux mythes et credos mondiaux. Dans la mondialisation, il devient de plus en plus difficile de protéger nos sources de création. Voyez la situation du cinéma ou de l'audiovisuel en Europe. Seul le cinéma français, jusqu'ici, a survécu. Comment ? Grâce à des mécanismes parfaitement légitimes de protection. Le public comprend ce combat. Mais l'expression « exception culturelle » est, à mes yeux, par trop défensive. Soyons plus ambitieux ! Nous ne voulons pas seulement « préserver », « protéger », faire admettre des « exceptions », même si c'est à la fois légitime et nécessaire, mais lutter plus globalement pour une vraie diversité culturelle dans le monde.

Ce combat-là est déjà connu du grand public. En revanche, la bataille juridique mondiale est, elle, ignorée ou gravement sous-estimée.

Vous avez raison. Le triomphe mondial de l'économie de marché, version US, a fait proliférer les mécanismes juridiques et judiciaires, et entraîné un développement spectaculaire du rôle des *lawyers*. Et nous assistons sur ce terrain aussi à une expansion de la *common law* au détriment du droit romano-germanique. Or, leurs « gènes » sont différents. L'avenir sera différent selon que la *common law* l'emportera partout ou qu'une pluralité sera préservée. Pour bien prendre la mesure de cette affaire, sachez par exemple que la France est partie prenante à plus de 6 000 accords internationaux. Entre 1919 et 1939, elle en avait conclu 14 par an ; entre 1945 et 1949, 40 par an. Depuis, le rythme n'a cessé de croître. Sur le plan commercial, les litiges se développent de façon exponentielle. La question se pose également pour les tribunaux pénaux internationaux : faute d'avoir suivi d'assez près l'élaboration du règlement du tribunal international sur l'ex-Yougoslavie, pourtant créé sur notre initiative, il a d'abord été exclusivement copié sur les mécanismes anglo-saxons. Nous avons réussi, dans un second temps, à corriger les choses. Sur ce terrain aussi, il y a un problème d'identité, un droit à la diversité et un besoin de diversité.

Les États-Unis conduisent aussi une action moins frontale, mais sans doute très efficace, auprès des élites mondiales. Ils fabriquent de l'influence en les formant dans leurs universités.

Chaque année, ils accueillent ou recrutent en effet 600 000 étudiants étrangers. Voilà qui leur donne des relais dans tous les pays du monde. Récemment, on me parlait d'une mission américaine en France chargée de repérer des étudiants haïtiens qui terminent leurs études supérieures chez nous, afin de leur proposer des troisièmes cycles et des stages en entreprises aux États-Unis. C'est un exemple entre mille. Et les Américains ont raison d'agir ainsi, de leur point de vue. Vous ne trouverez pratiquement plus un gouvernement au monde dans lequel un ou plusieurs responsables n'ont pas été formés aux États-Unis. C'est un formidable élément de puissance. C'est pour rétablir nos chances, face à ce mouvement, qu'avec Claude Allègre nous avons lancé l'agence Édufrance, pour améliorer et coordonner à l'étranger l'offre française de formation de haut niveau. Nous accueillons, nous, 125 000 étudiants étrangers qui peuvent devenir des points d'appui de notre influence. Naturellement, dans tout cela se pose le problème de la langue. N'hésitons pas à diffuser nos idées dans les autres langues, mais, de grâce, n'hésitons pas à défendre la nôtre ! Battons-nous pour que le français reste à la fois une langue parlée (aujourd'hui par 140 millions de personnes), une langue utile et de communication, une langue de culture vivante. Comme pour notre culture en général, une partie essentielle de la réponse efficace réside dans notre politique audiovisuelle extérieure.

Propos recueillis par Denis Jeanbar, janvier 1999

En mars 1999, Hubert Védrine donne à La Revue des Deux Mondes, *qui consacre un numéro spécial à Saint-John Perse, une préface sur les diplomates-écrivains.*

Passionné par le sujet, Hubert Védrine lancera au Quai d'Orsay, en janvier 2002, un cycle de journées sur ce thème, avec une rencontre consacrée à Romain Gary, conçue et préparée par Pierre Sellal, son directeur de cabinet[1], avant que ne soient évoqués un jour Chateaubriand, Lamartine, Tocqueville, Claudel, Morand, voire, pour les contemporains récents, Jean-Pierre Angremy, Pierre Morel ou… Dominique de Villepin.

Les diplomates-écrivains,
traits d'union entre deux mondes

Au firmament de la littérature et de la diplomatie, le « diplomate-écrivain » jouit depuis longtemps en France d'un prestige rare. Sans doute parce qu'il participe à la fois de deux fascinations. Précisons : il s'agit bien de diplomates-écrivains plus que d'écrivains-diplomates. Quelques « gens de lettres » sont certes venus à la diplomatie, à commencer par Bernis, poète de salons et essayiste avant d'être envoyé à Venise, ou Rousseau, qui mena de front les deux activités. Mais l'expression désigne en réalité des diplomates venus à la littérature – venus *naturellement* à la littérature, pourrait-on dire. Quoi de plus allant de soi, en effet, pour le diplomate, que d'écrire ? Le sens de l'observation des milieux, des situations et des hommes, l'art du portrait, qualités que requiert la « dépêche diplomatique », la recherche du mot exact, le

---

1. Le Quai d'Orsay a publié en mars 2003 les minutes de ce colloque.

façonnage de la phrase prédisposent à écrire de véritables ouvrages, traités, essais, Mémoires. Encore un pas à franchir, et les voilà, si le talent est là, de plain-pied dans la littérature, voire la poésie. Voyez Claudel : le tremblement de terre survenu à Tokyo le 1er septembre 1923 est l'objet de sa part d'une dépêche descriptive : « À travers une ville en flammes », avant de fournir la matière d'une publication dans *Lecture pour tous*, puis d'un essai en prose, enfin d'un poème. Du XVIIIe au XXe siècle se transmet de génération en génération de diplomates-écrivains le trésor d'une langue pure, aujourd'hui presque perdue, constamment réaiguisée par la nécessité de la description juste.

Le diplomate-écrivain s'essaie à une floraison de genres, parmi lesquels domine sans conteste – ce n'est guère surprenant – celui des Mémoires d'ambassadeur. Par exemple : *L'Étonnement d'être. Journal de 1939 à 1973*, d'Hervé Alphand ; *Au temps du danger allemand*, d'Armand Bérard ; *Souvenir du Quai d'Orsay*, de Jacques Dumaine, chef du protocole, introducteur des ambassadeurs ; *Commentaire*, de Jean Chauvel ; les multiples souvenirs d'André François-Poncet sur ses séjours à Berlin ou à Rome ; ceux aussi de Bernard Destremau : *Quai d'Orsay, derrière la façade*. Et le dernier en date, *Vu du Quai*, d'Henri Froment-Meurice, paru en 1998. Voilà une source qui n'est pas près de se tarir.

Vient ensuite l'essai. Je ne pense pas là à la quarantaine de titres du comte de Gobineau, à ses études très datées sur la Perse ou le Brésil, mais surtout aux méditations sur le métier, comme celles de Jules Cambon en 1926 avec *Le Diplomate* ; de Gilles Curien et sa *Profession de foi d'un diplomate* ; de Wladimir d'Ormesson, *La Carrière*, parue en 1958 (un de ses trente-quatre titres) ; de Léon Noël, autre auteur prolixe, sur le mensonge en diplomatie (oserait-on aujourd'hui braver ainsi le politiquement correct ?) ; aux nombreux ouvrages d'Amédée Outrey sur le ministère des Affaires étrangères dans les années 50 – trop oubliés aujourd'hui ; d'André François-Poncet, en 1948, sur le métier d'ambassadeur ; de François Seydoux, en 1980, sur le métier de diplomate.

La tradition de l'essai n'a guère laissé de côté l'aspect important du monde que les diplomates ont à observer au-delà même de ce qui touche à leur métier : de l'étude de Chateaubriand *Le Congrès de Vérone* (en 1838) à celle, récente, de Bernard de Montferrand sur l'Europe, en passant par celles de Jean Laloy sur Yalta ou de Stéphane Hessel sur le tiers-monde, entre tant d'autres textes de circonstance sur Vienne, Versailles, Yalta, Potsdam, Genève, etc. N'omettons pas ici l'œuvre abondante de notre consul à Cracovie en 1951-1956, je veux parler d'Alain Peyrefitte.

La biographie jouit d'une prédilection marquée de la part de ces diplomates avant même que le genre ne soit à la mode ou ne le soit redevenu. Les *Talleyrand*, les *Richelieu*, les *Mazarin* (du comte de Sainte-Aulaire, de Léon Noël, de Gabriel Hanotaux, entre autres) sont les plus nombreux, mais on relève aussi des *Lyautey* (Wladimir d'Ormesson), des *Lénine* (Jean Laloy), des *Adenauer* (Jean Laloy encore), des *Hitler* (André François-Poncet), des *De Gaulle*, bien sûr.

Ce genre prend parfois les allures d'un jeu de miroirs entre collègues où le prestige du modèle flatte le portraitiste ; ainsi quand Jacques-Alain de Sédouy s'intéresse à *Chateaubriand, un diplomate insolite*, René Servoise à Stendhal diplomate, André François-Poncet à Stendhal en Allemagne, Jean Baillou à Giraudoux et la diplomatie, François-Régis Bastide à Saint-Simon, Pierre de Boisdeffre à Saint-John Perse.

Les ministres des Affaires étrangères, considérés ès fonctions comme des diplomates ayant écrit, forment dans cette galaxie une constellation particulière. On y trouve de grands écrivains – Chateaubriand, Lamartine –, des analystes géniaux – Tocqueville –, de grands historiens – Guizot –, qui ont été aussi ministres. D'autres, qui n'étaient pas écrivains, et qui fascinent encore tant ils maîtrisaient la sublime langue de leur temps – Bernis, Talleyrand. Mais, signe d'une proximité entre les livres et la vie politique, longtemps si caractéristique de notre pays, presque tous les ministres des Affaires étrangères ont écrit, et parfois abondamment (Gabriel Hanotaux, Michel Debré par exemple). Plus près de nous, que l'on songe à la saveur des livres de Michel Jobert. En tout cas, il y en a peu qui n'aient rien publié. Mes cinq prédécesseurs l'ont fait[1].

---

1. Claude Cheysson, *Diplomate, l'empreinte française* ; Roland Dumas, *Le Fil et la Pelote* ; Jean-Bernard Raimond, *Le Quai d'Orsay à l'épreuve de la cohabitation* ; Alain Juppé, *La Tentation de Venise* ; Hervé de Charette, *Lyautey*.

Face à l'hyperpuissance

Si l'on ne parle pas seulement livres, mais littérature, l'évocation se circonscrit à quelques grands noms : Chateaubriand, Lamartine, Stendhal, bien sûr, et, au XXᵉ siècle, Paul Claudel, Jean Giraudoux, Paul Morand, Saint-John Perse, auquel *La Revue des Deux Mondes* consacre opportunément ce dossier. Je n'oublie pas Pierre de Bois-deffre, ni Romain Gary, ni le talent de conteur de Guy Georgy, ni, bien sûr, Jean-Pierre Angremy et ses cinquante-six ouvrages[1].

Pourtant, cette évocation des diplomates-écrivains nous tire de façon si évidente vers le passé qu'on ne peut que s'interroger. Un passé paré certes de mille séductions. Le siècle de Bernis, de Choiseul et des encyclopédistes, des missions de Voltaire à La Haye en 1743, de Jean-Jacques Rousseau à Venise en 1744, de Beaumarchais à Londres en 1775, de Mirabeau à Berlin en 1786. Quelle floraison ! Ou encore l'époque où Henri Beyle est consul à Civita-vecchia. Celle, ensuite, plus proche de nous, du « concert des puissances », de la « diplomatie des lacs », des « chancelleries », qui est aussi le grand moment des revues : *La Revue blanche*, *La Revue des Deux Mondes*, plus tard la *NRF*. Justement, la figure du diplomate-écrivain n'est-elle pas condamnée à s'estomper au fur et à mesure que s'éloigne cet âge d'or de la diplomatie des arts et des lettres, où les livres, écrits au stylo, étaient imprimés et brochés chez Gaston Gallimard ou Bernard Grasset ? Ne tournons-nous pas un album de photos sépia, ou noir et blanc ?

Oui, la question se pose : y a-t-il encore un fil conducteur pour relier l'auteur d'*Anabase* et d'*Amers*, le secrétaire général du Quai d'Orsay, prix Nobel de littérature, au jeune diplomate harassé qui doit ingurgiter des notes en anglais sur un litige à l'OMC, échanger des *non-papers*, et communiquer par *e-mail* avec ses homologues ? Comment être diplomate-écrivain quand l'écrivain s'interroge sur son devenir dans la vidéosphère et lorsque le diplomate d'après le téléphone, l'ENA et la globalisation se sait un mutant ?

---

1. Ni les poèmes *Élégies barbares* de Dominique de Villepin, ni les romans d'Isabelle Hausser, ni le *Rostand* de Sainte-Caroline de Margerie, ni que Pierre Morel achève, depuis Pékin, son *Saint-John Perse* après avoir traduit de l'allemand *San Pietro* suivi de *Serpentara*, de Jünger.

1997-2002

Ma conviction est pourtant que nous avons toujours besoin de diplomates qui poursuivent, contre le désordre, leur travail de finesse et de patience, comme d'écrivains qui façonnent les mots et donnent un sens à la vie. Aussi saluerai-je par avance ceux d'entre eux qui continueront d'être des traits d'union entre ces deux mondes. C'est pourquoi ce dossier consacré à « Saint-John Perse, l'éternel exilé » n'est pas nostalgie, mais promesse et appel.

Revue des Deux Mondes, *mars 1999*

Les 14 et 21 juin 1999, Hubert Védrine revient, dans deux entretiens avec Jean Daniel, pour Le Nouvel Observateur, *sur la guerre du Kosovo, sa genèse, son déroulement, ses conséquences, les leçons à en tirer sur le rôle de l'OTAN, de l'ONU, sur la nécessité ou non d'une résolution au titre du chapitre VII pour employer légalement la force. Débat essentiel qui rebondira en 2003, au moment de la guerre américaine en Irak.*

Genèse d'une guerre

LE NOUVEL OBSERVATEUR : *Je me souviens vous avoir entendu dire, en 1991, quand vous étiez porte-parole, puis secrétaire général de l'Élysée, que les torts, en Yougoslavie, étaient largement partagés. Que les guerres civiles qui déchiraient ce pays avaient été allumées par des imprudences dans la façon dont les anciennes républiques avaient été libérées. Et que M. Milosevic, à la capacité de nuisance grandissante, n'était pas pour autant un criminel de guerre. Qu'est-ce qui vous a fait changer d'avis ?*

HUBERT VÉDRINE : En 1991 et 1992, je réagissais au francocentrisme des critiques et à l'extrême injustice des attaques portées contre François Mitterrand. En effet, alors que les Allemands poussaient, pour des raisons de politique intérieure, à une reconnaissance rapide de l'indépendance de la Croatie, ce qui entraînerait mécaniquement celle de la Bosnie, les autres dirigeants, François Mitterrand mais aussi George Bush, John Major, Felipe Gonzalez, sans parler de Gorbatchev, considéraient que ces reconnaissances, prématurées et mal préparées, n'arrêteraient pas le conflit mais le feraient flamber ; ce qui s'est produit.

On pouvait en discuter. Mais certains en profitèrent pour faire à François Mitterrand, et à lui seul, un procès en sorcellerie, comme si le fait de vouloir canaliser cette désintégration pour mieux la maîtriser ne pouvait qu'obéir à de mauvaises raisons : sa position s'expliquait par son âge, par une serbophilie remontant à 1940, voire à 1914, par la complaisance envers les communistes à cause de l'Union de la gauche, etc. Que n'a-t-on pas entendu ! Et François Mitterrand ne fit guère d'efforts pour enrayer cette mauvaise polémique, lourde d'autres arrière-pensées. La vérité est que l'analyse de François Mitterrand était à l'époque l'analyse dominante, qui a d'ailleurs évolué.

Au demeurant, je continue à penser qu'en 1991, si les responsabilités premières et principales ont été serbes, d'autres dirigeants des autres communautés de l'ex-Yougoslavie ont eu, eux aussi, dans cette foire d'empoigne, leur politique du pire. Un livre récent d'un auteur d'origine croate, Predrag Matvejevitch, *Les Seigneurs de la guerre*, vient à l'appui de cette thèse. On peut toujours regretter que la « communauté internationale » ne se soit pas saisie du problème yougoslave dès la mort de Tito, en 1980, et n'ait pas réglé de façon préventive les problèmes de frontières et de minorités, mais nous ne vivons pas dans un monde idéal. Durant les années 80, les grands pays n'avaient cessé d'affronter de grandes crises – de celle des euromissiles à la « guerre des étoiles » –, de grands changements – Gorbatchev, la relance européenne… C'est à chaud, en 1991, qu'ils ont été contraints de se saisir de la question yougoslave – en pleine négociation de Maastricht pour ce qui concerne les Européens.

Avez-vous pensé alors à une intervention militaire possible ?

Je me souviens qu'en 1991 aucun dirigeant n'envisageait même une telle possibilité. Au nom de quoi, avec quels moyens militaires, pour imposer quelle solution ? Aucune de ces questions n'était alors tranchée, voire posée. Déjà, rappelez-vous que la France et la Grande-Bretagne furent les seules à fournir des contingents significatifs pour le maintien de la paix ! Le tournant décisif eut lieu à mon sens en 1994, sur l'initiative d'Alain Juppé et de Klaus Kinkel, quand les États-Unis, la Russie, la France, l'Allemagne, la Grande-Bretagne et l'Italie décidèrent de se coordonner au sein d'un « groupe de contact » et d'exercer ensemble des pressions convergentes et simultanées sur tous les protagonistes, au service d'une solution politique qui avait enfin été définie en commun et qui deviendrait Dayton. À partir de là, on savait ce que l'on exigeait si l'on employait la force, ce qui fut fait en 1994, puis surtout en 1995. Frapper une armée qui envahit un pays voisin, comme dans le cas de l'Irak, est un concept simple. L'imbroglio bosniaque n'avait aucun rapport avec cette situation ! Durant ces années 1991-95, j'ai dénoncé les procès truqués contre F. Mitterrand, mais je n'ai évidemment pas été satisfait – lui non plus, d'ailleurs – de l'enchaînement des événements et de l'inefficience internationale en Bosnie. Je l'ai écrit sans chercher de boucs émissaires. Par la suite, quand je suis devenu ministre des Affaires étrangères, j'ai abordé d'emblée cette affaire du Kosovo avec la volonté de tirer les leçons de ces années.

À quel moment change-t-on de regard sur Milosevic, considéré dans un premier temps soit comme un interlocuteur valable, soit comme un simple comparse du malheur yougoslave ?

Personne n'a jamais vu en Milosevic un comparse. Sa responsabilité est de bout en bout immense. Mais, en 1995, quand il fallait imposer le moins mauvais règlement possible pour la Bosnie, personne n'a contesté que MM. Tudjman, Izetbegovic et Milosevic, les trois acteurs clés, viennent négocier à Dayton, dans l'Ohio, et y conclure les accords qu'ils sont ensuite venus signer à Paris.

Pourquoi n'a-t-on pas tenté, à Dayton, de poser le problème du Kosovo ?

Je n'avais pas de responsabilités à ce moment-là, mais je suppose que la question de la Bosnie, extrêmement complexe et dramatique, a dû mobiliser toutes les énergies. Ne faisons pas comme si c'était un fâcheux oubli qu'il aurait été facile de rattraper : on peut même penser que poser le problème du Kosovo aurait pu faire capoter Dayton. Et aurait-on pu, à l'époque, régler les multiples problèmes qui ne l'ont été qu'après, en 1997-99, parfois douloureusement ?

Quels problèmes essentiellement ?

Avant tout la question de l'intervention militaire dans un pays souverain. Confier une telle tâche d'intervention à l'OTAN posait à plusieurs pays un problème de principe. Au début des années 90, et même encore en 1995, rien de tout cela n'était réglé, les esprits n'étaient pas prêts. Alors qu'en 1997-98, s'agissant du Kosovo, la question était tout autre, et plus simple. Les autres ministres des Affaires étrangères et moi-même sommes tombés d'accord facilement, dès mars 1998, pour réactiver sur le Kosovo le « groupe de contact », pour manier le bâton comme la carotte, pour menacer bientôt de l'emploi de la force. Aucun dirigeant ne peut tolérer que des peuples revivent le calvaire de 1991-95. Les chefs d'État et de gouvernement auront une claire conscience des erreurs à ne pas répéter, et donc de ce qu'ils veulent.

Qu'appelez-vous « erreurs » ?

Perdre du temps, ne pas rechercher tout de suite la convergence Europe-États-Unis-Russie, jouer « perso », croire à des promesses non vérifiables, se buter contre le recours à l'OTAN alors que c'est encore la seule force militaire d'envergure disponible, et qu'on le sait, même si cela heurte notre ambition européenne, ne pas aller jusqu'au bout. Bref, 1991-95 s'explique, mais ne se justifierait pas une deuxième fois.

Est-ce à partir de ce moment que les Occidentaux changent de regard sur Milosevic, et qu'ils décident de recourir à la force ?

Dès les premières réunions du « groupe de contact », au printemps 1998, nous avions espéré réussir sans recours à la force, mais estimé que la menace de ce recours était malheureusement indispensable. Les chefs d'État et de gouvernement alliés ont arbitré à plusieurs reprises dans ce sens en 1998-99.

Qu'est-ce qu'a fait Milosevic qu'il n'avait pas déjà fait ailleurs auparavant ?

Qu'est-ce qu'il a fait ? Il a recommencé. Et cela seul était insupportable. L'effet cumulatif a joué à plein : effet à la fois des années Bosnie, mais aussi de tout ce qui s'est aggravé au Kosovo depuis la suppression de l'autonomie en 1989. Les Serbes ont des intérêts légitimes au Kosovo, comme d'ailleurs ils en avaient en Croatie et en Bosnie ? Certes. Mais ces méthodes ? Non ! Nous n'en voulons plus en Europe.

Dans les réunions de 1998, Russes et Américains s'opposent sur quels points ?

À part la volonté d'imposer ensemble une solution acceptable, personne, au départ, n'est tout à fait sur les mêmes positions. Sur les sanctions, sur le fait de savoir si l'UCK est un mouvement de libération ou un mouvement terroriste, sur l'indépendance ou l'autonomie du Kosovo comme sur la nature de la force, il y a eu des débats, parfois vifs, entre nous. Les Russes ont contesté nombre de points. Mais, *in fine*, nous avons toujours trouvé un accord sur une ligne, et les Russes ne se sont pas retirés, sauf pendant les frappes. Cela a été possible parce que aucun d'entre nous n'acceptait les pratiques de M. Milosevic et que, sur ce point, notre détermination était commune.

Nous sommes alors à quelle date ?

Avril-mai 1998. Entre juillet et octobre, la France est confrontée à un choix difficile, celui de savoir si nous acceptons de « crédibiliser » la menace de l'emploi de la force en prenant au sein de l'OTAN les décisions nécessaires, ou si nous considérons que le Conseil de sécurité peut le faire exclusivement. Le président de la République et le Premier ministre trancheront en octobre : compte tenu de l'enjeu politique, ethnique, historique, compte tenu du fait que le Conseil de sécurité, du fait des Russes et des Chinois, ne pouvait pas aller plus loin que les deux résolutions du chapitre VII que nous avions déjà obtenues, la France voterait à l'OTAN les « ordres d'agir », tout en refusant que ce cas particulier fasse précédent en ce qui concerne le rôle de l'OTAN.

Était-il vraiment impossible, pour la France, de faire l'économie de cette guerre qui a tout de même contraint à combattre des civils et qui a commencé par décupler le nombre des déportés kosovars, c'est-à-dire ceux-là mêmes que nous voulions libérer ?

Pour économiser quoi ? Nos ambitions ? Nos principes ? Notre rôle ? Ne rien faire, finalement, parce que les autorités de Belgrade étaient capables du pire ? Quel curieux paradoxe… Rester en dehors – et donc seuls – de ce vaste mouvement était impensable et aurait eu pour nous les conséquences les plus néfastes.

N'est-ce pas là un alibi ? Ou bien n'avons-nous entrepris cette guerre que parce que nous ne pouvions pas entraîner les autres dans une neutralité sans doute moins risquée ?

Neutralité entre Belgrade et dix-neuf (dix-huit, dans votre hypothèse) gouvernements démocratiques de l'Alliance ? Ni le président de la République, ni le Premier ministre, engagés avec toute la force de leur conviction, ne l'ont envisagé un instant. Cela dit, nous aurions tous préféré, à commencer par le président Clinton, obtenir l'autonomie du Kosovo en novembre 1997, voire en 1998, en tout cas à Rambouillet. Quel gâchis du point de vue serbe ! En octobre 1998, quand Richard Holbrooke a obtenu, en notre nom, l'entrée au Kosovo d'une mission de vérification de l'OSCE, on a assisté à une accalmie et à un regain d'espoir. Dus, j'en suis persuadé, à la menace de l'emploi de la force.

Quand voit-on à nouveau l'exaspération monter et le bellicisme l'emporter ?

« Bellicisme » n'est pas le terme. La situation redevient vite explosive, mais à la fin de l'année il y a des provocations dans les deux sens, et l'armée et les milices serbes continuent leurs exactions. Nous savons qu'il faut résoudre durablement le problème. Nous pensons tous que l'indépendance du Kosovo entraînerait un mouvement vers la grande Albanie, qui déstabiliserait encore plus cette région qui n'a que trop souffert. La solution est dans une vraie autonomie, ce que j'appelle l'« autonomie substantielle ». Mais, à Belgrade, les négociateurs se heurtent à un mur, à un refus brutal, entêté, absurde, voire insultant lorsque Milosevic compare les éventuelles forces internationales de maintien de la paix aux armées nazies en 1942. Tout le monde est exaspéré, y compris les Russes qui n'ont en réalité aucune indulgence pour ce régime et qui, en cette affaire, défendent beaucoup plus leur statut, leur place et leur rôle international que le régime de Belgrade.

Pour sortir de cette impasse tragique, nous lançons depuis le Quai d'Orsay l'idée d'un « forcing diplomatique » : que l'on enjoigne aux Serbes et aux Kosovars de venir dans un lieu déterminé, qu'on les enferme avec les négociateurs, que l'on fixe une date-butoir en espérant que la menace militaire et notre détermination finiront par débloquer la situation. Sur ce, le 15 janvier a lieu le massacre de Raçak, qui accélère tout. Le « groupe de contact » réuni à Londres le 29 janvier convoque la conférence de Rambouillet, qui continuera avenue Kléber, à Paris. La veille, à Londres aussi, Jacques Chirac et Tony Blair annoncent qu'en cas d'accord ils enverront des troupes au sol. On connaît la suite : les Kosovars refusent l'accord, puis le signent *in extremis*. Les Serbes, qui avaient d'abord accepté le volet politique, reviennent sur ce qu'ils ont signé et refusent tout en bloc. Robin Cook et moi, comme coprésidents, ne pouvons alors que constater l'échec des négociations.

Nous sommes obligés de recourir aux moyens militaires. Les dix-neuf gouvernements de l'Alliance le déplorent, mais le constatent. Il n'y a plus d'autre choix.

Est-ce vraiment le bon choix ? L'exaspération compréhensible des Occidentaux semble alors faire perdre de vue le but de la guerre, qui était d'arrêter les déportations de populations, pour une action militaire – les bombardements – qui ne fera qu'augmenter ces déportations.

Le but était de donner un coup d'arrêt à la politique de Belgrade au Kosovo, et il était impossible d'empêcher qu'il y ait des réactions violentes, mais nous ne pouvions prévoir lesquelles. Les eussions-nous connues que cela n'aurait pas été une raison pour renoncer *in extremis*. Beaucoup de gouvernements occidentaux pensaient d'ailleurs que l'UCK, dont la force avait été surestimée, résisterait plus. Les expulsions massives, sous cette forme, des populations kosovares albanophones (et seulement de celles-là, ce qui montre bien qu'elles n'étaient pas chassées par les bombes) ont surpris même les pays voisins.

Le savoir aurait-il conduit les Occidentaux à choisir une autre stratégie ?

L'analyse des stratégies avait montré qu'il n'y en avait pas qui fût sans inconvénient. On voudrait toujours croire qu'il y avait une « autre stratégie ». Anticiper l'exode et préparer l'accueil des populations aurait été un signal encore plus choquant : allez-y ! Quant à une offensive terrestre, elle fut jugée plus compliquée, plus longue, plus coûteuse en hommes et plus problématique sur le plan militaire. Une opinion très majoritaire me semble l'avoir compris. En tout cas, elle a soutenu.

À partir du début des frappes aériennes, la guerre est malgré tout conduite et dominée par les Américains.

Les moyens étaient pour l'essentiel américains. On le savait à l'avance. Fallait-il pour cela renoncer ? La France a cependant été militairement efficace. Et les choix ont été collectifs, de même que la stratégie aérienne. Dire que les États-Unis nous ont imposé une guerre, c'est faux, et c'est fuir nos responsabilités. Ce qui est vrai, c'est que l'OTAN n'avait jamais fait la guerre, surtout ce type de guerre. D'où les tâtonnements successifs : en raison de la mobilité de l'armée yougoslave et du facteur météo ; des précautions sur les dommages collatéraux risquant d'atteindre les civils et que nous, Français, avons introduites pour toutes les cibles visées par l'OTAN – le président l'a confirmé –, ce qui a aussi contribué à ralentir les choses.

Nous continuerons cet entretien la semaine prochaine et parlerons de la suite, en particulier des négociations entre Occidentaux et Russes sur la composition et le rôle de la K-FOR, qui semblent être restées en suspens ; nous aborderons aussi les questions d'avenir : comment faire fonctionner la paix au Kosovo, que sera la Yougoslavie demain, quel projet peut-on élaborer pour pacifier et réorganiser l'ensemble des Balkans ?

*
* *

Depuis notre dernier entretien, il s'est passé bien des choses, à commencer par la cessation des bombardements. Comment avez-vous appris, accueilli et préparé la paix ?

Dès le premier jour des frappes nous nous sommes attelés à préparer la paix. Cette paix qui aurait pu intervenir n'importe quand auparavant, si Belgrade l'avait voulu. Nous ne partions pas de zéro. Bien qu'ils n'aient été signés que par la partie kosovare, et non par les Serbes, nous avions l'acquis des accords de Rambouillet, élaborés au fil des mois. C'est ainsi que s'était précisé petit à petit le concept d'une autonomie importante reconnue au Kosovo, ce que j'avais appelé l'« autonomie substantielle ». Le concept d'autonomie supposait que nous excluions aussi bien l'indépendance que la partition, ces deux faces d'une même mauvaise solution, et que nous réaffirmions, indépendamment de Milosevic, l'intégrité de la République fédérative de Yougoslavie. L'autonomie impliquait aussi que la souveraineté de la RFY sur le Kosovo soit préservée, pour les mêmes raisons, mais nous savions qu'après ce qui s'était passé elle devrait être, pendant un certain temps, exercée directement par le Conseil de sécurité par l'intermédiaire du secrétaire général des Nations unies. Sur tous ces points, à Rambouillet, le travail ne s'est jamais interrompu durant toutes ces semaines.

À partir de quand les négociations avec les Russes ont-elles commencé ?

En réalité, elles n'ont jamais cessé. Entre nous et les Russes, il n'y a jamais eu de véritable coupure, même si cela n'était pas toujours visible, notamment au début des opérations militaires. Mais il a fallu un certain temps pour que les Russes, qui ne pouvaient que contester d'une manière radicale les frappes, tout en voulant comme nous changer le cours des choses au Kosovo, puissent assumer de travailler ostensiblement avec les Occidentaux. Ce fut à nouveau le cas à partir du G8 de Petersberg, le 6 mai, qui arrêta les principes généraux qui devaient servir de base à la résolution du Conseil de sécurité.

Quelles concessions avez-vous faites aux Russes ?

Si on considère le processus continu qui va des fameux « cinq points », que mes collègues ministres des Affaires étrangères et moi avons élaborés dès le 6 avril, jusqu'à la résolution du Conseil de sécurité, en passant par les « sept points » du G8, il n'y a pas eu concessions, mais ralliement des Russes par étapes successives. Il y a eu ainsi de vives discussions sur la qualification de la force internationale engagée au Kosovo. Le 6 mai encore, les Russes n'acceptaient de ne parler que de « présence internationale de sécurité », et non de force militaire. Ils savaient parfaitement de quoi il s'agissait, mais il leur fallait ménager leur opinion nationale et la Douma. Faire admettre à Moscou la nécessité d'une force internationale sous un commandement unique, c'est-à-dire en pratique sous contrôle de l'OTAN, n'a pu se faire que progressivement.

Quel est pour vous le sens de l'opération-surprise des Russes au Kosovo ?

Je suppose qu'il s'agissait d'une initiative de responsables militaires russes mortifiés par tout ce qu'avait dû endurer la Russie sur les plans politique et militaire depuis 1992 (la Tchétchénie, l'appauvrissement de l'armée, l'élargissement de l'OTAN, le Kosovo), qui trouvaient sans doute trop arrangeante la diplomatie russe et qui, avec l'accord ou la caution de Boris Eltsine, ont vu là l'occasion de prendre un gage pour s'assurer une place significative dans la K-FOR.

Et ce gage, ils vont le garder !

Nous étions les premiers à vouloir qu'ils participent à la force de sécurité. La question était de savoir comment. L'accord trouvé à Helsinki a été un bon accord, conforme à notre principe : il ne devra y avoir qu'une seule et unique politique de sécurité de la K-FOR pour l'ensemble du Kosovo. Dès lors que ce principe était respecté, nous étions très favorables à ce que les Russes jouent un rôle dans la K-FOR. Car cela les engagerait avec nous dans la mise en œuvre de la solution. Nous n'aurions pas voulu, en revanche, d'un secteur russe autonome où aurait pu se développer une politique particulière, non coordonnée avec nous, vis-à-vis des Serbes ou de l'UCK.

Que pensez-vous de l'analyse selon laquelle les Russes, pour convaincre Milosevic, se seraient engagés à devenir les protecteurs des Serbes ?

Que c'est une analyse artificielle. Ce n'est pas cela qui aurait pu convaincre Milosevic d'accepter une force internationale qu'il récusait, quelle qu'en fût la composition, avant de devoir s'y résigner. Dans cette affaire, les Russes ont veillé avant tout à leurs intérêts. Il ne faut pas assimiler automatiquement Russes et Serbes : c'est plus compliqué que cela !

En quoi la position de la France dans la construction de la paix est-elle différente des autres ?

Pour l'heure, c'est la cohésion entre les alliés qui l'emporte et qui devrait continuer à l'emporter sur tout le reste. Mais nous avons nos priorités. Dans le traitement des problèmes très complexes que nous affrontons maintenant, la mise en place de la K-FOR et de l'administration civile, nous veillerons à faire prévaloir le rôle de l'ONU – du Conseil de sécurité, du secrétaire général, de son représentant –, ainsi que les dispositions et l'équilibre de la résolution 1244. Parmi les difficultés actuelles, il y en a une fondamentale : la K-FOR doit non seulement permettre le retour en sécurité des Kosovars chassés de chez eux, mais convaincre les minorités non albanaises qu'elle est là pour protéger *toutes* les communautés, et non pour laisser s'accomplir la énième revanche ! Il y va de sa crédibilité. Il faut casser cette malédiction selon laquelle le prochain épisode est fatalement un massacre qui vengera le massacre précédent. Nous savons que la peur, la haine, l'esprit de vengeance, la volonté du fait accompli dominent. Mais notre mission, c'est la paix au Kosovo. L'urgence, c'est la mise en place de l'administration civile transitoire créée par la résolution 1244 du Conseil de sécurité, et pour le moment confiée à Sergio Vieira de Mello, envoyé spécial du secrétaire général qui accomplira sa mission jusqu'à ce qu'un administrateur issu de l'Union européenne soit nommé par M. Kofi Annan. Il aura quatre adjoints pour diriger les quatre composantes de la mission : l'administration et la police confiées à l'ONU, le retour des réfugiés au HCR, la préparation des élections et la démocratisation à l'OSCE, la reconstruction à l'Union européenne.

Parmi les problèmes, il y a celui de l'incertitude sur le rôle actuel et futur de l'UCK ?

Dès Rambouillet, puis au G8 et enfin au Conseil de sécurité, nous avions décidé que l'UCK devrait être « démilitarisée ». L'UCK, qui a accepté la résolution 1244, doit maintenant appliquer l'accord qu'elle a signé le 20, ce qui signifie qu'elle ne doit pas céder à la tentation du fait accompli, mais doit respecter l'administration internationale créée par la résolution 1244.

Tout le monde est-il d'accord avec cette position ?

Américains, Russes, Européens, membres du Conseil de sécurité : l'accord est complet. L'UCK doit respecter l'autorité de la K-FOR et de l'administration internationale. Lesquelles devront bien sûr travailler avec des représentants des Kosovars albanophones comme des autres communautés du Kosovo.

Que répondez-vous à ceux qui disent que les frappes ont aggravé le sort des Kosovars au lieu de l'améliorer ?

Qu'ils font un contresens et qu'on ne peut juger de cette affaire en oubliant ce qui s'est passé avant le 24 mars et en ignorant ce qui se passe depuis le 10 juin. Trop, c'est trop. On ne pouvait accepter que recommence en Yougoslavie cette insupportable politique contre les minorités.

La justification de la guerre, c'était tout de même l'arrêt des déportations massives. Or les dernières et atroces découvertes prouvent qu'elles ont surtout sévi après *les frappes. Que faisons-nous ? Que faites-vous pour que les déportés puissent approuver la guerre ?*

Mais ils l'ont approuvée ! Il faudrait commencer par ne pas parler à la place des Kosovars qui, eux, ne font pas cette critique, parce qu'ils savent ce qu'ils ont enduré avant et n'ont jamais pensé qu'il y avait une « autre stratégie ». À un moment donné, il fallait prendre nos responsabilités et donner un coup d'arrêt. Les dix-neuf gouvernements démocratiques de l'Alliance l'ont fait. Ce qui s'est passé après le début des frappes – et qui a visé les seuls Kosovars – a confirmé qu'il n'était que temps d'arrêter les exactions de ce régime au Kosovo.

Je ne vois pas pourquoi la critique des moyens (bombardements de civils, frappes depuis 16 000 pieds) compromettait la fin (élimination de la barbarie serbe).

La critique est libre, par définition. Des propositions alternatives auraient été encore plus utiles. Elles ne sont pas venues, sauf pour prôner une stratégie qui aurait été plus longue, plus incertaine et plus coûteuse en hommes, y compris pour les populations civiles dans tous les camps : la fameuse offensive terrestre !

Le calendrier de la reconstruction est-il déjà établi ?

La première chose était de faire sortir l'armée serbe du Kosovo. C'est chose faite depuis le 20 juin. La deuxième était de déployer la K-FOR dans tout le Kosovo, après avoir réglé la question épineuse des Russes. C'est fait. Il faut maintenant organiser la démilitarisation de l'UCK, selon l'accord signé le 20, tout en surveillant le comportement des minorités serbes, et créer les conditions d'une sécurité pour tout le monde. L'administration civile internationale a commencé à se mettre en place cette semaine et fait l'inventaire des tâches qui l'attendent. Il faut que les Kosovars et les minorités serbes restent ou reviennent, et que nous bâtissions avec eux un Kosovo différent – et un jour, pourquoi pas, exemplaire – dans lequel tous puissent cohabiter pacifiquement.

Quelle est la réalité de nos relations actuelles avec la Yougoslavie ? On vous accuse d'avoir négligé l'opposition serbe à Milosevic.

D'abord, nous n'avons jamais « négligé » l'opposition serbe. Au contraire, nous avons toujours suivi avec attention les mouvements de la société serbe, comme nous allons le faire plus que jamais.

150

Depuis, vous n'avez reçu aucun Serbe officiel ?

Aucun. Ni aucun représentant de l'opposition. Le président et moi avons eu au téléphone à plusieurs reprises le président du Monténégro. Et j'ai suivi très attentivement tout ce qui s'est dit en Yougoslavie, en pensant à l'avenir.

La France envisage-t-elle une initiative dans la perspective d'une reprise des relations diplomatiques ?

C'est Belgrade qui a rompu. Nous verrons ce que nous ferons s'ils veulent revenir sur cette décision, et nous chercherons là, comme sur les autres sujets, l'unité avec nos partenaires.

Si vous travaillez à cette unité, cela veut dire qu'elle n'était pas faite ?

Elle l'est sur la stratégie et sur l'essentiel. Sur les décisions à prendre chaque jour, elle s'élabore au fur et à mesure. C'est un des objets des coups de téléphone quotidiens avec mes collègues. J'ai eu à gérer dans ma vie de nombreuses crises. Je ne crois pas avoir rencontré une autre fois une telle unité dans les objectifs et dans la manœuvre.

Comment aider la Yougoslavie sans aider par la même occasion Milo-sevic ? Allons-nous revoir une sorte de Saddam Hussein yougoslave en plus arrogant, et aussi secrètement protégé par les Russes ou par d'autres ?

Il faut aider la Yougoslavie à changer ; nous voulons éviter que se développe, après la défaite au Kosovo, un nationalisme serbe revanchard dont le régime se nourrirait pour survivre. Il faut favoriser une prise de conscience, un choc positif. Les Serbes, dont nous savons la fierté et le courage, commencent à s'interroger et à parler. L'Église orthodoxe interpelle le pouvoir. L'opposition se réorganise. Nous aiderons à cette mutation, si les Serbes le veulent. Au bout du compte, c'est à eux de décider dans quelle Yougoslavie ils veulent que leurs enfants vivent. À eux de tirer les conséquences de ces dix années noires. Ceux qui voudront le faire rencontreront notre soutien. Pour ce qui nous concerne, jusqu'à ce que les choses soient clarifiées, nous n'aiderons que le peuple : aide humanitaire, certaines reconstructions, pas plus.

Croyez-vous que cette guerre, en dépit du rôle prédominant des Américains, pourrait être considérée un jour comme le véritable point de départ d'une union politique en Europe ?

Les avions américains étaient prédominants dans les frappes aériennes. À part cela, vous ne pouvez pas parler du rôle « prédominant » des Américains dans la définition et la conduite de l'action. Cela devrait être une heureuse surprise et un fait encourageant, sauf pour ceux qui ne supportent même pas que l'on puisse être parfois d'accord avec les Américains et coopérer avec eux ! Dans la gestion politique, diplomatique et stratégique de cette crise, les Européens ont eu un rôle aussi important que celui des États-Unis. La coopération entre Européens a été elle-même si intense qu'il est difficile aujourd'hui de démêler ce qui est dû aux Français, aux Anglais, aux Allemands, aux Italiens ou aux autres. La cohésion européenne a été sans faille, mais comme elle s'est inscrite dans une harmonie plus large, ce n'est pas cela qui s'est vu le plus. Certes, cette action a été le fait des Européens plus que de l'Union européenne en tant que telle, de ses institutions ou de la Politique étrangère et de sécurité commune (PESC). Mais cela ne diminue en rien la cohésion manifestée. Et pour en revenir à l'aspect militaire, ce n'est pas une découverte que de constater que les avions de l'OTAN sont majoritairement américains. Cela non plus n'infirme pas le reste du raisonnement. Était-ce une raison pour ne pas agir ? Cette détermination dont les Européens ont fait preuve fournit une base renforcée pour de nouveaux progrès vers la politique étrangère européenne commune et une défense européenne. Mais celles-ci n'ont pas surgi automatiquement du seul fait de la guerre du Kosovo. Nous ne sommes dispensés d'aucun effort dans les années qui viennent.

Pour continuer à être honnête, mais aussi lucide, ne peut-on pas dire que les Européens ne se sont unis, au fond, que dans l'atlantisme ? Un atlantisme moral, mais seulement un atlantisme... ?

Dans le langage politique français, « atlantisme » veut dire « suivisme ». Ce n'est pas ce qui s'est passé. La réaction de fond – « Plus jamais ça en Europe ! » – a été une réaction européenne autant qu'américaine. Manifestement, certains regrettent cette convergence ! Pourquoi poser comme postulat que l'Europe ne peut s'unir qu'en désaccord ou en opposition frontale avec les États-Unis ? D'abord, aucun de nos partenaires européens ne pense ainsi, et c'est peu dire. Ensuite, nous faisons partie de la même alliance, que je sache : ce qu'ont assumé et préservé tous les présidents de la

Vᵉ République, y compris de Gaulle et Mitterrand. Je vois bien que ce cas de figure diplomatique où nous nous trouvons – un cas précis d'accord avec les États-Unis sans y avoir été contraints – a déconcerté ceux qui n'imaginent rien entre la soumission et l'affrontement. Peut-être manquent-ils de confiance en eux, en la France, en l'Europe ? Je pense, quant à moi, comme l'ont démontré le président et le Premier ministre, que nous devons avoir avec les États-Unis une relation suffisamment saine et décomplexée pour être capables de leur résister chaque fois que nécessaire – et les cas ne manquent pas ! Et pour être également capables d'accepter d'agir en accord avec eux quand cela se justifie. Nous avons démontré au Kosovo notre capacité collective d'élaborer et maintenir une cohésion exceptionnelle face à une tragédie. À l'Europe des Quinze de démontrer maintenant la même unité de manœuvre, la même efficacité sur des sujets qui la concernent en propre. Voilà le socle sur lequel nous allons bâtir.

Interrogé en décembre 1999 par Libération, *six mois donc avant que ne débute la présidence française du second semestre 2000 qui se conclura à Nice, Hubert Védrine prévoit que faire survivre notre projet européen – une Europe-puissance qui soit l'un des pôles du monde multipolaire – au grand élargissement imposera la « géométrie variable ». Le traité de Nice assouplira un peu – pas assez – les « coopérations renforcées ».*

Deux ans et demi plus tard, dans sa proposition de Constitution de juin 2003, Valéry Giscard d'Estaing estimera dans le même sens que les pays qui voudraient aller de l'avant en matière de défense devraient être libres de le faire.

Le débat sur l'opportunité et la faisabilité d'un monde multipolaire, et sur la capacité européenne d'en constituer l'un des pôles, se poursuit en 2003.

Vers une Europe à « géométrie variable »

LIBÉRATION : *La défense en tête de l'agenda européen : est-ce l'« effet Kosovo » ou le fruit de la maturité des Quinze ?*

HUBERT VÉDRINE : Pour moi, c'est plus une manifestation de maturité qu'un « effet Kosovo ». Ce dernier a certes joué, mais les esprits avaient commencé à évoluer auparavant. Avec l'euro, il est de plus en plus apparu comme une anomalie que l'Union européenne demeure inexistante dans le domaine de la défense, qu'elle ne puisse même pas en parler ! En rapprochant leurs positions jusque-là antagonistes, la France et la Grande-Bretagne ont pu faire ensemble la déclaration de Saint-Malo (décembre 1998) qui a ouvert la voie à une avancée des Quinze vers une capacité européenne autonome. C'est sur ce terrain préparé que la crise du Kosovo a agi comme un révélateur de l'ampleur de la disproportion des moyens militaires entre Américains et Européens. Les Britanniques et nous avons mis à profit cet « effet Kosovo » pour imprimer un élan à l'Union. Nous sommes enfin en train de passer du discours aux faits, de la chimère à la réalité.

Les structures envisagées ne reviennent-elles pas à faire une OTAN bis, sans les États-Unis ?

Personne n'y songe. Il n'est pas question de dupliquer les troupes ou les budgets. De toute façon, il n'est plus admissible que l'Europe, au niveau qu'elle a atteint, n'ait pas de capacités propres pour évaluer les situations de crise, décider et mettre en œuvre une action : nous sommes en train de mettre au point l'articulation alliance-identité européenne de défense, qui nous permettra de passer de la condition d'« alliés européens » à un véritable « pilier européen autonome ».

Y a-t-il un consensus entre Européens sur le degré d'autonomie par rapport à l'OTAN et aux États-Unis ?

Il y a désormais un consensus à Quinze pour donner chair à cette idée de défense européenne. Sur le processus de décision, mettons d'abord en place à Helsinki un bon dispositif européen, développons nos capacités, et les choses se clarifieront d'elles-mêmes lorsqu'il y aura une crise à traiter.

Les dirigeants européens passent une bonne partie de leur temps à rassurer les Américains. Sont-ils inquiets ?

J'estime qu'au sein d'une même alliance nous n'avons pas à nous « rassurer », mais à nous faire confiance. Les Américains sont partagés : certains d'entre eux veulent une Alliance atlantique avec des laisses courtes, dans laquelle tout ou presque se décide à Washington, situation commode pour eux. Ceux-là s'inquiètent d'avoir à négocier dans l'Alliance avec un pôle européen devenu trop autonome ou trop fort. En affichant leur inquiétude, ils espèrent décourager les Européens les moins résolus.

Veulent-ils garder un droit de veto sur les affaires européennes ?

Ils réclament un meilleur partage du fardeau, mais ne sont pas spontanément prêts à un partage de la décision. Cela dit, d'autres responsables américains voient bien l'intérêt pour l'Alliance, voire pour les États-Unis – dont le *leadership* ne doit pas être abusif pour continuer d'être accepté –, de l'évolution que nous conduisons.

*Vous avez dit, à propos de l'euro, qu'il aurait un « choc fédérateur »
en Europe. Que diriez-vous à propos de la défense européenne ?*

En 1996, j'avais déclaré que non seulement l'euro se ferait, mais
qu'il entraînerait un choc fédérateur dans l'économie et peut-être
même au-delà. Je le pense toujours pour l'économie, et ce processus
se poursuit. À cet égard, l'harmonisation fiscale est une nécessité.
En revanche, deux ans et demi d'expérience ministérielle dans le
cadre de l'Europe à Quinze m'ont convaincu qu'il n'y aurait pas
d'effet fédérateur automatique, et que la méthode euro n'était pas
transposable telle quelle à la politique étrangère et à la défense. C'est
pourquoi nous progressons autrement.

*L'Europe a fait un marché, une monnaie, elle fera demain une
défense… Une Europe est en train de se dessiner, mais laquelle ?*

J'ai toujours refusé de faire entrer l'Union européenne dans une
catégorie préétablie, « fédérale », « confédérale » ou autre. Ce que
nous construisons depuis des décennies est original. Compte tenu
des données politiques et historiques, une approche pragmatique,
évitant tout débat théorique stérile, était la seule méthode possible,
une ruse historique bénéfique. Mais elle est en train d'épuiser ses
effets et de devenir anxiogène. Aujourd'hui, en effet, avec la perspective et la pression d'un grand élargissement, on ne peut plus
éluder le débat concernant les limites géographiques et institutionnelles de l'Europe sur lesquelles nous fonderons un équilibre européen stable.

*Il y a un vif débat sur les réformes institutionnelles à réaliser avant le
prochain élargissement. Où mettez-vous la barre pour ces réformes ?*

En soi, la reconnaissance de la nécessité d'une réforme préalable à
l'élargissement constitue une victoire de nos idées[1]. Tous les
Européens admettent aujourd'hui que si l'Union continue à s'élargir
sans s'adapter, elle finira par se paralyser ou se dissoudre, ou les deux.
Depuis dix ans, partisans et adversaires de l'élargissement s'oppo-
saient. Aujourd'hui, la synthèse s'est faite. L'élargissement aura lieu. Il

---

1. La France, avec la Belgique et l'Italie, avait signé un « protocole annexe » au
traité d'Amsterdam, en 1997, demandant une réforme institutionnelle avant tout
nouvel élargissement.

doit être sérieusement négocié, maîtrisé et précédé d'une réforme institutionnelle. Quelle réforme ? J'observerai qu'on ne peut pas à la fois dire qu'il faut être plus ambitieux, élargir le champ de la CIG[1] pour préparer l'Europe des vingt années à venir, et prétendre conclure sous présidence française[2] pour être prêt à l'élargissement à partir de 2003. C'est incompatible !

Où va votre préférence ?

Nous préconisons de ne pas « charger la barque », ce qui augmentera nos chances d'aboutir sous notre présidence, puis de pouvoir accueillir les pays qui seront prêts à partir de 2003. Ne pas « charger la barque », cela veut dire nous concentrer sur ce qui est indispensable : la nécessaire repondération des voix, l'extension à de nouveaux domaines du vote à la majorité qualifiée, le format de la Commission. Peut-être faudra-t-il aussi faciliter les coopérations renforcées. Certains voudraient aller plus loin, faire une plus grande réforme, rédiger « la » Constitution européenne, mais ils ne sont pas prêts à en tirer les conséquences quant au calendrier réforme-élargissement.

Donc, pour vous, l'idéal serait d'aller plus loin, mais il est politiquement impossible d'aller au-delà du « rafistolage » proposé.

Nous mettre d'accord sur les trois points restés en suspens à Amsterdam ne serait pas un « rafistolage ». Cela dit, il est clair qu'en matière de réformes il y aura un après-CIG. Tôt ou tard, d'une façon ou d'une autre, face au risque de paralysie, une différenciation s'imposera ; il y aura un socle d'obligations et de politique communes qui continuera de lier tous les États membres à égalité de droits et de devoirs, et de les faire converger ; et, en plus, diverses actions ou politiques conçues et menées par ceux qui le voudront, selon le principe de la « géométrie variable ».

Jusqu'où va l'Europe ? Jacques Attali, dans un rapport que vous lui avez commandé, y place la Russie…

Pour moi, la Russie n'a pas vocation à entrer dans l'Union, mais à être l'un de ses plus grands partenaires stratégiques. Un statut

---

1. Conférence intergouvernementale, instance exceptionnelle destinée à réformer les traités européens.
2. Soit durant le second semestre 2000.

destiné aux principaux interlocuteurs de l'Union dans le monde, à commencer par ses voisins immédiats à l'Est, au Sud-Est et au Sud. Pour arrêter les limites de l'Europe, il faut regarder la géographie, tenir compte de l'Histoire, et trancher politiquement.

Et la Turquie ? L'Europe ira-t-elle jusqu'en Anatolie ?

Sans sous-estimer les problèmes qui en découlent, les Quinze admettent aujourd'hui qu'en reconnaissant depuis 1963 à la Turquie une « vocation européenne », un engagement a été pris envers elle. Ils en tirent la conclusion que la Turquie doit se voir reconnaître le statut de candidate, mais elle aura ensuite à respecter les critères de Copenhague[1] avant que la négociation d'adhésion puisse débuter. Les dirigeants turcs se disent prêts à s'engager dans ce sens. S'agissant de l'Ukraine, nous n'avons pas encore décidé comment nous traiterions ce cas. Quant aux autres pays européens, y compris ceux des Balkans, ils ont clairement vocation à entrer un jour ou l'autre dans l'Union.

N'est-ce pas intellectuellement très complexe d'envisager une Europe intégrant des nations comportant de tels décalages ?

Bien sûr que si ! Mais on ne peut refuser de voir cette réalité. La problématique de l'élargissement, de l'intégration harmonieuse des nouveaux membres, de leur « européanisation », va dominer la vie européenne pendant dix à vingt ans, ce qui remet d'ores et déjà en cause une certaine vision linéaire des progrès de la construction et de l'intégration européennes. Faire survivre notre projet européen – une Europe-puissance constituant l'un des pôles du monde multipolaire – au grand élargissement imposera la « géométrie variable ».

Entretien avec Pierre Heski et Jean Quatremer pour Libération, *10 décembre 1999*

---

1. Mise en place d'institutions stables garantissant la démocratie, la primauté du droit, le respect des droits de l'homme et des minorités, une économie de marché viable.

Le 17 février 2000, à New Delhi, lors du séminaire franco-indien consacré au « monde multipolaire », Hubert Védrine revient sur la quasi-unipolarité du monde actuel et sur l'« unilatéralisme global des États-Unis », selon l'expression de M. Mishra, conseiller spécial du Premier ministre indien. Hubert Védrine examine à quelles conditions un monde multipolaire pourrait émerger et marquer un progrès, ce qui n'est pas donné d'avance, et souligne que ce monde multipolaire devrait être combiné à un multilatéralisme perfectionné. Un débat qui prendra de l'ampleur au printemps 2003, à propos de la nouvelle politique américaine, de la guerre en Irak, du contournement de l'ONU, du G8 d'Évian et des controverses post-guerre en Irak.

Séminaire en Inde sur le monde multipolaire

Ce séminaire franco-indien qui vient de se tenir est une étape supplémentaire dans une relation en train de se développer et de se renforcer [...]. Il était temps que nos pays, attachés tous deux à avoir leur propre analyse des réalités du monde et à leur autonomie de décision face aux grands enjeux planétaires, prennent le temps d'un dialogue approfondi. L'impulsion a été donnée. L'intérêt est évident. Il faut poursuivre.

Depuis bientôt dix ans, les relations internationales ne sont plus dominées par l'affrontement bipolaire. On peut regretter que l'on n'ait pas été en mesure de passer directement de cet ordre bipolaire – sans doute commode pour l'esprit, mais qui fut en réalité instable et conflictuel, notamment dans les pays du tiers-monde, et qui faisait l'impasse sur les libertés – à un système international plus équitable et plus conforme aux réalités démographiques, économiques et géopolitiques que nous observons désormais. Mais si l'Histoire procède parfois par bonds, les miracles y sont inexistants. La tâche de bâtir ce monde équitable reste à accomplir ; elle est devant nous.

Le monde actuel est caractérisé par une quasi-unipolarité. Un seul État, les États-Unis, se trouve en position de suprématie sur la scène mondiale sur tous les plans. Pour décrire cette situation, j'ai employé à quelques reprises, comme vous le savez peut-être, le terme « hyperpuissance ». J'estime en effet que le terme « superpuissance » ne suffit plus pour décrire les États-Unis, car il se réfère surtout à la guerre froide et à la dimension militaire de la puissance. Cela m'a été parfois reproché aux États-Unis. Ce terme a pourtant été employé par des analystes américains de science politique, et d'autres experts américains parlent d'ailleurs d'« omnipuissance ». Quel que soit le mot employé, ce sont là des constats, et non pas des critiques, le point de départ de toute analyse étant la clarté.

Les États-Unis réunissent en effet aujourd'hui, comme aucun pays avant eux, toutes les formes de la puissance et de l'influence : des formes les plus classiques ou les plus *hard*, comme la puissance militaire, aux formes les plus nouvelles, les plus *soft* de l'influence – culture, communications, médias –, en passant par le dollar et les hautes technologies. Je rappellerai que 70 % des mots et des images qui circulent dans le monde sont d'origine américaine (mais peut-être que cela s'aperçoit-il moins en Inde grâce à la force et la vitalité de votre culture). Cela leur permet de modeler une vision du monde, et si on ajoute la diffusion planétaire de produits de consommation de masse standardisés, y compris culturels, le risque apparaît de l'uniformisation culturelle.

En veut-on une preuve ? Lors de l'annonce de la fusion entre AOL – America on Line – et Time Warner, pour un montant de 183 milliards de dollars, le *Washington Post* du 11 janvier rapportait le commentaire suivant d'un futurologue américain, Bruce Sterling : « *It's a great day for American cultural imperialism* », (« C'est un grand jour pour l'impérialisme culturel américain »). « Jamais la demande n'a été aussi forte. L'Amérique n'a jamais été plus dominante sur le plan culturel. » Et le journal d'ajouter : « Toute résistance serait futile. »

La pente naturelle de cette combinaison de *hard power* et de *soft power*, c'est l'hégémonie. Or, si nous admirons la vitalité créatrice de l'Amérique, nous pensons aussi que toutes les cultures et que toutes les langues ont le droit de vivre, de se développer et de dialoguer entre elles.

L'état actuel du monde n'est pas satisfaisant.

Lors de sa conférence le 7 février dernier à Paris, le conseiller spécial du Premier ministre indien, M. Brajesh Mishra, a avancé une notion qui a retenu notre attention, celle d'*unilatéralisme global*, pour désigner la relation des États-Unis au monde.

Il est exact que sur bien des plans, les États-Unis ont des pratiques unilatérales, que ce soit dans la tentation de contournement des institutions internationales, dans des décisions stratégiques ou dans le fait de se soustraire à des engagements attendus de la communauté mondiale. Mais il faut être en même temps honnête : cette attitude est beaucoup plus le fait du Congrès que de l'Administration qui recherche, elle, le dialogue et le partenariat dans bien des cas.

Mais se plaindre ne sert à rien. Après tout, si les États-Unis ont conquis cette énorme puissance et cette position exceptionnelle, c'est parce que beaucoup de puissances de par le monde ont échoué et que beaucoup d'autres se sont tournées vers les États-Unis pour obtenir leur aide et s'en remettent à eux pour leur sécurité. Les États-Unis n'ont pas de plan secret, c'est l'enchaînement de l'Histoire, dû en grande partie à l'immense ratage des puissances européennes au début du XXᵉ siècle.

Les États-Unis sont et restent d'ailleurs un facteur central et majeur de stabilité internationale. Il n'empêche que ce système trop unipolaire est excessif, contestable, et comporte des aspects néfastes, y compris pour les États-Unis. Un débat a lieu aux États-Unis mêmes sur ce sujet, sur les aspects contre-productifs de cette super-puissance. D'où notre volonté d'œuvrer à un monde multipolaire qui existe potentiellement.

Ce concept est d'ailleurs de conception ancienne : un penseur français éminent, Raymond Aron, contestait déjà en 1962 la « monarchie universelle » et appelait de ses vœux la « pluralité des acteurs ». Mais ce terme ne serait qu'un slogan s'il était présenté comme une évolution automatique. Or, rien n'est écrit d'avance. C'est à nous de construire cet avenir.

Ce monde multipolaire, à quelles conditions peut-il émerger et marquer un progrès ?

Pour nous, Français, le monde multipolaire ne serait un progrès que si une Europe forte était l'un de ses pôles. C'est pourquoi la France s'emploie à ce que l'Europe devienne une puissance assise sur un marché intérieur dynamique, sur une monnaie unique qui sera la deuxième monnaie de réserve du monde et à laquelle nous espérons que nos amis britanniques se joindront bientôt, sur une volonté et une capacité de défense commune qui se sont beaucoup renforcées depuis un an, sur une politique étrangère européenne capable de prendre ses responsabilités, notamment pour pacifier durablement les foyers de crise à la périphérie de l'Europe et établir des partenariats stratégiques avec tous les grands partenaires de l'Europe. Nous veillerons à ce que l'élargissement de l'Union européenne ne se traduise pas par une dilution de ses acquis ni par une paralysie de ses capacités d'action.

J'ajoute qu'à mes yeux l'Europe est particulièrement prédisposée à être un pôle coopératif dans le monde d'orientation multipolaire, en raison même de son expérience depuis plus de quatre décennies, de son organisation, de ses procédures de concertation interne, de sa capacité à produire des compromis entre les vieux États-nations qui la composent, du dépassement des clivages qui l'ont si cruellement meurtrie. Si les grands États de l'Europe étaient restés unilatéralistes, l'Union européenne n'existerait pas.

La deuxième condition qui découle de ce que je viens de dire, c'est que les pôles qui émergent ne s'opposent pas en pôles ou alliances de pôles antagonistes, mais entretiennent entre eux des relations fondées sur la coopération. La multipolarité devra être, dans toute la mesure du possible, coopérative.

La pluralité des pôles ne suffira pas à garantir la stabilité. On l'a vu dans le passé avec l'« équilibre des puissances » qui s'est transformé en « déséquilibre des puissances ». Les amateurs de scénarios pourraient décrire des situations dans lesquelles des pôles majeurs s'affronteraient ou se menaceraient, ou refuseraient à tout le moins toute coopération. Où serait alors le progrès si, en fin de compte, des blocs se reconstituaient, propices à un jeu d'alliances et de contre-alliances de pôles contre pôles, porteur d'instabilité durable ?

C'est dans cet esprit de recherche d'une multipolarité maîtrisée et constructive que la France a engagé un dialogue précurseur avec tous les autres pôles potentiels : dialogue permanent et multiforme avec les États-Unis, qui sont nos amis et nos alliés, mais par rapport auxquels nous ne sommes pas alignés ; développement de nos relations avec la Russie pour établir un partenariat stratégique euro-russe à long terme, quelles que soient la gravité et l'ampleur des difficultés que ce pays rencontre aujourd'hui, car c'est l'intérêt de l'Europe d'avoir pour voisin une Russie stable qui règle ses problèmes pacifiquement ; partenariat global avec la Chine ; dialogue stratégique de plus en plus nourri avec l'Inde, naturellement, j'en ai déjà souligné la densité croissante ; approfondissement de notre dialogue avec le Japon ; développement de notre dialogue avec le Brésil et le MERCOSUR tout entier, l'Afrique du Sud, et avec d'autres États qui pourront être appelés à structurer le monde de demain.

Une autre condition d'un monde multipolaire est que l'Inde en fasse pleinement partie. Si un système multipolaire se construit, ma conviction est que l'Inde en sera et doit en être l'un des pôles. Ce pays-continent, ce pays-civilisation, ancien comme l'Histoire, possède des atouts multiples, l'un des principaux étant d'être la plus grande démocratie du monde, et une démocratie vigoureuse.

Vous savez sans doute que l'un des penseurs français de la période des Lumières, au XVIIIe siècle, Jean-Jacques Rousseau, considérait que le fonctionnement de la démocratie était plus facile dans les pays de petite taille. L'Inde a apporté depuis lors un heureux démenti à cette appréciation. Disposer d'une société ouverte, éclairée par une presse ouverte, est un gage durable de stabilité intérieure et de rayonnement.

D'ailleurs, dans cette partie du monde, la vaste Asie où beaucoup de choses bougent, où beaucoup de tensions et d'incertitudes persistent, il importe que de grands États soient des contributeurs de stabilité et que les groupements en devenir – je pense à l'ASEAN – se consolident, y compris sur le plan de la sécurité.

Si ces conditions étaient réunies – il y en aurait d'autres mais je ne voudrais pas être trop long –, ce ne serait plus l'équilibre des forces qui serait le seul garant de la stabilité, comme le voulait la théorie classique des relations internationales (encore qu'il ne faille pas jeter aux orties cette notion de bon sens), mais aussi le partage de règles acceptées par tous, et mieux encore, chaque fois que possible, de valeurs communes.

C'est pourquoi le monde multipolaire doit être combiné avec un multilatéralisme perfectionné.

Tous les États ou groupes d'États qui sont ou qui entendent devenir des pôles ont la responsabilité de promouvoir et de pratiquer un multilatéralisme respectueux de tous les autres membres de la communauté internationale telle qu'elle est exprimée par l'Organisation des nations unies.

La France est attachée à l'établissement et au respect de règles internationales. « Le monde a besoin de règles », déclarait le Premier ministre français à l'Assemblée générale des Nations unies en septembre 1999. Il en a plus que jamais besoin. Cela vaut particulièrement pour le règlement des conflits par la négociation entre les parties et le respect de procédures multilatérales de règlement des différends. Le règlement négocié des conflits fait partie des responsabilités des puissances d'aujourd'hui et des pôles de demain. Je ne développerai pas ici le besoin de règles en matière économique, mais il est aussi évident que dans le domaine stratégique.

La recherche d'un monde multipolaire ne contredit pas le rôle du Conseil de sécurité, auquel la France, vous le savez, est très attachée. L'autorité du Conseil doit être renforcée par une réforme qui le rendra plus représentatif des réalités d'aujourd'hui et lui permettra d'être une charnière entre le monde multipolaire et les dispositifs multilatéraux.

Un Conseil fort est d'autant plus indispensable que l'Organisation des nations unies risque de voir son efficacité affaiblie par la multiplication des micro-États, voire de pseudo-États sans viabilité, qui n'ont qu'une souveraineté formelle et qui sont malheureusement parfois la proie d'organisations criminelles, mafieuses ; la prolifération des souverainetés factices contribue à l'instabilité du monde. Contrairement à une idée répandue dans les opinions en Occident, les États dans le monde d'aujourd'hui ne sont pas trop forts, ils sont souvent trop faibles. En tout cas, dans ce Conseil de sécurité élargi, réformé, relégitimé par cette réforme, l'Inde a évidemment toute sa place. C'est notre position.

On s'est également interrogé ici sur la relation entre démocratie et sécurité. Dans un monde idéal, la stabilité résulterait du partage de valeurs politiques communes. Ne rêvons pas : nous n'en sommes pas là et nous ne sommes pas dans un monde sans menaces. Tout État y a le devoir d'assurer la sécurité de ses ressortissants sans menacer celle des autres, mais dans le respect des règles rappelées à l'instant.

Les grandes valeurs politiques de démocratie et de respect des droits de l'homme tendent aujourd'hui à devenir universelles, et c'est un immense progrès. Mais la manière dont, parfois, des pays occidentaux les imposent sous la menace, ou les instrumentalisent en les orientant, peut susciter méfiance ou rejet, car on peut quelquefois y déceler des conceptions néo-colonialistes ou des jeux indirects de puissance. Et pourtant, il y a bien des valeurs universelles ! Il faut donc dépasser ces apparentes contradictions.

Comment procéder pour que les hommes et les femmes du monde entier s'y reconnaissent, les fassent leurs et en bénéficient ? Selon moi, la démocratisation n'est pas assimilable à une conversion, à une révélation de nature idéologique ou religieuse, mais relève d'un processus historique, sociologique, économique, et donc, au total, politique, qui doit avancer par consolidations successives. Ce processus de transformation se nourrit d'une dialectique combinée et constante entre le développement, la modernisation et la démocratisation. Nous devons refuser que la légitime prise en compte d'étapes dans ce processus qui peut prendre des siècles, comme cela a été le cas pour nous en Europe, soit utilisée comme un prétexte par des autocrates pour verrouiller le *statu quo* et justifier la répression intérieure contre des forces de changement démocratique.

À cet égard, l'Inde est exemplaire de tous points de vue, car elle a su relever démocratiquement tous les défis qu'elle a rencontrés.

On retrouve un débat similaire à propos de la dialectique entre souveraineté des États d'une part, interventions nécessaires à la protection des peuples d'autre part – ce qu'en France nous appelons la question de l'« ingérence » et que Kofi Annan a lucidement décrite en septembre dernier : comment concilier ces deux exigences, notamment lors de violations massives des droits de l'homme ? La reconnaissance et le respect de la souveraineté égale des États est le fondement du système international ; mais on ne peut plus accepter qu'au nom de la souveraineté des dirigeants qui commettent massacres et exactions puissent s'opposer à des interventions internationales pour protéger les peuples, dès lors que celles-ci sont légitimement décidées. Nous devons concevoir ensemble des règles qui organisent et encadrent la souveraineté. La souveraineté doit être préservée, car là où elle recule, c'est la jungle qui progresse. Mais il faut en même temps fixer des limites aux abus de certains États, et permettre aux indispensables interventions humanitaires d'être décidées dans des conditions moins difficiles que celles prévues par la Charte des Nations unies. Moins difficiles, mais tout aussi légitimes ! Tel est l'exercice proposé aujourd'hui à la communauté internationale et surtout aux membres permanents du Conseil de sécurité, mais aussi à ceux qui ont vocation à le devenir.

Le 12 mai 2000, soit six semaines avant les débuts de la présidence française de l'Union qui doit trouver une solution aux délicats problèmes institutionnels laissés pendants au Conseil européen d'Amsterdam de juin 1997 – quels droits de vote, combien de parlementaires, de commissaires pour chaque État membre dans l'Union élargie à vingt-sept, plus la question de la majorité qualifiée et celle des coopérations renforcées –, Joschka Fischer fait à l'université Humboldt de Berlin, « à titre personnel » (le chancelier Schröder ne s'engage pas à ce stade), un discours important sur l'avenir de l'Europe. Il propose que soit constitué par étapes un « centre de gravité » qui deviendrait un jour le noyau d'une future fédération. En réponse, dans une lettre publiée le 10 juin 2000 dans Le Monde *et la* Frankfurt Allgemeine Zeitung, *Hubert Védrine salue cette démarche « bienvenue et opportune », réagit point par point aux propositions de Joschka Fischer et appelle à un débat « véritable, loyal, complet et démocratique ».*

On trouvera dans cet échange plusieurs éléments essentiels du débat actuel autour de la proposition de traité constitutionnel, présenté par la convention de Valéry Giscard d'Estaing, et de la perspective de référendum sur sa ratification.

Réponse à Joschka Fischer sur la construction européenne

Cher Joschka, j'ai lu attentivement le discours que tu as prononcé à titre personnel, le 12 mai, à l'université Humboldt de Berlin sur les finalités de l'Union européenne et son horizon institutionnel. Comme je l'ai aussitôt déclaré, j'ai trouvé cette démarche bienvenue et opportune. Depuis que je suis devenu ministre des Affaires étrangères, en juin 1997, j'ai en effet considéré que l'opinion européenne ne mesurait pas assez les conséquences des élargissements à venir de l'UE, et qu'il n'était que temps d'examiner

169

la meilleure façon d'y faire face. Je voudrais maintenant te faire part de mes réflexions personnelles à ce sujet.

Comment faire fonctionner une Europe à trente ou plus ? Dès notre première rencontre, en novembre 1998, j'avais posé cette question et indiqué qu'à mon avis ce défi allait bientôt dominer tout l'horizon de l'Europe. À cette question il ne peut pas y avoir de réponse improvisée ou bâclée, ni même simplement ingénieuse. Elle ne pourra procéder que d'un débat véritable, loyal, complet et démocratique. Personne ne peut *a priori* prétendre détenir la clé. Il était temps que ce débat s'engage.

Plusieurs responsables politiques européens, actuels ou anciens, pensent que, pour éviter la paralysie, il faut aller plus loin, et ont ainsi proposé, ces dernières semaines, que les pays décidés à accomplir un grand bond en avant dans l'intégration politique créent ensemble un noyau dur, ou une avant-garde. Cela revient à admettre l'idée, long-temps combattue avec véhémence, d'une Europe à deux vitesses. C'est dans cette perspective que tu t'es inscrit, après Jacques Delors et d'autres, en proposant que soit constitué par étapes un centre de gravité qui deviendrait un jour le noyau d'une future fédération.

À la veille de sa présidence, la France n'est pas dans la même situa-tion que les autres États membres. Lancer des idées sur l'Europe à long terme et présider utilement l'Union – de surcroît au moment où il va falloir conclure la difficile réforme des institutions –, ce sont deux choses également nécessaires, mais différentes.

Le rôle du pays qui préside est en effet de tout faire pour rassem-bler les États membres autour de la solution la plus ambitieuse possible. Mais, compte tenu des règles de décision européennes, cette solution doit être consensuelle. On ne peut pas en même temps remplir cette responsabilité et mettre sur la table un projet qui a toutes les chances – comme on le voit déjà – de faire appa-raître ou d'attiser des divisions profondes entre États membres.

À Rambouillet, entre le président de la République, le Premier ministre, le chancelier et les ministres concernés, nous n'avons pas eu de mal à nous mettre d'accord sur le fait que le préalable à tout nouveau progrès ultérieur est de réussir la Conférence intergouver-nementale à Nice. Ce qui ne veut pas dire la conclure à n'importe quel prix. En effet, si les Quinze devaient ne pas parvenir, malgré les efforts de la présidence française et le plein soutien de l'Allemagne, à se mettre d'accord sur la repondération, la majorité qualifiée, la taille de la Commission et les coopérations renforcées, à quoi servirait-il de spéculer, voire de nous opposer sur ce que deviendrait l'Europe dans dix ou vingt ans ? La CIG est le test de la volonté de réforme des Européens.

Comme on a pu le constater à travers les déclarations d'un certain nombre de commentateurs et d'hommes politiques français, non seulement l'idée de fédération ne fait plus peur, mais elle exerce même une certaine séduction. Cela paraît audacieux, cela paraît simple, cela paraît efficace pour conjurer le spectre de la paralysie. Beaucoup de réticences ou d'arguments hostiles paraissent comme dépassés à l'heure de la mondialisation. De plus, des éléments de fédéralisme existent déjà : par exemple la Cour de justice, l'euro. Donc, pourquoi pas ? Cependant, cet état d'esprit et cette sympathie diffuse ne justifient pas que les principaux responsables politiques d'un pays souscrivent sans un examen très approfondi à une perspective aussi radicalement bouleversante, d'autant que les solutions fédérales proposées par les uns et les autres diffèrent sur des points essentiels.

C'est pourquoi la meilleure façon de procéder, à ce stade, me semble être d'éviter les controverses théoriques sur les divers sens du mot « fédéralisme », de formuler les questions précises qui viennent à l'esprit pour mieux cerner les points à éclaircir, et de rechercher les meilleures réponses possibles en soupesant démocratiquement leurs avantages et leurs inconvénients. C'est ce que je vais tenter dans les lignes qui suivent :

– Comment choisir les membres de l'éventuel noyau dur ? Peut-on imaginer que la liste soit déterminée *a priori* ? C'est ce que faisait le document Lammers-Schauble de 1994, erreur que tu ne répètes pas. Faut-il décréter qu'il s'agirait des six pays fondateurs ? Mais déjà certains pays qui ne font pas partie des six du départ ont fait savoir qu'ils entendaient être membres de tout noyau dur. Il y a une autre hypothèse : faire des onze pays de l'euro le noyau dur. Mais ces onze seront un jour douze, quatorze, voire plus, ce qui est beaucoup pour un noyau ! Un renforcement de la coordination politique et économique de ces pays de l'euro est une nécessité absolue, mais cela n'entraînera pas automatiquement une intégration politique renforcée. Ainsi, l'espace de l'euro n'est pas celui de Schengen, ni celui de l'Europe de la défense. La solution la plus commode pourrait être le volontariat et le libre accès à un noyau ouvert. Mais si tout le monde veut en être, est-ce encore un noyau et en quoi irait-il plus loin que les autres ?

– La deuxième question est encore plus décisive : quelles seraient les compétences éventuellement dévolues au niveau fédéral, pour faire quoi, et gérées par quelles institutions ? Par voie de conséquence, quelles compétences garderaient les États-nations ? J'ai bien noté que tu avais pris à juste titre la précaution de rappeler qu'il n'était pas question de faire disparaître les États-nations, car tu es conscient que beaucoup d'Européens demeurent profondément attachés à ce cadre de l'identité et de la vie démocratique. Pour la France, entre autres, c'est essentiel.

Mais, dès lors que l'on envisage d'élire au suffrage universel un président fédéral qui mènerait la politique étrangère et de défense de la fédération sous le contrôle du parlement de la fédération, que reste-t-il à terme à l'État-nation ? Quel rôle conserveraient les chefs d'État et de gouvernement des pays qui seraient entrés dans cette fédération ? Pour parler crûment, combien de temps y aurait-il encore un président de la République et un Premier ministre en France, un chancelier en Allemagne, un chef de gouvernement dans les autres pays ? C'est là que le débat, aujourd'hui masqué, doit devenir explicite. Il ne suffit pas d'affirmer qu'on veut et qu'on peut concilier la création d'une fédération et le maintien des États-nations. Dans un esprit de subsidiarité, il faut voir si l'on peut déterminer exactement ce qui doit rester – ou redevenir – géré au niveau national, puis ce qui le serait au niveau fédéral.

Cette délimitation est indispensable. C'est effectivement le propre d'une fédération de l'organiser, et ceux qui préconisent une Constitution pour l'Europe ont également cet objectif.

Mais, là aussi, le débat doit être clair : s'agit-il simplement de codifier le partage des compétences entre fédération et États membres, ou bien la fédération implique-t-elle des transferts de souveraineté majeurs dans de nouveaux domaines, et, si oui, lesquels ? La justice ? la police ? la défense ? la politique étrangère ?

– Voilà qui amène à la question de la nature du gouvernement, de l'éventuel gouvernement... Serait-il bâti sur le modèle de la Commission telle que nous la connaissons aujourd'hui, de conception fédéraliste classique ? Dans ce cas-là, nous ne manquerions pas de retrouver les problèmes que nous connaissons bien : légitimité, transparence, efficacité, contrôle politique. Ou émanerait-il des gouvernements nationaux, comme l'actuel Conseil des ministres, hypothèse d'une sorte de fédéralisme intergouvernemental – option que tu as introduite dans ton discours, notamment après nos conversations, et qui serait plus acceptable de notre point de vue ? Serait-ce une reprise au niveau fédéral de l'actuel binôme Commission-Conseil ? Tout cela est à clarifier.

Question connexe : quel parlement contrôlerait ce gouvernement fédéral ? Le Parlement européen actuel ? Les parlements nationaux ? Une double chambre, comme tu le proposes, l'une d'elles étant composée d'émanations des parlements nationaux, idée intéressante à approfondir ?

– J'en viens à la question de l'articulation des différents niveaux de pouvoir en Europe. Aujourd'hui, il y en a trois. Dans l'hypothèse d'une fédération préservant les États-nations, il y aurait au moins quatre niveaux de pouvoir en Europe : les collectivités territoriales (elles-mêmes à plusieurs niveaux) ; les États-nations, avec leur exécutif, leur législatif et leur dispositif juridictionnel ; la fédération, avec son président, son gouvernement, son parlement ; l'Union européenne élargie, avec toujours son Conseil, sa Commission, son Parlement, sa Cour de justice.

Alors que les opinions européennes demandent plus de clarté, de simplicité et de lisibilité, ce que certains expriment en demandant la rédaction d'une Constitution qu'ils espèrent clarificatrice, on en arriverait à un empilement de structures et à un enchevêtrement de compétences vraisemblablement plus inextricables encore qu'aujourd'hui. Cette duplication des institutions serait vite insupportable, et la difficulté se résoudrait alors par la disparition du niveau national. Il faut en être conscient, car cela pose évidemment à la plupart des États nationaux existants et à leurs peuples un vertigineux problème identitaire et démocratique : n'oublions pas qu'en Europe, contrairement aux États-Unis, il y a des nations. On peut aussi espérer – tu le laisses entendre à la fin de ton discours – qu'un jour la fédération se confondrait avec toute l'Union, mais cela paraît très irréaliste.

Aujourd'hui, je pense que réussir la CIG, notamment en assouplissant radicalement les coopérations renforcées possibles, première étape de ton plan, est la meilleure façon de redynamiser l'Union, de lui redonner une vision dynamique de son avenir institutionnel tout en fournissant les instruments des progrès ultérieurs, y compris les plus ambitieux. Et cela sans faire éclater toutes les contradictions européennes ni transformer un malaise institutionnel en crise. C'est aussi le moyen de donner, à ceux qui voudraient aller plus loin dans l'intégration politique, le temps de s'y préparer. C'est ce que je propose que nous fassions. Nous verrons vite quels pays seront intéressés par une ou des coopérations renforcées dans des domaines clés.

Je pense que le nœud de la réflexion, ce sont les concepts de fédération et de fédération d'États-nations. S'agit-il au bout du compte d'une seule et même chose : le fédéralisme classique ? Dans ce cas, nous allons vers un blocage. Ou, au contraire, le concept de fédération d'États-nations, voie originale qu'a ouverte Jacques Delors et que tu empruntes à ton tour, porte-t-il en germe une solution différente qui réponde de façon satisfaisante aux questions précitées ? C'est une piste à explorer.

Ce n'est qu'en débattant de tout cela longuement, ouvertement et loyalement entre nous, Français et Allemands, mais aussi, sans exclusive, avec tous les autres Européens concernés, que nous arriverons à mieux cerner les questions essentielles et les questions annexes, à séparer les solutions possibles de celles qui seraient impraticables. De toute façon, celles qui nous permettront de résoudre finalement cette quadrature du cercle seront originales, car rien de ce qui s'est fait, de ce qui a marché dans la construction européenne ne correspondait à un schéma préétabli.

Le 16 mai 2000, au colloque de l'Institut de relations internationales et stratégiques sur « Morale et relations internationales », Hubert Védrine conteste que les relations internationales soient par nature immorales ou amorales ; il estime que la morale se mesure plus aux résultats qu'aux intentions affichées. Il rappelle, exemples historiques à l'appui, que, souvent, « qui veut faire l'ange fait la bête », et propose huit principes d'action pour une synthèse de l'éthique de conviction et de l'éthique de responsabilité en matière internationale.

Morale et relations internationales

[...] « Les relations internationales peuvent-elles être morales ? » S'interroger de cette façon, n'est-ce pas admettre comme une évidence que les relations internationales sont intrinsèquement immorales ou amorales ; que les États, acteurs des relations internationales, ne peuvent agir que comme le Prince de Machiavel, par la ruse et la mauvaise foi ; qu'un impératif moral simple et facile à énoncer devrait dicter toujours l'action à mener, mais que les États s'y dérobent ? N'est-ce pas reprendre à son compte cette vision selon laquelle les États, immoraux, seront contraints, sous la pression des opinions, des médias, des ONG, des juges, de la fameuse « société civile », de mener enfin une politique morale jusques et y compris dans leurs relations internationales ? Eh bien, il n'y a pas un seul de ces présupposés qui ne soit contestable et discutable, même si chacun comporte aussi une petite part de vrai.

Entendons-nous : comme tout un chacun, j'exècre les tyrannies, j'aspire à un monde juste et pacifique ; mais par quels moyens y parvenir ? À cet égard, dans mes fonctions de ministre, je sais que proclamations moralistes et résultats moraux ne se confondent pas toujours, pas plus que « droits-de-l'hommisme » et meilleur respect des droits de l'homme.

Pourquoi disais-je que ces postulats sont contestables ? Non seulement parce que les États ont profondément changé, mais parce qu'il est rarissime que les dirigeants d'aujourd'hui aient à choisir entre une solution morale et une solution immorale. À quelques situations historiques près, comme le combat contre Hitler, le manichéisme est dans les esprits, rarement dans les faits. Dans la quasi-totalité des cas, les diverses solutions envisageables ont des implications multiples et contrastées sur tous les plans : éthique, stratégique, économique, etc. Elles sont presque toujours ambivalentes du point de vue moral comme sous d'autres angles.

Quelques exemples, quelques réflexions tirées de l'Histoire contemporaine :

Il est clair, avec le recul, qu'il aurait fallu arrêter Hitler dès le début. Mais n'eût-il pas été encore mieux de concevoir le traité de Versailles autrement, de ne pas saigner à blanc l'Allemagne avec les « réparations », et de ne pas prétendre juger Guillaume II comme seul fauteur de guerre ?

Harry Truman devait-il ou non utiliser la bombe A pour hâter la fin de la guerre en Asie, ou fallait-il au contraire proscrire absolument tout recours au nucléaire ? Le débat se poursuit. La réponse serait sans doute plus facile à donner si Roosevelt l'avait fait deux ou trois ans plus tôt et s'il avait pu ainsi gagner tout de suite la guerre en Europe et stopper la « Solution finale ».

Au vu des effets que cela a eus, Eisenhower a sans doute eu tort de retarder la progression des armées américaines jusqu'à ce que les armées soviétiques soient prêtes à entrer en même temps qu'elles dans Berlin. Cependant, il n'a pas agi ainsi par immoralisme ni par désintérêt pour l'avenir de l'Europe de l'Est, mais parce que les États-Unis, à ce moment-là, voulaient préserver l'alliance avec les Soviétiques jusqu'à la fin de la guerre dans le Pacifique.

Était-ce immoral de signer Yalta ? Que ne l'a-t-on pas dit ! Mais Yalta prévoyait des élections libres partout. Donc, était-ce immoral ou simplement crédule ?

Fallait-il boycotter radicalement l'Union soviétique dès ses débuts, ou négocier âprement et constamment avec elle, l'amollir par les armes de la paix, du commerce, tout en la contenant et en la dissuadant ?

En lâchant le chah d'Iran, Jimmy Carter n'avait pas pour objectif d'installer au pouvoir pour longtemps la révolution islamique.

La décision américaine de bombarder le Cambodge pour hâter la fin de la guerre au Vietnam a précipité de proche en proche le Cambodge en enfer.

Tous les moyens paraissaient bons, quelques années plus tard, pour chasser l'Union soviétique d'Afghanistan. Mais que penser du formidable encouragement et du soutien qui ont été ainsi apportés aveuglément à l'extrémisme et au terrorisme international, et, au bout du compte, aux Taliban, ce dont on mesure encore les effets ?

L'ONU devait-elle proclamer en Bosnie des zones de sécurité pour les musulmans ? Décision alors saluée comme enfin coura-geuse, enfin morale ! Or l'ONU n'avait pas les moyens de la faire respecter et elle a ainsi mis en danger de mort ceux qui avaient cru à ses promesses.

Je pourrais évoquer bien d'autres exemples où qui voulait faire l'ange a fait la bête…

Toutes ces questions sont extraordinairement compliquées. Le désir de donner une base morale aux relations internationales est louable et compréhensible. Mais il ne fournit pas, par la seule noblesse de ses intentions, le passe-partout pour trancher rétroactivement, dans tous les cas, de façon sûre, ces dilemmes passés, ni pour définir aujourd'hui une politique meilleure face à la guerre en Tchétchénie, à la Russie, à l'Iran, à l'Afrique des Grands Lacs, à la Chine, aux Balkans, à l'Afghanistan, etc.

Je trouve que, contrairement à ce qui se passe aux États-Unis, l'on ne réfléchit plus assez, dans notre pays, sur ces sujets géopolitiques, sur l'Histoire, sur la géographie, la stratégie, l'enchaî-nement des causes et des conséquences. On se contente trop souvent de prendre des *positions*. Ce n'est pas la même chose. On parle chaque jour du mal absolu des années 30 et 40. Il doit être évidemment condamné. Le devoir de mémoire est indispensable.

Mais il faut aussi *analyser*. Or on se cantonne parfois dans des rituels expiatoires en croyant qu'ils suffisent à notre salut démocratique. Si l'on veut éviter la répétition des drames, il ne suffit pas d'en condamner les résultats atroces. Il faut faire plus : remonter aux causes lointaines, démonter les engrenages, mettre en lumière les enchaînements. La marche vers la Seconde Guerre mondiale ne peut être comprise aujourd'hui que si on fait remonter le travail de mémoire aux conséquences de la guerre de 14-18, aux erreurs de Versailles, à l'hémorragie démographique, au pacifisme viscéral qui en a découlé, à l'humiliation, au désir de revanche, à la peur de l'Union soviétique et du bolchevisme, au retrait américain, à l'atonie des démocraties, et, bien sûr, à la crise, à l'hyperinflation, à la déstructuration sociale en l'absence de tout filet de secours, bref à ce cocktail explosif propre à l'époque, qui la distingue si radicalement de notre Europe d'aujourd'hui qu'on a rétrospectivement du mal à le concevoir. Stigmatiser l'horreur est un devoir ; se rappeler ce qui peut y conduire est un devoir non moins impérieux. Il faut le faire sans amalgame ni anachronisme si l'on veut étouffer dans l'œuf ces phénomènes dans le monde réel d'aujourd'hui.

Nous sommes bien là au cœur du sujet. J'ajoute qu'un autre facteur peut faire préférer le rituel des condamnations à l'analyse qui conduit parfois à des interrogations embarrassantes : c'est celui de l'*hubris* occidentale, cette forme d'orgueil. Elle marque en effet le contexte – celui des années 90 et d'après la chute du Mur – dans lequel resurgit comme un impératif catégorique immédiat la moralisation des relations internationales. Je dis « resurgit », car cette attente a parcouru le siècle. D'abord en 1918, il y a quatre-vingts ans, les ambitions du président Wilson : « Nous allons à présent rendre les hommes libres », espérances déçues dans les conditions que l'on sait ; celles, il y a soixante ans, de Roosevelt dans la Charte de l'Atlantique, avec Churchill ; en 1945, celles des rédacteurs de la Charte des Nations enfin unies, qui se brisèrent pendant plus de quarante ans (c'est à ce moment que certains élaborent la théorie de la « fin de l'Histoire » coïncidant avec celle de la guerre froide) ; celles, enfin, il y a dix ans, de George Bush, plus triomphantes encore, voyant en mars 1991 « un nouveau monde venir sous nos yeux ». Nous en sommes là. L'impatience actuelle de ce nouveau wilsonisme s'explique par cette longue période d'attentes déçues ou trompées, et le « plus jamais ça » se nourrit de cette exaspération, comme si nous ne sortions qu'aujourd'hui de la Seconde Guerre mondiale... L'Occident, pensant avoir gagné la Troisième Guerre mondiale – je veux dire la guerre froide –, n'aperçoit plus aucune limite à son ascendant et, porté par sa supériorité technologique, ne voit plus de raisons de ne pas imposer partout ses conceptions. Ce qui, au-delà de la légitimité de cette conception, ne laisse pas de soulever quelques questions. J'en retiendrai deux :

1) Qu'est-ce que se comporter de façon morale ? Quelles en sont les implications et les limites sur les ventes d'armes, sur l'aide au développement, sur nos relations avec les régimes non démocratiques, sur la justice internationale ? Y a-t-il un critère moral en soi qui l'emporte sur tous les autres ? Y a-t-il une façon morale de concevoir et de négocier la paix au Proche-Orient ? Doit-on alors, pour des raisons morales, renoncer, comme certains le pensent, à la dissuasion nucléaire ou à toute relation avec les peuples qui vivent sous des régimes dictatoriaux ? Peut-on se borner à parler, juger, condamner et abandonner en fait la politique étrangère à d'autres puissances ou entités ? En un mot, la morale se juge-t-elle aux intentions ou aux résultats ?

2) Comment obliger les autres à respecter la morale – sous-entendu : ceux qui n'en ont pas la même conception que nous ? Ce qui nous amène à la même question qu'à propos de l'ingérence : qui s'ingère chez qui, au nom de quoi, pour faire quoi ? On peut ajouter : qui prétend démocratiser qui ? Qui prétend moraliser qui ? Dans les faits, la réponse est simple : c'est nous, les Occidentaux, même si nous réussissons parfois à faire en sorte que ce soit le Conseil de sécurité qui décide, et si nous pensons toujours incarner la « communauté internationale ». La Chine veut peut-être lutter contre une certaine hypocrisie occidentale ou résister à ses injonctions, mais elle ne prétend pas modeler l'Occident à son image.

Se poser ces questions, c'est simplement faire écho à des interrogations entendues dans des dizaines de pays où de plus en plus nombreux sont ceux qui acceptent – et même revendiquent – l'idée qu'il y a des valeurs démocratiques réellement universelles, à commencer par les droits vitaux, fondamentaux de l'homme, mais qui n'acceptent pas pour autant de se voir imposer par nous, comme un bloc, les conceptions et les productions sociales, économiques, politiques et juridiques de l'Occident. Or mon expérience est que l'Occident, habité comme à la grande époque coloniale par l'évidence de sa « mission civilisatrice » (pour parler comme Jules Ferry), ne fait pas toujours ce qu'il faut pour se faire entendre.

Je suis convaincu que si l'on continue de refuser de prendre en compte ce problème, au nom de la condamnation de toute forme de relativisme sur les valeurs et donc d'ambiguïté, alors qu'il s'agit de tout autre chose ; si l'on continue de raisonner à propos de la démocratie – comme d'ailleurs de l'économie de marché – comme s'il s'agissait d'y convertir les infidèles – un « *big bang* de la foi » ! –, et non d'y arriver par un processus de maturation économique, social et politique qu'il faut hâter ; si l'on s'en tient à un schéma de progrès linéaire uniforme et universel, censé devoir s'appliquer partout, quelles que soient les circonstances ; si nous considérons que l'indignation de l'opinion occidentale et de nos médias est une source de légitimité suffisante pour toute intervention ; si nous considérons que toute défense de la souveraineté nationale revient à couvrir les crimes que parfois on a commis ou laissé commettre en son nom –, nous allons au-devant de graves déconvenues, et nous ne manquerons pas d'occasions de nous lamenter de voir nos espérances constamment déçues. Nos excommunications risquent alors de renforcer les résistances à nos objectifs, et nous aurons ainsi contribué à façonner un monde encore plus rétif aux conceptions qui nous sont chères et que nous voudrions voir triompher.

C'est pourquoi, après ces quelques remarques peut-être décapantes, pour des raisons où la morale a toute sa place et au nom de l'éthique de responsabilité qui m'inspire dans mes fonctions, j'estime que la seule voie constructive est de travailler à une synthèse des aspirations éthiques et des exigences de la réalité, de réfléchir aux unes et aux autres en tenant compte non seulement de nos convictions, mais aussi des messages et des avis venus du monde entier. La réponse tient en quelques principes :

1) Préserver le principe de la *souveraineté nationale*, car elle reste le fondement d'un monde stable, lieu d'expression d'une volonté politique démocratique, et le support de la définition de règles librement négociées et respectées.

2) Mais en faire évoluer la pratique en l'exerçant de plus en plus en commun, en s'inspirant de l'exemple européen, en proscrivant et en rendant impossibles les abus, voire les crimes commis en son nom ou sous sa protection. Cela suppose une *réforme du Conseil de sécurité* pour qu'il redevienne pleinement représentatif, et donc légitime et plus efficace ; cela implique surtout une *responsabilité de l'usage du veto* pour qu'il ne soit plus détourné de sa fonction en étant utilisé pour empêcher des interventions humanitaires urgentes. Or il faut que les éventuelles décisions d'ingérence émanent de la communauté internationale tout entière, ce qui ne sera pas le cas si le recours au Conseil reste bloqué. Celui-ci sera alors contourné. Et ce ne serait pas souhaitable, car cela reviendrait à ouvrir la boîte de Pandore, chacun agissant au nom de convictions dissimulant mal ses propres intérêts.

3) Au-delà du Conseil de sécurité, réformer les *autres institutions multilatérales* – dans leur composition, leur rôle, leurs méthodes : institutions financières internationales, Organisation mondiale du commerce, organisations spécialisées du système des Nations unies, institutions financières internationales, pour qu'elles soient plus représentatives, mieux gérées et plus efficaces. Ne pas entretenir une indignation bruyante et vaine sur le thème du fiasco ou de la perte de crédibilité de l'ONU chaque fois que les Nations, même unies, n'arrivent pas à faire des miracles, comme en Sierra Leone. Mais faire le maximum et être persévérant.

4) Définir après une concertation mondiale – et pas seulement occidentale – des *règles économiques* qui permettent de valoriser les meilleurs aspects de la globalisation et de prévenir ou contenir ses aspects négatifs.

5) Organiser la *multipolarité* : nous devons approfondir cette orientation stratégique de notre diplomatie et surmonter les contradictions qu'elle peut receler. Cela suppose d'être un peu plus précis sur ce que l'on entend par les « pôles », et de consolider la relative

sérénité que nous avons atteinte dans notre relation avec les États-Unis, « pôle » majeur, quoi qu'il arrive, en continuant de leur dire oui ou non selon nos intérêts et nos analyses. Ensuite, de préciser quel genre de Russie, quel genre de Chine nous voulons voir émerger comme « pôles » ; et la réponse est : plus modernes, plus démocratiques, pacifiques et stables. Comment encourager ces évolutions au mieux doit être l'un de nos soucis et requiert des réflexions plus poussées. Sur l'Inde, la question est de savoir comment favoriser l'élargissement des intérêts et du champ d'action de ce pays. On évoque parfois le MERCOSUR, bien que cela ne soit qu'un marché commun en formation. Si nous voulons l'encourager à aller plus loin, il nous faudra donner une perspective concrète à la négociation commerciale UE-MERCOSUR qui vient de s'ouvrir, même s'il est normal d'exiger que les concessions soient équilibrées. Enfin, pour l'Europe, notre volonté qu'elle soit une puissance et non pas seulement un espace est connue depuis longtemps. Mais, aujourd'hui, cela passe par une réponse à la question : comment faire fonctionner une Europe à trente ? Je me réjouis qu'à cette question que je pose depuis 1997 des réponses diverses commencent à apparaître, allant des plus pragmatiques (il faut plus de souplesse) aux plus fédéralistes (il faut un noyau dur).

Les dernières propositions en date, dans l'esprit « fédéraliste », sont celles de Jacques Delors et de Joschka Fischer. Le débat s'engage et s'intensifie. J'ai fait à ce sujet deux remarques. La première : nous serons présidents pendant les six mois où les Quinze espèrent conclure, et ils comptent d'abord sur nous, pour la CIG. À ce titre, notre rôle n'est pas de diviser ; nous devons aider à faire émerger la solution la plus ambitieuse possible, mais une solution consensuelle. Deuxième remarque : si les coopérations renforcées sont vraiment assouplies, elles pourront être utilisées à des fins très diverses, des plus pragmatiques aux plus audacieuses.

6) Préserver la *diversité culturelle et juridique* du monde, ce qui va bien au-delà du nécessaire combat pour la langue et le cinéma français, et doit être mené de façon à entraîner tous ceux qui, dans le monde, refusent le nivellement. C'est un des aspects de la sauvegarde des souverainetés.

7) Renforcer la *lutte contre l'impunité* – hâter par exemple la ratification de la CPI –, mais ne pas alimenter de nouvelles illusions sur la judiciarisation des relations internationales et la sortie des tragédies. Les politiques doivent respecter le rôle des juges, mais ne pas se défausser sur eux de leur propre responsabilité. Il ne faut pas attendre de la justice plus que son rôle.

8) Reconnaître et tirer profit de l'action et des propositions des *nouveaux acteurs* de la vie internationale – ONG, médias, institutions diverses –, mais leur demander la même transparence que celle qu'ils exigent des gouvernements, et qui est de plus en plus honorée ; dialoguer avec eux sur le thème de la responsabilité, qui ne peut être l'apanage des seuls États.

En juin 2000, Bronislav Geremek, alors ministre des Affaires étrangères polonais, invite à Varsovie, sur l'initiative de Madeleine Albright, secrétaire d'État des États-Unis, une centaine de pays pour débattre de la démocratie, la célébrer et jeter les bases d'une « communauté des démocraties » destinée à la promouvoir. Favorable à cet échange, mais réticent à l'idée d'une nouvelle organisation, Hubert Védrine accepte néanmoins de venir le 26 juin à Varsovie donner son avis non pas sur « la » démocratie, mais sur le processus de démocratisation. Il insiste sur la différence entre conversion, illusoire, à la démocratie (« la démocratie n'est pas du café instantané ») et processus, plus réaliste et plus solide, de démocratisation ; il souligne que de nombreux facteurs internes à chaque société entrent en jeu dans ce processus et qu'on ne doit pas avoir une grille de lecture unique. Il propose des conditions pour progresser.

Ce discours est apprécié des participants. Mais, comme la France s'abstient sur le texte final pour ne pas être soumise à la coordination mise en place par le Département d'État – qui n'aura d'ailleurs pas de suite –, le New York Times *titre avec humour : « Au pique-nique de la démocratie, les Français apportent les fourmis » !*

Sur la démocratie

L'idée de démocratie vient de loin. Certaines cités antiques, notamment Athènes par les réformes de Clisthène, avaient déjà donné le pouvoir au peuple. En dépit de ces antécédents, la démocratie a fait pendant des siècles figure d'exception fugace et menacée, ou d'utopie dangereuse.

Cela a commencé à changer avec la naissance du droit politique républicain moderne annoncé en Europe au XVIe siècle avec les six livres de *La République* de Jean Bodin en 1576, mais aussi avec l'ouvrage d'Andrzej Friycz Modrzewski *(Annedjei Fritch Modjèvski) De la République réformée*, publié à Cracovie en 1551. Après quoi, il a fallu encore des siècles avant que ne se développent vraiment dans quelques pays d'Europe le droit de l'État, les droits de l'homme, les droits du citoyen, les droits du peuple, la démocratie libérale et enfin, en un mot, la démocratie. Et même après les grandes déclarations des droits de l'homme et du citoyen ou les textes fondateurs britanniques, américains et français de la fin du XVIIIe siècle, par combien de révolutions violentes et de répressions féroces, par combien d'étapes a-t-il encore fallu passer, au XIXe et au XXe siècle, avant d'arriver là où nous en sommes dans la démocratisation ? La marche vers la démocratie s'est effectuée par paliers, parfois au prix de terribles crises et de régressions. Et l'analyse historique de l'Europe, comme des autres régions du monde où ce passage s'est produit, démontre l'importance déterminante, préalable ou simultanée, dans ce cheminement, des facteurs économiques, sociaux, culturels, comme autant de conditions favorables à l'éclosion et au développement de la démocratie.

Chacun de nos pays ici représentés est parvenu à la démocratie par son propre chemin. Pour autant, je ne suis pas convaincu que cette réalité reste aujourd'hui présente à tous les esprits, à l'heure où un certain triomphalisme marque à ce sujet les pays occidentaux et où une résurgence de l'idéologie de la table rase risque de rassembler anciennes et nouvelles démocraties dans un oubli commun du chemin parcouru et des obstacles surmontés pour en arriver là. La joie partagée, la fierté d'être ou d'être devenus des démocraties, l'ampleur sans précédent des avancées récentes, l'optimisme justifié qu'elles nourrissent ne doivent pas rendre amnésique.

Cet état d'esprit fait d'espérance et d'impatience démocratique n'a cessé de croître depuis un siècle, associé à l'aspiration à la paix, sans se limiter à celle-ci. Il a été porté par la modernisation technique et l'évolution sociale. Il s'est construit en réaction à la Première Guerre mondiale, puis à l'échec de la Société des Nations, puis aux horreurs de la guerre de 1939-1945, puis au communisme. Du coup, quand l'Union soviétique a disparu, à la fin de l'année 1991, il a semblé ne plus y avoir aucun obstacle à l'expansion universelle et immédiate de la démocratie telle qu'elle fonctionne en Occident, encore qu'il subsiste de nombreuses nuances d'un pays démocratique à l'autre. C'est à partir de là, au cours des dix dernières années, que s'est exacerbée une conception de « la » démocratie instantanée qui fait trop souvent l'impasse sur les situations réelles et sur l'état d'avancement des sociétés. Un certain nombre de déclarations, proclamations, communiqués sont parfois rédigés comme s'il s'agissait dorénavant de convertir d'un coup à la « religion démocratique » des suppôts de la tyrannie, et non d'encourager et de consolider des processus d'évolution des sociétés.

C'est en ayant ces remarques préalables à l'esprit que nous devrions nous poser trois questions :

1) Comment perfectionner les démocraties existantes, même les plus avancées, et les protéger contre leurs dérives ? Je pense aux risques très réels de la dilution de la citoyenneté dans le marché et la communication, à l'abstention croissante qui en résulte dans les pays riches, au rôle de l'argent et des lobbies dans les campagnes électorales, à la perte de sens de la politique dans les démocraties installées. Je le dis aux nombreux représentants des nouvelles démocraties qui sont ici : nous ne pouvons nous résigner à ce que ce soit cela, l'aboutissement de tant de luttes héroïques !

2) Comment consolider la démocratie là où elle émerge et où elle est encore fragile ? Qu'est-ce qui peut être fait de l'intérieur ? Et comment aider de l'extérieur ?

3) Comment faire débuter ce processus là où il n'a pas commencé ? Que faire de l'extérieur là où cette éclosion est délibérément empêchée par les autorités politiques ? Que faire *a fortiori* là où non seulement il n'y a pas de démocratie, mais où les droits de l'homme les plus fondamentaux et les plus vitaux ne sont pas même respectés ? C'est au Conseil de sécurité de répondre, parfois dans l'urgence, et sans faux-semblant ni prétexte dilatoire ou formaliste, à cette grave question.

Je ne développerai pas ici la réponse à la première question sur les maux des démocraties modernes, dont a longuement et justement parlé Bronislav Geremek… En revanche, je ferai sur les deux autres questions deux réflexions tirées de l'Histoire, y compris la plus récente :

Première réflexion : la démocratie a toujours été le fruit d'un *processus* au démarrage difficile et au développement plus ou moins long, mettant en jeu tous les facteurs de changement, à commencer par les facteurs économiques et sociaux, mais n'a jamais découlé exclusivement de la proclamation de « valeurs » politiques et idéologiques, ou de l'établissement de normes juridiques. Ainsi, dans la longue évolution qui a conduit à émanciper l'individu-citoyen de la communauté initiale – notamment rurale, sociologique, régionale, ethnique ou religieuse –, la révolution industrielle a joué en Europe un rôle d'accoucheuse en développant le salariat. Pour être prêt à ce processus, il est clair qu'il faut être sorti de l'économie de survie et des pénuries (à partir de combien de dollars par tête ?) et que la diffusion des savoirs doit avoir atteint un certain seuil. À cet égard, ce n'est sans doute pas un hasard si la déclaration française des droits de l'homme et du citoyen a été proclamée en 1789 alors que la France avait atteint le taux de 50 % d'alphabétisation. Il faut aussi un État régulateur et redistributeur, doté d'une administration et de services publics capables de survivre à un pouvoir personnel. Enfin, la paix intérieure et extérieure est indispensable. Cette transformation a été plus ou moins longue, plus ou moins contrariée, plus ou moins violente selon les cas et les pays. Avec le recul, il apparaît que la rapidité et la violence des changements ne sont pas des facteurs de solidité. Mieux vaudrait, dans l'idéal, des processus continus pour éviter des retours en arrière violents.

Deuxième réflexion : les facteurs de maturation *internes* ont toujours été déterminants, sinon exclusifs, comme le montre l'exemple des pays occidentaux qui ont été les premiers à s'engager dans cette voie. Dans quelques rares cas, la démocratie a été imposée à l'étranger par des vainqueurs, après une guerre perdue par des régimes totalitaires – et encore, dans plusieurs de ces cas, la démocratie avait commencé d'exister auparavant et laissé dans les mentalités des traces et des points d'appui. On pourrait même citer des interventions militaires extérieures qui ont le résultat inverse : celui de consolider les dictatures ou les autocraties. Mêmes remarques sur les sanctions, solution de facilité, en général contre-productives, à quelques exceptions près (je pense à l'Afrique du Sud), parce qu'elles verrouillent les pays sur eux-mêmes.

Par exemple, on l'a oublié, l'Espagne d'après-guerre ne s'est pas démocratisée sous l'effet des sanctions prises en 1945 par les Alliés, ni des condamnations votées par l'Assemblée générale des Nations unies, mais sous celui de la modernisation, de la maturation interne et du tourisme, puis du désir d'intégration européenne. Je citerai le commerce comme étant, dans tous les cas, facteur d'évolution : d'où l'importance de ce qui se passe au sein et autour de l'OMC.

Pour que les facteurs externes (je dis bien « facteurs », et non pas forcément « interventions ») continuent à déclencher ou à renforcer un processus, il faut donc une certaine disponibilité et une maturation des forces intellectuelles et sociales internes, une certaine ouverture du jeu politique intérieur, et un respect de la dignité et des intérêts nationaux pour réussir les transitions et ne pas provoquer une réaction de verrouillage.

Cela étant posé, quelles conclusions opérationnelles en tirer ?

– D'abord redonner, dans tout débat sur la démocratisation, une importance primordiale au développement économique et social, et à la formation, et en donner une traduction dans les programmes de l'ONU, de l'UE, du G8, de la Banque mondiale, du FMI, etc. Comment se borner à préconiser partout une démocratie purement politique et juridique quand, dans le monde, s'aggravent de fantastiques inégalités qui sont autant de bombes à retardement par les réactions démographiques ou autres qu'elles peuvent entraîner ?

– Éviter ensuite, de la part des Occidentaux, toute attitude qui pourrait donner l'impression qu'ils utilisent l'aspiration universelle à la démocratie et au respect des droits de l'homme – celle que traduit en des termes impérissables la grande déclaration du 10 décembre 1948, mère de toutes les autres – à des fins d'influence ou de domination politique, économique ou culturelle, comme est parfois instrumentalisé aux mêmes fins le fécond principe de la liberté du commerce.

– Dans un souci d'efficacité, ne pas poser sur toutes les situations et tous les stades une grille de lecture unique.

– Ne pas se contenter du plus facile, c'est-à-dire des proclamations générales, condamnations, dénonciations, prescriptions, etc. Certes, cela réchauffe le cœur de ceux qui y souscrivent, entretient l'espoir chez beaucoup d'autres et donne à leurs combats un point d'appui et de référence. Mais cela ne doit pas nous dispenser de nous concentrer sur la consolidation concrète de chaque processus démocratique, ce qui est plus ardu mais d'autant plus nécessaire.

– Aider chaque pays à mettre en œuvre le maximum de démocratie dont il est capable à un moment donné pour préparer les étapes suivantes. Prenons l'exemple des élections : pour être pleinement démocratiques, elles nécessitent l'existence de listes électorales honnêtes ; de règles claires de présentation des candidatures ; d'une campagne électorale équitable et pluraliste, et donc de médias indépendants des autorités politiques comme des puissances économiques ; d'un État de droit, c'est-à-dire d'une administration impartiale, d'une armée et d'une police neutres. Et il faut qu'en plus des groupes humains entiers ne votent pas comme un seul homme sous l'effet de l'ignorance, de la peur, des réflexes religieux ou ethniques, quand leurs suffrages ne sont pas purement et simplement achetés. Enfin, des tribunaux en qui on ait confiance sont nécessaires pour juger des inévitables contentieux. Il est vrai qu'à ce compte-là je ne sais pas où on pourrait faire des élections ! Je ne dis donc pas qu'il faut attendre d'avoir réuni toutes ces conditions idéales pour franchir cette étape démocratique décisive. Au contraire : on apprend toujours de l'expérimentation démocratique. Mais il ne suffit pas de plaquer des élections sur n'importe quelle situation pour être quitte avec les progrès de la démocratie. Cette remarque vaut pour tous les aspects et étapes de la démocratisation.

– Dans cette perspective, la *construction d'États modernes*, vraiment efficaces mais en même temps respectueux du droit et démocratiques, est une nécessité et devrait constituer une priorité des programmes d'aide, d'échanges et de coopération. Il y a encore dans le monde trop d'États répressifs ou arbitraires. Mais il y a encore plus d'États incapables. Et beaucoup de drames dans le monde d'aujourd'hui éclatent parce que des États implosent, se désintègrent ou sont incapables d'assumer les fonctions de base de protection, de sécurité, de développement, d'équité et de garantie de la démocratie qu'ils doivent à leurs populations. Sur tous ces plans, la société civile peut jouer un rôle complémentaire très utile, surtout quand ceux qui entendent s'exprimer en son nom se montrent aussi responsables et transparents qu'ils demandent aux gouvernements de l'être.

– Nous devrions avoir toutes ces considérations à l'esprit lorsque nous rédigeons des *clauses de conditionnalité* dans des accords internationaux. Inciter et encourager sans bloquer, exiger des avancées réalisables sans provoquer des explosions, savoir placer le curseur au bon niveau, tel doit être notre souci constant. Les dispositifs introduits par l'Union européenne dans les accords de Lomé à l'instigation de la France en sont un bon exemple.

En décembre 2000, invité par Le Monde diplomatique *à expliquer comment, selon lui, la France, qui a intelligemment tiré parti du monde bipolaire, doit adapter sa politique étrangère au monde global, Hubert Védrine s'interroge sur la validité de plusieurs nouvelles croyances des années 90 : faut-il et peut-on convertir le monde entier à la démocratie occidentale ? Les réactions et interpellations moralistes suffisent-elles à définir une politique étrangère cohérente des États ? Le droit d'ingérence est-il une panacée ?*

*Hubert Védrine conteste les présupposés de l'*Irrealpolitik *qui domine avant les chocs des années 2000-2003 et propose une synthèse des réalités et des convictions nouvelles.*

Refonder la politique étrangère française

Depuis que je suis ministre des Affaires étrangères, j'ai été amené à plusieurs reprises à prendre mes distances avec une nouvelle *doxa* en formation en matière de relations internationales. Je voudrais préciser ici mes réflexions à ce sujet, tout en me démarquant des utilisations et détournements dont je refuse d'être l'objet.

La première de ces croyances modernes que je n'accepte pas en bloc est la suivante : les États sont des monstres froids, opaques et répressifs ; le réalisme, c'est du cynisme, et les relations internationales en sont le domaine de prédilection ; la raison d'État est toujours haïssable ; l'Histoire ne compte plus et nous sommes dans un monde entièrement neuf où il faut privilégier la « société civile », nationale et internationale. Tout ce qui fait reculer les États – marchés, opinion publique, médias, juges, ONG – est bon.

La deuxième postule que les valeurs occidentales sont, en bloc, sans discussion ni nuance possibles, des valeurs universelles et invariables, et que toute interrogation à ce sujet, tout pragmatisme est sacrilège.

La troisième : que tout pays non démocratique peut et doit devenir démocratique du jour au lendemain, la norme étant la démocratie occidentale d'aujourd'hui.

Je simplifie pour faire court, mais à peine.

Ces croyances fusionnent dans l'idée que le seul objet actuel des politiques étrangères réside dans la conversion du monde entier, notamment sous la pression de la société civile internationale, à la démocratie occidentale, les gouvernements occidentaux ayant l'obligation de hâter ce mouvement par toutes les pressions et les sanctions possibles. Nouvelle table rase, nouveau paradigme.

Si simplistes qu'elles puissent paraître, je ne prétends pas que *tout* soit faux dans ces assertions, de même que je ne conteste pas qu'elles découlent en général de bons sentiments ou d'aspirations au progrès. Mais voilà en quoi je les discute : la diminution du rôle des États n'est pas automatiquement et en soi un progrès, cela dépend du degré d'évolution des sociétés ; l'affaiblissement des États peut faire le jeu du crime organisé ou laisser libre cours aux forces économiques globales, ce qui n'est pas nécessairement bénéfique ; la société civile n'est pas une panacée, elle n'est pas non plus une abstraction ; au sein même de cette société civile internationale, il existe des rapports de forces comme il en existe dans les relations entre États : ainsi, on y retrouve la prédominance écrasante des organisations non gouvernementales (ONG) occidentales, et d'abord des américaines. Même chose dans le monde des médias. Dans le monde global, la compétition et les rapports de forces n'ont pas disparu du seul fait de l'extension universelle de l'aspiration à la démocratie, ils se sont exacerbés puisque tout y est marché dans sa version libérale anglo-saxonne. Il y a, de plus, une grande variété de formes démocratiques, même en Occident. Et surtout, historiquement, la démocratisation a toujours été le fruit d'un processus de progrès global – économique, social, politique, culturel –, pas d'une conversion instantanée comme à l'époque où tout pays changeait de religion avec son Prince. Ce n'est pas du café instantané !

Mais ce débat est difficile à mener car, dans la France d'aujourd'hui, il y a très peu d'analyses et de réflexions sur l'état du monde, la politique étrangère et les relations internationales, ce qui, en pleine mondialisation, est un paradoxe. Les intellectuels en particulier, qui pourraient jouer un rôle utile, sont très absents de ce débat, sauf par réactions ponctuelles. Car ils appartiennent à un monde tourné sur lui-même. La plupart d'entre eux, ayant été, à un moment ou à un autre, adeptes de divers totalitarismes marxistes, s'escriment à le faire oublier en défendant aujourd'hui de façon aussi manichéenne la société de marché, y compris du marché des idées. C'est ainsi que presque aucun d'entre eux n'ose penser sur les États-Unis. Il faut y ajouter quelques marxistes sociologiques obstinés mais désormais très « décalés ». Par ailleurs, il y a ceux qui ressassent les années 30 et 40, tout en laissant paradoxalement dépérir la connaissance historique de la séquence qui va de l'avant-guerre de 1914-1918 à 1945. En fait, les intellectuels réécrivent sans cesse leur propre histoire, ou règlent leurs comptes avec elle, ou sont devenus trop souvent les intellectuels organiques de l'économie de marché ultralibérale.

Certes, les réactions et interpellations moralistes, émotionnelles ou scandalisées ne manquent pas. Mais cela ne suffit pas à former un ensemble cohérent, ni une réflexion au sens aronien du terme, encore moins une politique. J'essaie, à mon niveau, de nourrir cette réflexion, d'abord par esprit démocratique, mais aussi parce que je ne crois pas que la simple affirmation répétée et catégorique de cette nouvelle doctrine permette de bien défendre nos intérêts fondamentaux, français et européens, dans ce monde global, instable et très concurrentiel, ce qui reste la mission première de notre politique étrangère. Et je ne crois même pas qu'elle garantisse comme par miracle l'apparition d'un nouvel ordre mondial démocratique pur et parfait, ni le respect partout de celles de nos valeurs qui sont vraiment universelles.

Je procède donc par questions et interrogations à voix haute, comme dans mes discours à l'IFRI[1], à l'IRIS[2], à Varsovie[3] et dans

---

1. Discours prononcé le 3 novembre 1999 à l'ouverture de la conférence de l'Institut français de relations internationales et stratégiques « L'entrée dans le XXIᵉ siècle ».

2. Intervention prononcée le 16 mai 2000 à l'ouverture du colloque de l'Institut de relations internationales et stratégiques sur « Morale et relations internationales », voir *supra*, p. 175.

3. Conférence de Varsovie sur la démocratie du 26 juin 2000, voir *supra*, p. 185.

mon dernier livre[1]. Évidemment, je prends le risque d'être mal compris, ou utilisé à d'autres fins. Prenons l'exemple de l'ingérence. Je n'adopte pas sans réserve l'idéologie française du « droit d'ingérence ». D'abord, parce qu'elle ressemble vraiment trop au « devoir de civilisation » des colonisateurs français du XIXe siècle et au « fardeau de l'homme blanc » de Rudyard Kipling, et que la décolonisation a beaucoup compté dans ma formation politique. D'autre part, parce que je considère que l'émotion paroxystique des téléspectateurs occidentaux bombardés d'images choquantes, imbus de leur puissance et sûrs de leur bon droit, intimant à leurs gouvernements l'ordre de faire cesser leur souffrance de téléspectateurs en intervenant partout comme des pompiers du monde, ne constitue pas un critère suffisant pour légitimer en droit international une ingérence ni fonder un système plus satisfaisant. Et aussi parce que je ne vois que trop bien comment l'OTAN, voire même l'Europe de la défense en formation pourraient être tentées d'utiliser ce concept.

Selon moi, la façon dont nous avons finalement accepté d'intervenir par la force au Kosovo doit rester un cas isolé, et non constituer un précédent. Il est vrai que nous avons agi sans résolution décidant formellement le recours à la force. Cependant, trois résolutions du Conseil de sécurité avaient condamné Belgrade ; des efforts politiques exceptionnels de négociation avaient été accomplis pendant des mois et s'étaient heurtés au blocage par Milosevic ; tous les Européens et leurs voisins sans exception étaient d'accord sur le caractère intolérable de la situation, la nécessité d'intervenir, l'urgence manifeste. C'est pourquoi je ne cesse de dire que la seule façon de progresser dans ce débat est de répondre à la question : *qui s'ingère, chez qui, comment, dans quel but ?* Mais je suis vigilant sur l'usage que l'on peut faire de ces réflexions. Je n'ai aucunement l'intention de justifier par ces mises en garde nécessaires le détournement, par quelques régimes archaïques ou despotiques, du concept de souveraineté pour s'opposer à des interventions humanitaires urgentes.

Au contraire, je rappelle que le chapitre VII de la Charte des Nations unies prévoit légalement l'ingérence. J'ai même proposé

---

1. Hubert Védrine dialogue avec Dominique Moïsi, *Les Cartes de la France à l'heure de la mondialisation*, Fayard, 2000.

que les membres permanents s'autodisciplinent quant à l'utilisation de leur droit de veto et s'engagent à ne pas y recourir pour empêcher des interventions indispensables au regard d'un certain nombre de critères dont ils pourraient convenir. La conception classique de la souveraineté nationale absolue est devenue intenable et doit faire place progressivement à une souveraineté raisonnable exercée en commun.

Il y a des progrès à cet égard. Je rappelle que la présence internationale actuelle au Kosovo et à Timor ne relève pas du droit d'« ingérence » au sens politico-médiatique du terme, mais procède des résolutions 1244 et 1264 du Conseil de sécurité.

Donc, je dis oui à une évolution contrôlée et progressive de l'exercice de la souveraineté. Non à un abandon en rase campagne de la souveraineté nationale, car je ne sais que trop quelles forces combleraient immédiatement le vide. Certainement pas, en tout cas, la démocratie parfaite prétendument incarnée dans la société civile internationale ! Mais plus vraisemblablement les méga-entreprises globales (10 entreprises géantes ont un chiffre d'affaires supérieur à l'addition du PNB de 164 membres des Nations unies) ou même le crime organisé (dont le chiffre d'affaires mondial équivaut au PNB de l'Italie). Les Européens d'aujourd'hui, tout à leur volonté de rejeter dans le passé tout nationalisme, sont un peu trop candides à ce sujet.

Autre exemple : la démocratisation. Dès que l'on plaide à ce sujet pour le réalisme et la patience, on est soupçonné de relativisme culturel. Pourtant, rappeler qu'aucune démocratie ne s'est faite en un jour – quelques siècles pour la démocratie occidentale –, ce n'est pas prétendre que les Chinois, les Arabes ou les Africains ne sont pas « faits » pour la démocratie, ce qui serait une sottise ! C'est refuser, je le répète, de raisonner en termes de conversion et penser, ce qui devrait aller de soi, en termes de processus. Je ne le dis pas pour justifier je ne sais quelles manœuvres d'arrière-garde de régimes autoritaires qui tentent de ralentir les mouvements de démocratisation voulus par la société, mais pour corriger l'*hubris* d'un Occident oublieux de sa propre histoire et qui exige tout, tout de suite, là où il faut savoir accompagner les processus si on veut les accélérer sans les faire capoter. C'est cela que je suis allé dire à la conférence sur la démocratie, tenue par suite de l'insistance des États-Unis à Varsovie en juin 2000. Et, si je n'ai pas signé la déclaration finale, ce n'est pas pour afficher une forme quelconque d'anti-américanisme ou par vaine provocation (j'avais prévenu à l'avance les organisateurs), mais parce que je ne pouvais pas accepter que, sous prétexte d'aspiration générale et bienvenue à la démocratisation, se mette en place une sainte alliance des nations démocratiques choisies par le seul Département d'État sur la base de critères contestables, comme l'ont souligné plusieurs ONG, et recevant de ce dernier des consignes de vote au sein de l'ONU ! J'ai ajouté que les démocraties occidentales devaient aussi balayer devant leur porte (poids de l'argent, abstentionnisme). D'ailleurs, cette initiative de Varsovie ne prend pas…

À une autre occasion, j'ai également contesté l'idée commune selon laquelle morale et relations internationales s'opposent. On connaît ce florilège que répètent sans se lasser quelques éditorialistes chaque fois que le travail diplomatique normal amène à traiter avec un pays qui n'est pas encore à nos yeux une démocratie parfaite. Or, personne ne connaît la formule magique qui transformerait en un instant la Chine ou la Russie en d'immenses et paisibles Danemark ; et nous n'avons pas de raison de nous lier les mains et d'abandonner aux autres puissances le soin de négocier et de définir le monde de demain. Plus encore, je souligne que les dirigeants d'aujourd'hui n'ont presque jamais à choisir entre une solution morale et une autre qui serait immorale, mais entre plusieurs options qui combinent toutes, à des degrés divers, avantages et inconvénients. Par exemple, la morale aurait-elle voulu que Truman renonce à utiliser la bombe A, ou justifie-t-elle qu'il l'ait utilisée pour hâter la fin de la guerre ? J'ai cité dans un colloque une dizaine de dilemmes de ce type. Plus banalement : pour certains, il serait immoral de commercer avec certains pays. Mais en quoi les politiques de sanctions seraient-elles plus morales ? Je pousse donc à réfléchir sans tabou sur la légitimité et l'efficacité réelles des politiques de sanction et de conditionnalité. Curieusement, tout cela suscite beaucoup plus de discussions à l'étranger qu'en France. Plus généralement, la morale devrait se juger aux résultats au moins autant qu'aux intentions.

Au total, je crois indispensable, depuis plusieurs années, une refondation de la politique étrangère de la France, et cela d'autant plus que notre pays avait intelligemment tiré parti, de 1945 à 1990 (surtout après 1958, en fait), de la situation bipolaire du monde. Cette refondation est en cours et touche progressivement, depuis 1990, tous les volets de notre politique étrangère, tant sur le fond – concepts et stratégies – que sur la forme – méthodes et images. J'ai eu la chance de pouvoir y contribuer depuis des années, sauf entre 1995 et 1997. Je ne crois pas du tout que cela nous condamne à jeter aux orties tous les enseignements de l'Histoire, de la géographie et de la politique, ni à embrasser dans la foulée cette *Irrealpolitik* occidentale, narcissique, verbeuse et moralisatrice, à laquelle le « diplomatiquement correct » prétend nous réduire. Je travaille à une politique étrangère nouvelle et ambitieuse, mais pleinement réaliste et qui, à ce titre, prend en compte toutes les réalités d'aujourd'hui, les faits comme les convictions : l'économie globale de marché et d'information, les nouveaux acteurs internationaux, le poids des médias, des ONG et des opinions, le refus radical des totalitarismes, l'horreur des guerres et des conflits, l'exigence de démocratie, toutes les valeurs modernes, mais qui ne confond pas posture et action, moralisme affiché et justesse des résultats obtenus, proclamation et solution des problèmes, universalisme et occidentalisation forcée, concertation permanente et régulation effective, et qui crée pour la France et pour l'Europe de nouveaux repères solides et durables.

Le Monde diplomatique, décembre 2000

Le 6 février 2001, soit un mois et demi après le très difficile Conseil
européen de Nice qui a laborieusement fixé les droits de vote, le nombre
de commissaires et le nombre de parlementaires dans l'Union élargie à
vingt-sept, Hubert Védrine proteste, dans un entretien au Figaro *(dans*
une série intitulée « Quelles ambitions pour la France ? ») : « La France
n'est pas une puissance moyenne ! »

Nous ne sommes pas une puissance moyenne !

LE FIGARO : Vous faites-vous une certaine idée de la France ?

HUBERT VÉDRINE : Je ne m'en fais pas une idée abstraite, je
l'aime. J'aime son histoire, sa langue, sa géographie, ses campagnes,
ses paysages, Paris, celles et ceux qui l'ont faite et qui y vivent.
J'appartiens par toutes mes fibres à cette aventure. Je suis attaché à
sa singularité, et je la veux en même temps ouverte au monde par ce
qu'elle lui apporte comme par ce qu'elle en reçoit.

Ressentez-vous une perte d'influence française et, si oui, depuis quand ?

Je sais que beaucoup s'en préoccupent. J'ai longtemps recherché
les raisons profondes de cette inquiétude française, voire de cette
susceptibilité, de cette autodérision, de cette vexation permanente à
propos de la place de la France dans le monde, et de son corollaire :
des réflexes cocardiers ou vaniteux, une prétention hors de propos.
Aucune de ces attitudes n'est justifiée, ni dans un sens ni dans l'autre,
par les réalités d'aujourd'hui. Mais cela révèle une blessure enfouie. Il
y a, sous la nostalgie de Louis XIV et de Napoléon, les traces
profondes, enfouies, de 1815, de Sedan, de l'hémorragie de 14-18, de
l'an 40, de Diên Biên Phu. Mais, depuis le temps que les Français
d'aujourd'hui, selon les sondages, croient que le poids de la France

diminue, il ne devrait plus rien en rester ! Non, soyons plus réalistes, c'est-à-dire positifs.

Il n'y a donc pas déclin de la France...

Eh bien, non ! J'ai même toujours contesté la formule selon laquelle la France ne serait plus qu'une puissance « moyenne ». Il y a quelque cent quatre-vingt-dix pays dans le monde ; la France, ce n'est pas le quatre-vingt-douzième ou le quatre-vingt-treizième ! Même en ne considérant que les quelque quarante pays qui méritent le titre de « puissances », la France n'est pas dans la moyenne, mais dans les trois, quatre ou cinq premiers, selon les domaines, après l'hyperpuissance américaine. C'est très important ! Il faut nous mettre d'accord sur une juste appréciation de notre position et avoir confiance en nous.

La France ne devrait-elle pas recentrer ses efforts au lieu de vouloir être partout présente ?

Le problème ne se pose pas tout à fait en ces termes. Nous ne voulons pas être partout présents. Nous le sommes en raison de l'Histoire, des affinités, du désir de tous les pays du monde de garder ou d'intensifier les relations avec nous. Croyez-moi, nous ne nous imposons pas. Par ailleurs, ce n'est pas parce que nous renoncerions à nous prononcer et à agir sur les divers sujets de l'actualité mondiale que nous aurions plus d'énergie à consacrer à la recherche de la paix au Proche-Orient ou à l'avenir de l'Europe.

Mais peut-être pensez-vous à notre réseau de coopération culturelle, scientifique et technique, en effet déployé dans le monde entier ? Il peut paraître trop étendu par rapport à d'autres pays qui n'ont pas de passé, ou qui ont coupé avec ce passé. Mais notre présence s'explique parce que beaucoup de pays ont aimé et aiment la France, son héritage, ses idées, sa culture. Il a suffi qu'avec Claude Allègre, il y a trois ans, nous relancions l'ouverture à la formation de haut niveau en France, pour les étudiants du monde entier, pour qu'il y ait tout de suite une demande énorme. Tout cela, je vous le rappelle, à l'intérieur d'un budget qui ne dépasse pas 1,29 % de celui de l'État ! Voilà qui nous protège contre toute dispersion !

La France n'a plus d'empire, sa langue est de moins en moins parlée dans le monde. Quels sont ses atouts aujourd'hui ?

La France dispose de toute une série d'atouts. Classiques, d'abord : il y a notre siège au Conseil de sécurité de l'ONU, notre force de dissuasion, les alliances, notre appartenance au G7, notre influence diplomatique, notre force économique et nos très grandes entreprises. Si on revient aux classifications, nous sommes, juste après les États-Unis, une des cinq ou six puissances d'influence mondiale, sur cent quatre-vingt-neuf pays ! C'est quand même une situation remarquable. Et nous avons aussi notre *soft power* : notre langue, nos intellectuels, notre culture, nos écrivains, nos ONG, nos artistes, notre musique, notre cuisine, la beauté de notre pays, notre image… Ne négligeons pas tout cela.

Quant à l'usage du français, la situation est contrastée : avec des reculs indéniables, mais aussi une vraie résistance (face à l'uniformisation), et des avancées inattendues. Nous disposons donc de beaucoup d'atouts, mais il faut savoir les jouer en souplesse, selon l'esprit du temps, dans les relations internationales classiques, entre États et au niveau européen, tout comme avec les nouveaux acteurs.

L'immigration est-elle une chance ? Comment la gérer ?

D'abord, il y a le droit d'asile. Il faut le préserver comme un principe absolu, mais aussi empêcher qu'il ne soit détourné de son objet, ce qui l'affaiblirait. Quant aux mouvements de population pour raisons économiques, ils vont à l'évidence se développer, et cela sera souvent utile et correspondra à de vrais besoins. Comment les gérer ? Comment tenir compte aussi des besoins de développement des pays d'origine ? De préférence dans un cadre européen. Nous travaillons à harmoniser les politiques des Quinze. Cela devrait être fait dans la clarté. Il serait utile et honnête de dire quelles sont nos capacités d'accueil, de quelles compétences nous aurions besoin pour telle ou telle période, en sorte de le faire légalement et dans la dignité.

La montée des communautarismes vous inquiète-t-elle ?

Elle m'inquiéterait si la machine à intégrer peinait trop à remplir sa fonction, si les immigrants ne croyaient plus qu'ils puissent arriver à devenir citoyens de la République. Alors ils s'identifieraient à tel ou tel groupe. Ce serait une évolution socialement, culturellement et politiquement dangereuse, qu'il faut combattre, mais avec humanité. Je pense que notre capacité à intégrer reste plus forte qu'on ne le croit, mais cela prend plus de temps qu'auparavant.

Et puis il y a la mondialisation... La France n'y perd-elle pas son âme ?

La mondialisation pose ce dilemme à tous les peuples. Cela dit, même si la globalisation s'étend sur la base de critères essentiellement américains, nous démontrons chaque jour notre capacité à nous adapter en restant nous-mêmes. Par exemple en préservant – ou en réinventant – la qualité de la vie en France, plébiscitée chaque année par soixante millions de touristes ou de visiteurs ; en enrichissant un équilibre social original ; en faisant vivre notre culture ; en adaptant notre politique étrangère ; en continuant à faire des propositions originales pour une meilleure organisation du monde. Bref, nous nous adaptons plus vite à la mondialisation que nous n'arrivons à nous en convaincre nous-mêmes !

Si l'Europe est présentée comme un démultiplicateur de puissance pour la France, n'est-ce pas parce que son influence diminue au-dedans comme au-dehors ?

L'Europe peut être un élément multiplicateur. Mais cela ne signifie pas que la France n'a plus de rôle à jouer par elle-même. C'est un *plus*, une ambition, pas une bouée de sauvetage !

L'Europe n'est donc pas un substitut...

Non, c'est un complément, une œuvre collective qui conservera d'autant plus de sens et suscitera d'autant plus d'adhésion que les Français, les Allemands, les Italiens, les Britanniques et tous les autres pourront continuer à contribuer à l'œuvre commune sans renoncer à leur identité. Je n'ai jamais pensé que l'abolition des identités, leur arasement et leur confusion seraient un progrès. Je ne crois pas que l'Europe y gagnerait. Je pense qu'elle en sortirait collectivement appauvrie plutôt que renforcée. Cela paraît paradoxal, mais cela ne l'est pas. N'opposons donc pas les États-nations et une Europe forte. Leur combinaison doit même être au cœur de toute solution.

Pourquoi tant de pusillanimité durant la présidence française de l'Union ? On attendait de la France des idées, de l'audace, et on a eu droit à une gestion notariale...

Vous êtes bien sévère. D'abord, la présidence française a réglé bien plus de problèmes concrets (fiscalité, sociale, transports, etc.)

que les précédentes. Nous avons proclamé la Charte des droits fondamentaux, installé les mécanismes de la défense européenne. Ensuite, les Quinze ont réussi à Nice là où ils avaient échoué à Amsterdam : réformer les institutions sur quatre points très difficiles. Quand on discute du pouvoir, que ce soit entre des États ou entre des grandes entreprises, il faut bien délimiter, à un moment donné, les parts de chacun et les places au conseil d'administration. Ce n'est ni méprisable, ni contradictoire avec les grands projets et les grandes ambitions. Faut-il aussi rappeler d'où nous revenions ? Après l'échec d'Amsterdam, en 1997, il ne s'était trouvé que trois pays pour considérer qu'il fallait lancer une nouvelle CIG pour réformer les institutions avant le grand élargissement : la France, la Belgique, l'Italie. Il a fallu remonter cette pente et convaincre les autres. Chacun savait à l'avance que l'exercice serait horriblement difficile. La présidence tournante étant une présidence démocratique, elle ne peut pas imposer des solutions idéales, elle doit rechercher le meilleur consensus possible. On aurait même pu échouer à nouveau. Je peux comprendre les déceptions de ceux qui espéraient mieux, mais ils courent le risque de négliger les avancées de Nice. En particulier, c'est parce que nous avons trouvé un accord à Nice que nous pouvons entrer maintenant dans la préparation du débat démocratique sur l'avenir de l'Europe.

L'Europe est-elle encore un projet mobilisateur ? Voyez-vous d'autres projets susceptibles d'entraîner les Français ?

Oui, unifier l'Europe, c'est un vrai grand projet, même s'il modifie en profondeur la problématique de l'intégration politique. L'Europe qui va passer de quinze à vingt-sept, ce n'est plus la même Europe que celle qui s'est construite de Monnet à Delors. Mais au nom de quoi aurait-on pu refuser à des pays démocratiques d'Europe le droit d'être candidats ? Bref, notre grande ambition européenne doit être reprise d'une autre manière. Réussir cet élargissement, réussir cette unification : voilà un grand projet. Et aussi exercer dans cette grande Europe la plus forte influence possible.

À l'échelle du monde, un autre objectif doit nous mobiliser, c'est la diversité et le refus du nivellement mondial. Aucun Français ne devrait accepter que la culture, l'identité et la langue françaises – qui forment notre logiciel profond, notre « disque dur » – disparaissent dans un magma général. Bien sûr, cette grande affaire ne concerne pas que la France, mais bien d'autres langues, cultures et pays dans le monde. Faire en sorte que la mondialisation fasse dialoguer et communiquer les cultures et les identités sans les détruire ou les niveler me paraît constituer un projet formidable.

On n'a jamais vu autant de jeunes Français attirés par le « grand large »… Pourquoi ?

Tout joue, je crois ; la mondialisation, l'économie de marché, Internet créent le sentiment que le monde est proche et sans frontières, et que chacun peut y tenter sa chance. Mais il y a aussi les images qui choquent, la révolte devant la pauvreté ou le malheur, l'altruisme, la solidarité, le désir de s'engager, le prestige des ONG. Tout cela est bon signe, car nous devons être présents de toutes les façons dans la mondialisation.

Vous avez écrit qu'il existe en France trop peu d'analyse et de réflexion sur l'état du monde… N'êtes-vous pas injuste ?

C'était un raccourci trop simplificateur. Je voulais dire qu'il y a beaucoup d'injonctions pour prendre des positions morales sur des problèmes compliqués, et peut-être pas assez de travaux ou de conseils sur « Que faire ? » et « Comment faire ? ». Mais je reconnais que ces prises de position spectaculaires masquent des travaux d'experts et de spécialistes qui sont nombreux sur tous les problèmes du monde, mais que je voudrais encore plus nombreux, car ils nourrissent notre réflexion.

Ce que l'on appelle l'universalisme français a-t-il encore un sens à l'heure de la mondialisation ?

Il n'est pas reçu s'il consiste simplement, de notre part, à affirmer et à répéter que nous sommes un pays à vocation universelle, que nous sommes la patrie des droits de l'homme – titre auquel les États-Unis et l'Angleterre peuvent tout autant prétendre –, que nous avons une vocation « spéciale » par rapport au reste du monde, etc. En revanche, si nous gardons ou retrouvons cette capacité qu'ont eue certains de nos prédécesseurs à imaginer le futur et à tracer des lignes de force, si, par exemple, nous sommes capables aujourd'hui d'éviter la mondialisation sauvage, de l'organiser autrement, notre message intéressera aussitôt le monde entier. Cela ne tient qu'à nous... Regardez l'intérêt suscité par le concept de « diversité culturelle » !

La régulation d'un monde globalisé, est-ce un projet qui fait rêver ?

Régulation, non, c'est trop technique ! Certes, des règles plus claires sont indispensables, et elles font aujourd'hui par trop défaut. Mais si nous disions plutôt : imposons la démocratie dans la globalisation ; si nous demandions : qui parle, au nom de qui et de quoi, qui fixe les règles ? N'est-ce pas le véritable enjeu ? Pour moi, c'est le plus grand défi des prochaines années, car il englobe tous les autres. Bien sûr, cela présuppose des pouvoirs publics capables d'exercer leurs fonctions, et qui soient à la hauteur de leur légitimité démocratique – ce qui est loin d'être partout le cas. De plus, le pouvoir des États est contesté de toutes parts. Ah, certes, les gouvernements se parlent, se concertent, coopèrent, mais l'érosion continue de la souveraineté nationale risque de laisser libre cours non pas, comme nous le souhaiterions, à des régulations parfaites, à une souveraineté démocratiquement exercée en commun, mais au règne de méga-entreprises globales et à une « société civile internationale » où se côtoient l'admirable et l'incertain. C'est pourquoi, sans exclure aucun partenaire, aucun acteur, j'invite, pour mieux maîtriser la mondialisation, à repartir du principe qui devrait commander tous les autres : la démocratie.

Propos recueillis par Baudouin Ballaert, Le Figaro, *6 février 2001*

Dans Le Monde *du 22 février 2001, Hubert Védrine revient sur la question controversée de la démocratie dans les relations internationales et la politique étrangère. Il y redit qu'il ne peut pas y avoir, selon lui, métamorphose démocratique instantanée, mais* processus *de démocratisation. Celui-ci est différent selon qu'il s'agit d'une démocratie émergente qui peut s'appuyer sur son potentiel de démocratisation encore inexploité ou du rétablissement d'une démocratie historiquement préexistante mais confisquée, comme en Europe de l'Est. Il passe en revue la panoplie des moyens disponibles pour favoriser utilement, de l'extérieur, la démocratisation. Il recommande de ne pas concevoir le soutien aux sociétés civiles comme une machine de guerre contre les États. Il faut, selon lui, exercer une pression sur ces derniers pour les obliger à se moderniser, à devenir plus démocratiques. Mais puisqu'ils sont en même temps indispensables, et souvent défaillants, il faut également les renforcer.*

La diplomatie au service de la démocratie

Une des tâches majeures de notre politique étrangère – et l'opinion a raison d'y insister – est de contribuer au renforcement de la démocratie dans le monde. Là où elle existe, la démocratie s'est construite par étapes successives, souvent difficiles ; elle a été marquée par des avancées et des reculs ; elle a marché de pair avec des transformations générales – économiques, sociales et culturelles ; elle a résulté d'un progrès général, d'un *processus*, la démocratisation, qu'elle a à son tour stimulé, et presque jamais d'une *conversion* imposée de l'extérieur ou d'une *métamorphose* instantanée. Et même dans nos pays, la démocratie peut être perfectionnée, tant le processus démocratique est par nature inachevé.

Comment alors contribuer à ce processus ? Car raisonner en termes de *processus* ne veut pas dire se résigner au *statu quo*, c'est être actif. C'est pourquoi la politique étrangère française ne se contente pas de prendre *position* pour la démocratie, mais *agit* pour alimenter la dynamique de démocratisation dans le monde.

Au fond, qu'est-ce que la démocratie ? D'un point de vue politique, c'est l'adhésion à des principes – comme la faculté de choisir librement des représentants, la liberté d'expression ou la liberté d'association. C'est aussi un certain nombre d'institutions – les pouvoirs publics et leurs composantes : administration, police, tribunaux – qui garantissent la mise en œuvre de ces principes et leur respect. C'est encore la protection contre l'arbitraire, l'injustice et l'oppression sur les plans politique, social ou économique. Ainsi est-il illusoire d'espérer que la démocratisation puisse progresser dans des pays où règne l'insécurité. Or, il y a aujourd'hui plus de trente conflits ouverts dans le monde. Même hors des situations de guerre, les zones de non-droit sont nombreuses.

Là où la population vit dans un état d'extrême pauvreté, la démocratie restera également superficielle et fragile. Or la moitié de la population mondiale vit avec moins de 2 dollars par jour ; près du quart, avec moins de 1 dollar par jour !

Pour autant, violence et pauvreté ne justifient pas les dictatures. Mais on ne peut bâtir une démocratie solide qu'une fois sorti de la guerre et de l'économie de survie. D'où l'importance primordiale, pour la démocratisation, de la paix et du développement, c'est-à-dire des politiques de prévention ou de solution des conflits, et de la coopération sous toutes ses formes.

Ensuite, la démocratie suppose des structures étatiques efficaces, animées par des gouvernements compétents. En Europe occidentale, on peut se permettre de repenser l'État, de limiter son rôle, d'organiser des contre-pouvoirs. Mais ce serait une erreur de projeter cette problématique dans beaucoup de régions du monde où, mis à part les cas encore trop nombreux où ce sont les États eux-mêmes qui oppriment, c'est plutôt de l'inexistence des États, de leur incapacité à faire respecter l'ordre public et la loi, à faire fonctionner efficacement et équitablement les administrations, à assurer une protection sociale et l'éducation, que souffrent aujourd'hui les populations.

Ma conviction est qu'il faut toujours, vis-à-vis de ces pays en difficulté, reconnaître leur droit à un État ; qu'il ne suffit pas de le déclarer, mais bien de le rendre tangible en apportant les moyens et les aides correspondants.

Ce qui est vrai dans l'ordre interne l'est aussi sur le plan international : ce sont aussi les États qui peuvent ensemble, forts de leur légitimité et après concertation avec la société civile, négocier, fixer des règles et les faire respecter pour que la mondialisation ne soit pas que la loi du plus fort. Et c'est encore par l'intermédiaire des gouvernements élus que les citoyens peuvent exercer une influence et que le fil entre mondialisation et démocratie pourra être rétabli.

Une fois posé ces principes, il faut, pour hâter la démocratisation, avancer dans l'analyse des situations. Une politique doit en effet toujours rechercher la combinaison optimale d'aides, de mesures coercitives ou d'initiatives qui amènent un pays à progresser. Cette combinaison doit être ajustée à chaque cas. L'efficacité des politiques dépend en effet du potentiel de démocratisation que recèle à un moment donné une société, lequel varie en fonction des mentalités et des rapports de forces internes.

Rétablir la démocratie dans un pays qui l'a pratiquée antérieurement et qui en a été privé par une dictature, comme cela a été le cas en Amérique latine ou en Europe de l'Est, est une chose. Enraciner et bâtir la démocratie dans un pays qui ne l'a jamais vraiment connue auparavant, comme souvent en Afrique, en Asie, dans le monde arabe ou dans l'ex-URSS, en est une autre, très différente. Dans le premier cas, il s'agit de libérer des *démocraties confisquées*. Il faut remettre en route des procédures, rétablir des institutions qui avaient perdu tout crédit, redonner des libertés, rendre respect et confiance à l'opinion à l'égard de son système de gouvernement. Dans le second, il s'agit de bâtir et de conforter des *démocraties émergentes*, comme on parle d'« économies émergentes ». L'objectif est qu'un peuple s'approprie les valeurs de la démocratie et construise, en tenant compte de sa situation du moment, mais aussi de son histoire ou de sa culture, qui ne sont jamais réductibles à aucune autre et encore moins à un modèle, un ensemble de pratiques qui vont peu à peu enraciner la démocratie.

Si une politique étrangère consiste à trouver dans chaque cas la combinaison de mesures conduisant aux plus grands progrès possibles, sans retours en arrière, ces deux cas sont à traiter différemment, car chacun pose des problèmes spécifiques de transition, d'adaptation, et comporte des risques d'accidents qui ne sont pas de même nature.

La situation des démocraties émergentes est naturellement celle qui présente le plus haut degré de complexité. On ne peut d'emblée exiger d'elles le niveau de démocratie qu'elles n'atteindront que plusieurs étapes plus tard. Elles ont d'abord besoin de paix et de développement économique, c'est-à-dire d'un cadre aussi dynamisant que possible. Il nous faut aussi proposer des aides concrètes pour bâtir pierre à pierre des États de droit, sans se contenter de critiquer ou d'admonester.

Ces dernières années, nous avons multiplié, dans plusieurs dizaines de pays, les actions qui concourent à la construction de l'État de droit, comme la formation de magistrats, la mise en place de structures administratives, le soutien à l'organisation des élections ou encore les aides aux médias. Au sein de l'Union européenne, nous avons demandé la réorientation dans ce sens du soutien aux réformes, des programmes de coopération. Cela peut, certes, amener à coopérer avec des régimes encore peu satisfaisants. Mais nous travaillons pour les peuples et pour l'avenir, et le mouvement ainsi engagé ne peut que renforcer la pression sur les dirigeants.

Le gouvernement n'agit pas seul dans cette direction. Les ONG sont en effet des partenaires indispensables dans l'aide aux processus de démocratisation, et je salue la contribution qu'apportent nombre d'entre elles, au-delà de leur action immédiate dans les crises humanitaires, à l'établissement des États de droit. Dans le respect des rôles de chacun, nous travaillons de plus en plus ensemble dans les Balkans, dans l'Afrique des Grands Lacs, en Afghanistan, partout où leur connaissance du terrain est précieuse, et j'ai l'intention d'amplifier ce mouvement. Je constate que beaucoup d'entre elles considèrent, comme moi, que le renforcement et la modernisation des États sont une des clés de la démocratisation, et qu'il serait aberrant de céder à l'idéologie du « moins d'État » là où celui-ci échoue à remplir ses missions les plus élémentaires.

Dans l'espoir d'accélérer les démocratisations souhaitées, les pays occidentaux et les organisations internationales ont, ces dernières années, multiplié le recours à la *conditionnalité*. Celle-ci consiste à subordonner l'éligibilité à un programme ou l'adhésion à un organisme à des critères en l'occurrence démocratiques. Ainsi, pour l'Union européenne, les *critères de Copenhague*, fixés en 1993, surbordonnent l'adhésion à l'Union non seulement à la capacité d'appliquer les règles du marché commun, mais aussi au respect de la primauté du droit et des principes démocratiques. Par la *convention de Cotonou*, signée avec soixante-dix-sept États, l'Union européenne a prévu que sa coopération puisse être suspendue avec un pays en cas de violation des droits de l'homme, et a déjà fait jouer cette clause par quatre fois. Elle a également introduit un dispositif de vigilance dans les trente-neuf accords d'association ou de partenariat conclus ou en cours de négociation, dans ses programmes de coopération MEDA avec les pays méditerranéens, et CARDS avec les Balkans. Dans tous ces cas, la conditionnalité est affichée clairement en préalable. Elle fait partie d'un contrat : l'aide ou l'adhésion d'un côté, la démocratisation de l'autre. Elle s'oppose à la conditionnalité imposée unilatéralement dans le cadre d'une relation commerciale, par exemple, ou que certains pays exigent en réclamant des résultats qui vont au-delà des engagements souscrits.

Encore faut-il que les conditionnalités soient pertinentes et fassent évoluer la situation dans le bon sens. C'est ainsi que j'ai été amené, l'an passé, à préconiser une nouvelle orientation de la coopération occidentale avec la Russie, prenant mieux en compte les capacités, les insuffisances et les besoins russes. Dans tous les cas, le but ne doit pas être d'enserrer le partenaire dans un réseau de contraintes, mais bien de l'encourager au progrès démocratique.

Mais quand et comment faut-il sortir de ce cadre positif ou incitatif, et *condamner* telle situation ou tel abus ? Les condamnations ne peuvent constituer à elles seules une politique, mais elles peuvent encourager ceux qui se battent sur place pour la démocratie et contribuer à contraindre les gouvernements à modifier leurs pratiques. Avec l'aide des ONG et de tous ceux qui la connaissent bien, il faut apprécier la situation réelle des pays concernés. C'est ce que recherche l'Union européenne lorsqu'elle présente à la Commission des droits de l'homme des Nations unies à Genève des projets de condamnations concrètes, comme elle l'a fait en 2000 concernant la Tchétchénie, la Birmanie, l'Irak, l'Iran, le Soudan ou les implantations israéliennes.

La condamnation, certainement nécessaire lorsque la situation a franchi les limites du tolérable, n'est en tout cas jamais suffisante. Elle ne gagne pas toujours à être plus rapide ou plus sévère. L'objectif est en effet toujours de nature politique : il s'agit de faire réagir, de mettre ou remettre en mouvement un processus démocratique, et de laisser un espace de réponse suffisant au pays concerné.

Dans quels cas faut-il aller au-delà et décréter des *sanctions* à l'égard d'États qui non seulement ne respectent pas les règles fondamentales de la démocratie, mais oppriment de façon intolérable leurs populations ou mettent en péril la stabilité d'une région ? Nous n'écartons pas *a priori* le recours aux sanctions, et d'ailleurs nous en appliquons à l'encontre d'une dizaine de pays. Nous tenons d'abord à ce qu'elles soient décidées conformément à la légalité internationale. Les États individuellement, l'Union européenne ou l'OUA peuvent prendre de telles mesures, mais seul le Conseil de sécurité peut imposer le respect de ses décisions à tous. Nous voulons encore qu'elles soient bien ciblées, alors que, trop souvent, elles pénalisent les populations victimes plus que les gouvernements visés, et affaiblissent la capacité des sociétés ainsi frappées à se transformer de l'intérieur. Souvent, en effet, infliger des sanctions économiques à un pays exsangue revient à lui maintenir la tête sous l'eau, sans perspective de lui faire trouver le chemin de la démocratie.

Nous voulons aussi que les sanctions soient limitées dans le temps, tout en étant renouvelables, s'il le faut, par une décision réfléchie, pour les ajuster à la situation. La France a fait prévaloir cette approche depuis un an au Conseil de sécurité à propos de l'Éthiopie, de l'Érythrée, de l'Afghanistan, et au sein de l'Union européenne sur Timor. Même à propos de l'Irak, un nombre croissant de pays commencent à prendre conscience de la nécessité de changer la politique de sanctions, comme la diplomatie française le demande depuis longtemps.

Dans quelques cas extrêmes, nous devons aller plus loin. Pour corriger une situation inacceptable, mettre fin à une tragédie ou accéder à des victimes, la communauté internationale peut décider d'intervenir par la force. Au Kosovo, par exemple, nous avons jugé qu'une intervention militaire était devenue le seul recours face à une situation intolérable, après que tous les efforts diplomatiques eurent échoué. Nous l'avons décidé en raison de la gravité des événements, bien que nous n'ayons pas obtenu, du fait de l'opposition de certains membres permanents, une résolution du Conseil de sécurité ordonnant le recours à la force.

J'insiste sur cette exigence importante. Sauf exception très solidement argumentée, il faut agir en l'occurrence conformément à la légalité internationale, c'est-à-dire au chapitre VII de la Charte des Nations unies, qui a été conçu à cette fin. Pour faciliter ce recours et éviter que le Conseil de sécurité ne soit contourné, j'ai d'ailleurs proposé il y a un an que les cinq membres permanents entament une réflexion pour définir un usage responsable du droit de veto et éviter son abus.

La démocratie demeure une grande exigence pour la politique étrangère française en même temps qu'une œuvre de longue haleine. À nos principes légitimes, à nos objectifs ambitieux s'oppose une réalité complexe, loin de toute utopie. Il n'y a pas lieu d'en conclure que la politique étrangère se résume à gérer l'inéluctable et à n'intervenir de temps à autre que pour soulager les souffrances humaines, mais que nous sommes tenus de faire preuve chaque jour d'imagination et de persévérance pour soutenir aussi efficacement que possible les processus de démocratisation. Nous devons, dans cette entreprise, réunir tous les acteurs, mobiliser tous les instruments, considérer toutes les situations concrètes, mais avec une conviction que je crois primordiale : la capacité des États à assumer leur rôle est une des clés de la démocratisation.

Le Monde, *22 février 2001*

Le 28 mars 2001, peu après l'installation à la Maison-Blanche de George W. Bush, devant le Chicago Council on Foreign Relations, institution réputée moins critique de la diplomatie française en général que certaines autres de la côte Est, Hubert Védrine évoque les stéréotypes qui encombrent aux États-Unis la vision de la France et, réciproquement, la vision des États-Unis par les Français. « Je considère, expose-t-il, que notre relation est assez forte pour que nos différences soient traitées avec franchise, sans que toute divergence soit présentée à chaque fois comme un scandale, et déclenche un tir d'artillerie. »

Deux ans plus tard, ce sera le choc frontal États-Unis/France à propos de la guerre en Irak, le déferlement sans précédent d'une francophobie américaine jusque-là confinée à quelques milieux politiques ou diplomatiques. L'administration Bush parlera de « punir » la France sans le faire, mais veillera plus encore que de coutume à contenir son influence.

New world challenges : the French vision

Lorsque Georges Clemenceau vint s'exprimer ici en novembre 1922 devant le tout jeune Council, il insista sur une exigence particulière de la relation franco-américaine, celle de la franchise dans le dialogue. Je cite Clemenceau : « *Let us reason with each other, discuss with each other, even curse if that the necessary, but step by step, through unceasing efforts, let us strive to achieve that which moves the world – truth, justice, liberty and right.* »

Dans la même perspective, je voudrais d'abord vous dire quelques mots sur l'esprit dans lequel je conçois la relation franco-américaine. Bien des choses ont changé depuis Clemenceau, mais ce dialogue entre nos deux pays est plus nécessaire que jamais…

Aujourd'hui, nous coopérons sur tous les grands sujets du moment, notamment dans les Balkans, au Proche-Orient, et plus qu'auparavant en Afrique ou en Amérique latine.

Le poids exceptionnel des États-Unis dans le monde, leur *leadership* sont une évidence. Depuis la fin de la guerre froide, vous êtes bien plus qu'une superpuissance, puisque vous détenez à la fois tous les attributs de la puissance classique et ceux du *soft power*. C'est ce que j'ai voulu dire en parlant d'« hyperpuissance », et ce n'est ni une critique, ni une dénonciation, mais un constat. Vous jouez donc dans le monde un rôle historiquement sans précédent, à tel point que certains d'entre vous se demandent si vous avez encore besoin d'une politique étrangère, avec ce que cela implique de prise en compte des intérêts et des problèmes des autres. Je reste néanmoins persuadé que oui et que, dans ce cadre, une relation constructive avec vos grands alliés reste indispensable pour vous.

En ce qui concerne la France, elle est à la fois l'amie de la première heure des États-Unis, avant même leur naissance, et leur alliée au sein de l'Alliance atlantique depuis plus de cinquante ans, et nous avons toujours été ensemble dans les grandes crises. Et cette relation, nous voulons qu'elle vive et se consolide dans l'honnêteté, la franchise, les valeurs partagées. Aujourd'hui, notre dialogue est concret, tourné vers l'action, vers ce que nous pouvons faire ensemble ou de manière complémentaire au sein des institutions dont nos deux pays sont membres, notamment le Conseil de sécurité, l'Alliance atlantique et le G8.

Nous souhaitons coopérer le plus souvent possible avec les États-Unis. Mais nous pouvons avoir, sur tel ou tel sujet, des différences d'analyse, de positions ou d'intérêts, parfois même des divergences, car la France aussi a ses intérêts propres qui sont tout aussi légitimes, et les défendre n'est en rien une preuve d'anti-américanisme. Je considère que notre relation est assez forte pour que ces différences soient traitées avec franchise, sans que toute divergence soit présentée à chaque fois comme un scandale, et déclenche un tir d'artillerie.

Si je dis cela, c'est parce que je suis obligé de constater, même si je sais que ce n'est pas le cas à Chicago, que certains stéréotypes ont la vie dure, de ce côté-ci de l'Atlantique, sur la politique étrangère de la

France. Selon certains analystes, elle consisterait à s'opposer systématiquement aux États-Unis dans l'espoir dérisoire de retrouver une gloire passée. Croyez-moi : ce n'est pas notre obsession. Mais ce que nous faisons, nous Français, est parfois interprété par certains avec ces lunettes-là. J'ai encore lu il y a quelques jours un florilège d'idées reçues de ce genre dans une revue américaine pourtant prestigieuse. Sans doute l'auteur connaît-il mal la France ? À ce compte-là, on se demande quelle France trouverait grâce aux yeux de ses amis américains. Peut-être une France où plus personne ne parlerait français et qui ne produirait plus aucun film, qui n'exporterait plus aucun produit agro-alimentaire, qui rejetterait toute protection sociale, et qui serait transformée en musée ? Je plaisante, bien sûr, et je sais aussi que la France est ici appréciée, étudiée avec curiosité et objectivité. De même que les États-Unis suscitent en France un intérêt passionné et aussi parfois des jugements stéréotypés.

Je voudrais vous citer quelques exemples de présentations biaisées.

Alors que nous sommes en train de bâtir, au départ avec les Britanniques, et avec les autres Européens, une capacité autonome de défense en Europe, et que ce projet sera un formidable facteur de dynamisme pour l'Alliance atlantique, on nous accuse de vouloir casser l'Alliance !

On nous a aussi périodiquement soupçonnés de poursuivre des objectifs mercantiles au Moyen-Orient sous prétexte que nous émettions des réserves sur l'efficacité des sanctions envers l'Irak. Accusation étrange pour trois raisons :

1) Il ne semble pas que les considérations commerciales soient absentes de la politique étrangère américaine. Mais je suppose qu'elles n'y sont pas dominantes. Eh bien, c'est la même chose pour la politique étrangère française.

2) On ne voit pas quel profit la France pourrait espérer tirer de sa proposition d'imposer des contrôles plus rigoureux et mieux ciblés sur le régime irakien, qui n'en veut pas.

3) La nouvelle administration américaine se pose maintenant sur l'Irak des questions que la France posait depuis quelques années sans être jusqu'ici entendue. J'en dirai un mot tout à l'heure.

Sur le conflit israélo-arabe également, les préjugés antifrançais restent tenaces, alors que, comme vous, nous ne cherchons que la paix, et que des idées françaises anciennes, prémonitoires et longtemps rejetées, sont devenues aujourd'hui la base reconnue de tout règlement.

Toutes ces insinuations sont blessantes et surtout inexactes. Je dis donc à nos amis américains : intéressez-vous à la France réelle de 2001, à la politique de son gouvernement, à son économie – dont les performances sont saluées par vos revues les plus exigeantes – , à sa politique extérieure réelle. Elle est, comme la vôtre, déterminée par ses intérêts nationaux, mais aussi par sa vision de l'Europe, et du monde, et par des idées et des valeurs qui nous sont largement communes. Sur ces bases, notre politique évolue et s'adapte en permanence. Si nous sommes bien d'accord pour bannir arrière-pensées et préjugés, si nous avons le même souci de confiance et de loyauté, nous pouvons faire beaucoup de choses ensemble pour nous et dans le monde.

Et, de fait, sur plusieurs continents, nous sommes confrontés aux mêmes enjeux face auxquels nous pouvons coopérer.

Prenons le Proche- et le Moyen-Orient, et d'abord l'Irak. Nous sommes d'accord sur le constat : la politique actuelle ne marche pas, l'embargo ne pénalise que la population, le régime n'est pas contrôlé. Nous sommes également d'accord sur l'objectif : empêcher ce régime de redevenir une menace pour sa population et ses voisins, et parvenir sans prendre en otage la population irakienne. À ce propos, je le dis tout net, ce n'est plus d'un régime de sanctions punitives que nous avons besoin, mais d'un système de vigilance et de contrôle efficace. C'est pour cela qu'il faut repenser notre politique à l'égard de l'Irak ; cela concerne tous les membres permanents du Conseil de sécurité : c'est en cours ; nous y travaillons de concert et cela a d'ailleurs été un des sujets de mes fructueux entretiens de Washington.

Au Proche-Orient, les États-Unis comme la France sont engagés depuis longtemps dans la recherche de la paix entre les Israéliens et les Palestiniens. Notre diplomatie est très active. Elle est complémentaire de celle, évidemment essentielle, des États-Unis. Je pense, comme les actuels responsables américains, que la paix peut être facilitée et encouragée de l'extérieur, mais pas imposée. Au moment du choix historique, de l'indispensable et douloureux compromis définitif, seuls les responsables israéliens et palestiniens pourront s'engager devant leurs peuples. On ne pourra les y forcer, ni le faire à leur place. Ces derniers mois, des occasions ont été manquées. Ne nous demandons pas à cause de qui. Aujourd'hui, nous mesurons bien l'inquiétude du côté israélien, le besoin de sécurité et sa traduction électorale. Mais ne sous-estimons pas, du côté palestinien, les frustrations terribles accumulées par trente-trois ans de colonisation, et l'immensité du désespoir actuel. Oui, les deux camps doivent tout faire pour réduire la violence ; oui, il faut que la coopération en matière de sécurité reprenne, mais il est plus qu'urgent que les Israéliens mettent un terme au blocus des territoires, et que la recherche d'une solution politique redevienne un objectif partagé. Il est très important que les États-Unis et la France travaillent ensemble sur ces bases.

Dans les Balkans occidentaux, Européens et Américains sont engagés côte à côte dans un effort de longue haleine pour y installer la paix et la démocratie. Par rapport à il y a dix ans, ou même cinq ans, on compte déjà des réussites, et aussi des promesses venues notamment de Belgrade. Leur consolidation suppose un développement économique réussi dans chacun des pays de la région, notamment en Bosnie, et nous en sommes encore loin. L'Europe prend une très large part à cet effort et a ouvert des perspectives de rapprochement entre les pays des Balkans occidentaux et l'Union européenne ; la France y apporte une grande contribution.

Aujourd'hui, ce sont surtout les problèmes liés à la question albanaise dans ses diverses composantes qui restent à résoudre. Comme les États-Unis, l'Union européenne refuse qu'ils le soient par la violence et n'accepte pas que des extrémistes albanais remettent en cause nos progrès des dernières années. Il ne doit y avoir à cet égard aucune ambiguïté. Les problèmes politiques doivent être traités par des moyens politiques, que ce soit en Macédoine ou à Presevo. Au Kosovo, cela s'appelle l'« autonomie substantielle » telle qu'elle est prévue par la résolution 1244, et passe par l'organisation dans un avenir proche et dans de bonnes conditions d'élections générales. La concertation franco-américaine est permanente sur ces sujets.

À propos de la Russie, l'enjeu est avant tout sa modernisation politique et économique. C'est une tâche de longue haleine. Pour y parvenir, je suis convaincu que ce pays a besoin d'un État véritable, démocratique, doté d'une administration capable et agissant selon les principes du droit, mais moderne et efficace. Car c'est l'effondrement de l'État qui avait laissé le champ libre aux mafias et à la corruption. Il nous faut aider les Russes à bâtir un grand pays moderne et normal. Cela prendra du temps, mais c'est notre intérêt.

La Chine se prépare à entrer dans l'Organisation mondiale du commerce. Je suppose qu'elle mesure ce que représente pour elle cette volonté d'intégration dans le jeu économique mondial. Nous savons que la qualité des relations euro-chinoises et sino-américaines est un facteur structurant des relations internationales. À notre avis, il ne serait pas de bonne politique de raisonner uniquement en termes d'affrontement et de ne considérer la Chine que comme un adversaire inéluctable ou opportun. Un partenariat avec la Chine, certes lucide et exigeant, doit demeurer un objectif.

Plus généralement, face aux nouvelles réalités du monde, la France, l'Europe et les États-Unis devraient se rejoindre et travailler ensemble sur des objectifs communs.

J'en distinguerai trois : réussir la globalisation, maintenir la sécurité, favoriser la démocratisation.

La France, qui est un acteur majeur de la mondialisation et qui est donc bien placée pour en connaître les opportunités et les avantages, est également sensible aux multiples problèmes qu'elle engendre, comme l'instabilité des marchés financiers, les atteintes à l'environnement ou l'explosion vertigineuse des inégalités dans le monde.

Face à ces problèmes, l'Union européenne veut jouer un rôle utile, pour elle et pour le monde, et a fait de nombreuses propositions. Avec les États-Unis, elle est la mieux à même de proposer des règles à mettre en œuvre par des institutions internationales efficaces et de promouvoir ce que vous appelez la « bonne gouvernance » et que nous appelons la « régulation ». Les mots sont différents, mais les objectifs sont communs.

Soyons très concrets : sur la sécurité maritime – où vos règles sont exigeantes –, sur la piraterie, la cybercriminalité, la contrefaçon et le copyright, sur les dérives de la globalisation financière, nous ne pouvons que progresser ensemble.

De même, nous devons prendre très au sérieux la question des changements climatiques. C'est une question majeure pour l'humanité, qui justifie une mobilisation totale. À moins que la communauté scientifique se trompe – or, elle est unanime aujourd'hui –, tous les pays doivent s'engager résolument dans la diminution de l'émission des gaz à effet de serre, conformément aux engagements pris à Kyoto. Je dois dire que l'intention manifestée par votre administration de remettre en cause les engagements prévus par le protocole de Kyoto a suscité la consternation des chefs d'État et de gouvernement européens réunis à Stockholm.

Si les États-Unis ne contestent pas le problème, ils doivent nous dire comment ils entendent le traiter et comment ils y contribueront. Ils ne peuvent pas s'en laver les mains.

Nous devons également travailler ensemble à lancer un cycle global de l'OMC et à réformer et rendre les institutions financières internationales plus transparentes, plus efficaces, mieux aptes à prévenir et à gérer les crises financières et à répondre aux besoins du développement.

Cela m'amène au deuxième objectif nécessairement partagé, la sécurité.

Nous n'avons pas seulement l'obligation d'assurer la défense de nos États. Nous avons aussi la responsabilité de contribuer à la sécurité internationale là où elle est menacée, là où notre intervention est justifiée. Je ferai à cet égard deux remarques :

– La première concerne l'Europe. La raison pour laquelle l'UE a décidé, depuis deux ans, d'acquérir des capacités autonomes pour gérer les crises, c'est précisément pour avoir les moyens d'être un acteur complet, un partenaire responsable sur la scène internationale. C'est l'intérêt de l'Europe ; c'est l'intérêt de l'Alliance ; c'est l'intérêt bien compris des États-Unis.

– La deuxième remarque porte sur le rôle du Conseil de sécurité. Face à la multiplication des crises dans le monde, il faut que le Conseil soit à même de jouer son rôle, d'exercer, comme le rappelle la Charte des Nations unies, sa « responsabilité première dans le maintien de la paix et de la sécurité internationales ». En tant que membres permanents du Conseil de sécurité, les États-Unis et la France ont tous deux un rôle particulier à cet égard.

Troisième objectif partagé : favoriser la démocratisation dans le monde.

Les États-Unis et la France savent que l'avènement de la démocratie n'est pas instantané, qu'elle ne se décrète pas ni ne s'impose de l'extérieur, que c'est un processus historique long, souvent difficile, en tout cas toujours perfectible. Ils savent aussi que la démocratie n'est guère possible tant que domine la misère, là où règne la guerre, là où l'État a fait faillite. Chaque situation particulière demande une combinaison spécifique d'aide, de coercition, d'initiative pour faire progresser et surtout pour enraciner la démocratie.

En bref, il n'y a pas dans ce domaine de recette magique dont nous aurions le monopole. Nous avons intérêt à ce sujet à échanger nos expériences et nos vues.

Je conclurai sur l'Europe. La France est engagée depuis cinquante ans dans une entreprise majeure, sans précédent dans l'Histoire : la construction progressive d'une entité nouvelle, constituée de nations parfois millénaires, qui se sont combattues les unes les autres à travers les siècles et qui ont décidé, tout en gardant leur culture, leur histoire, leur langue, leur identité, de s'unir pour être plus fortes. Dans neuf mois, trois cents millions de citoyens européens de douze pays, pour la première fois depuis l'Empire romain, auront en main la même monnaie, des pièces et des billets libellés en euros. Construire l'Europe comporte naturellement des difficultés politiques, économiques et sociales, et il nous faut inventer chaque jour des solutions nouvelles pour progresser. Mais, au regard du défi que nous nous sommes lancé, nous pouvons mesurer le chemin accompli : il est considérable. C'est pourquoi un nombre croissant de pays sont attirés par l'Union européenne et veulent y adhérer. Nous réussirons ce grand élargissement et l'Union européenne en sortira encore plus forte.

Je vous dis donc pour conclure : faites confiance à la France. Faites confiance aussi aux Européens, car l'Europe est votre vrai – peut-être votre seul – partenaire global à long terme.

Au printemps 2001, Hubert Védrine, ministre depuis quatre ans, passe en revue, avec Pascal Boniface, directeur de l'IRIS, – l'Institut des relations internationales et stratégiques –, les nouvelles réalités internationales, les nouveaux concepts, les nouvelles méthodes : Real- et Irrealpolitik, vitesse de travail, interaction avec la politique intérieure, opinions publiques, médias, ONG, lobbies, rôle des États, morale et diplomatie, hiérarchie réelle du pouvoir dans le monde.

Relations internationales : repenser les concepts, réinventer les méthodes

PASCAL BONIFACE : Quels sont, à vos yeux, les plus grands bouleversements internationaux survenus depuis dix ans ?

HUBERT VÉDRINE : À l'évidence, la fin de l'URSS, qui a entraîné mécaniquement la fin du monde bipolaire, la « décompartimentation » du monde et l'accélération de la diffusion mondiale de la globalisation à l'américaine, d'autant plus qu'elle a coïncidé avec une explosion sans précédent des technologies de communication.

Que signifie pour vous la Realpolitik *?*

Personnellement, je considère que c'est le contraire de l'*Irrealpolitik*, chimérique et dangereuse ; c'est-à-dire, en fait, une politique lucide qui prend en compte la réalité sous tous ses aspects : des plus classiques – les intérêts nationaux légitimes – aux plus modernes (exemple : le rôle des organisations non gouvernementales). La condamnation réflexe de la *Realpolitik* (comme cynique, amorale, etc.) est une facilité qui traduit surtout l'inculture historique moderne et un désordre conceptuel et sémantique. Par exemple, ce n'est pas la *Realpolitik* qui a conduit à la Première

Guerre mondiale, mais plutôt son abandon par les dirigeants européens aveugles des années 1890-1914. Il y aurait beaucoup à dire sur les ravages du « diplomatiquement correct » en matière de réflexion stratégique et diplomatique.

Depuis dix ans, qu'est-ce qui a changé dans la façon de faire de la politique étrangère, et dans la façon dont se fait la politique étrangère ? En quoi la fonction d'un ministre des Affaires étrangères a-t-elle évolué ?

D'abord, le monde ayant changé, il faut réinventer le cadre et les concepts pour comprendre, ainsi que les méthodes pour agir. Une partie du travail est d'ordre intellectuel. Il faut travailler plus, plus vite, sur plus de questions (comme par exemple l'environnement, le crime organisé) ; avec beaucoup plus d'interlocuteurs, plus de voyages et de sommets, surtout multilatéraux (30 % de plus qu'à l'époque de Claude Cheysson) ; sous plus de pressions, médiatiques ou autres. Il importe également d'expliquer sans cesse, car si la politique étrangère a changé à toute vitesse, les *a priori* mentaux, les analyses, les commentaires, les polémiques ne se sont pas modernisés au même rythme !

Peut-on dire que la politique étrangère d'un pays est largement dictée par des impératifs de politique intérieure ?

Elle s'y enracine. C'est l'expression même de la démocratie. Mais les politiques intérieures ne peuvent plus tout à fait faire abstraction du contexte international ni des réalités extérieures. On ne pourrait pas non plus mener très longtemps une politique étrangère qui contredirait les données de la politique intérieure. En sens inverse, une politique étrangère qui se bornerait à répercuter mécaniquement la politique intérieure pourrait obtenir des succès isolés, mais n'aurait aucun pouvoir d'entraînement extérieur et perdrait vite toute crédibilité. Or aujourd'hui, pour défendre ses intérêts et promouvoir ses idées, un pays doit être sans cesse capable de proposer et de former de nouvelles alliances sur les sujets les plus divers.

Le rôle des médias et des opinions publiques vous paraît-il disproportionné ?

En démocratie, par définition, le rôle des opinions n'est jamais trop grand, mais il y a trop de ventriloques dans les médias, les ONG ou ailleurs qui prétendent parler en leur nom ! N'oublions pas que la seule mesure légitime et incontestable de l'opinion, c'est l'élection. Le rôle des médias est extraordinaire quand ils nous permettent de savoir ou de connaître en temps réel, abusif quand ils veulent nous imposer leur ligne du moment, qui n'est pas aléatoire ni innocente – il y a une vision médiatique du monde –, ou propager une culture de la suspicion. Beaucoup de médias sont en fait des militants d'une cause, et parfois d'intérêts. C'est leur droit, mais il faut en être conscient.

Que pensez-vous de l'émergence des nouveaux acteurs internationaux (ONG, etc.) ?

C'est un fait dont je tiens le plus grand compte. Le ministère des Affaires étrangères travaille avec eux dans un esprit constructif sur de nombreux sujets généraux ou particuliers, sans les idéaliser ni les diaboliser. Il y a, dans le monde des ONG, le meilleur – le dénouement, la pérennité –, mais aussi le moins transparent – les lobbies, les sectes. Il faut se montrer coopératif et vigilant. En tout cas, ce n'est pas vrai que la société civile internationale soit la panacée. Elle joue un rôle original, nouveau, qui est souvent utile. Mais les États doivent conserver leurs responsabilités propres, qui demeurent irremplaçables, tout en modernisant leurs méthodes. Ce qu'ils font.

Peut-on parler, en France, d'un rôle des lobbies pour ce qui concerne la définition de la politique extérieure ?

Il y a dans tous les pays, y compris la France, bien sûr, des lobbies et même de nombreux lobbies qui aspirent en effet à jouer un rôle ou à exercer une influence. On peut décider de tenir compte, jusqu'à un certain point, des intérêts ou des idées qu'ils expriment, mais ce n'est pas à eux de « définir » la politique extérieure. Il est quand même moins difficile de les contenir en France qu'aux États-Unis où les financements politiques ne sont pas vraiment plafonnés…

Un débat agite les théoriciens des relations internationales sur le rôle de l'État. Certains estiment que, s'il n'est plus l'acteur unique, il demeure central. D'autres estiment que l'ordre westphalien est dépassé et que les réseaux, les flux et le transnational sont désormais prédominants.

Distinguons deux niveaux : les faits et ce qui est souhaitable.

Au niveau des faits, il n'est pas niable que les États sont de plus en plus sur la défensive, affaiblis par la globalisation, l'autonomisation de l'économie et de la société, l'individualisme, le succès (ou la séduction) de l'ultralibéralisme qui leur est hostile, la montée en puissance des acteurs non étatiques. On dit pour se rassurer qu'ils se « recentrent » sur leurs vraies tâches. Or, paradoxalement, ils sont encore amoindris dans leurs capacités d'action par tout ce qu'ils font pour réagir à cette situation : Europe, décentralisation, abandon de leurs prérogatives à des autorités « indépendantes », épuisante concertation internationale avec de plus en plus d'États de moins en moins puissants.

Certains libertaires, ou libéraux extrêmes, dont le but est la dispari-tion *de facto* des États, s'en réjouissent sans réserve. Ce n'est pas mon cas. Je ne conteste pas ici les progrès évidents accomplis dans les rela-tions internationales, mais l'idée que ce soit une société parfaite qui se développe comme par miracle sur le terrain abandonné par les États. C'est plutôt, selon le cas, le gouvernement des juges, le pouvoir crois-sant des méga-entreprises – le chiffre d'affaires des cinq plus grosses entreprises mondiales équivaut au PNB combiné de cent trente-deux pays membres des Nations unies –, des médias, voire, dans les sociétés les moins structurées, celui des mafias – le chiffre d'affaires mondial du crime organisé équivaudrait au PNB d'un grand pays européen ! Cela dépend de l'état d'avancement des sociétés. Je suis convaincu que les États, bien sûr modernisés et réformés, devraient continuer à jouer le rôle central, à prendre les décisions à long terme dans l'intérêt général. Nous devons y travailler sans relâche.

Qui dirige le monde ?

Dans l'ordre :

1. Personne (ou le hasard, ou la théorie du chaos).

2. Les Américains : épargnants-retraités *via* les fonds de pension, chefs d'entreprises, financiers, agences de *rating*, journalistes, cinéastes, chercheurs, lobbies, croyances américaines, le président.

3. Cinq ou six autres puissances politico-économico-culturelles d'influence mondiale, dont la France et quelques autres, y compris l'Europe en formation.

4. Les dirigeants de tous les autres États et les secrétaires géné-raux d'organisations internationales.

5. Le crime organisé.

6. À la marge : tout ce qui peut introduire des grains de sable dans les mécanismes : peuples, passions, individus, *bugs*.

C'est là une énumération réaliste, factuelle, sans jugement de valeur.

L'intérêt national a-t-il encore un sens aujourd'hui ? Les grands enjeux (protection, environnement, réduction des inégalités économiques, etc.) ne viennent-ils pas reléguer cette notion au second plan ? L'intérêt national ne devrait-il pas s'effacer face à ces défis urgents ?

S'effacer au profit de quels autres intérêts ? De l'intérêt européen en formation ? Très bien, car il intègre en principe le nôtre. D'un embryon d'intérêt mondial ? Pourquoi pas ? Dépasser les intérêts purement nationaux : c'est sympathique, mais pas au profit de n'importe quoi, ou d'une jungle moderne qui est un des visages possibles de la globalisation et dans laquelle nous aurions encore moins de chances qu'aujourd'hui de maîtriser les problèmes globaux. Cela suppose une souveraineté exercée en commun dans des conditions satisfaisantes sur les plans de l'identité, de l'efficacité et de la démocratie.

Comment définir désormais la puissance ? À quoi peut-elle encore servir ?

Elle se compose par addition des éléments classiques de la puissance (économie, monnaie, armée, territoire, population), mais aussi, de plus en plus, de toutes les formes de l'influence, le désormais fameux *soft power*. Elle sert, comme avant, à préserver l'autonomie de nos choix, notre sécurité, notre prospérité, et à défendre nos idées et nos valeurs. Il n'y a que des Européens de l'Ouest, devenus un peu ingénus, pour s'interroger ainsi sur la puissance ! Croyez-vous que ce soit une question que se posent les Américains, les Russes, les Chinois, les Israéliens, les pays arabes, les autres, et surtout les méga-entreprises ?

Peut-on dire que le monde progresse ?

On le dit, certains faits le laissent penser, et surtout on veut le croire pour se donner du cœur à l'ouvrage !

Techniquement, le monde progresse sans aucun doute. Moralement, il faut l'espérer, quoique, placées dans des conditions extrêmes et si elles sont saisies par la peur, les sociétés humaines resteront capables du pire, malgré toutes les précautions prises, notamment sur le plan juridique. À l'heure actuelle, du fait de l'interdépendance et de l'évolution des esprits sur les modes de résolution des conflits, les relations internationales s'améliorent, se perfectionnent, se pacifient sans aucun doute. Nous verrons si c'est durable.

Que pensez-vous du concept de « diplomatie morale » ?

Cela paraît être une aspiration sympathique, ou un programme. C'est surtout un slogan fondé sur le postulat facile que la diplomatie est par nature immorale. Or, je ne le crois pas. La diplomatie a *toujours* eu pour objectif de prévenir ou de régler les conflits ou d'arranger les problèmes insolubles. Elle a donc toujours eu un objectif « moral ». De toute façon, on n'est jamais placé face à un choix binaire idéal : l'un moral, l'autre immoral. Ce serait trop facile !

L'unipolarité démocratique sous domination américaine n'est-elle pas préférable, après tout, à une multipolarité qui donnerait plus d'importance à des puissances qui ne partagent pas les valeurs occidentales ?

Pourquoi réduire ainsi le monde et les options d'avenir ? La Russie, la Chine, d'autres puissances non occidentales existent. Ne vaut-il pas mieux qu'elles soient mieux intégrées dans un ordre mondial mieux accepté parce que mieux équilibré ? Sans parler des avantages et des opportunités pour l'Europe-puissance, un des pôles du monde multipolaire de demain. Mais il faudra alors que la multipolarité soit coopérative et non conflictuelle. Nous devons approfondir la réflexion sur ce point.

Que pèse la France aujourd'hui sur la scène mondiale ? Son influence a-t-elle augmenté ou diminué au cours de la décennie écoulée ?

Il y a dans ce domaine deux pathologies françaises : la prétention et l'autodépréciation. À mon avis, depuis dix ans, son influence est restée à peu près la même, parce qu'elle a bien pris le tournant du monde bipolaire au monde global. Aujourd'hui, je dirais plutôt qu'elle progresse en raison de son dynamisme économique et de ses réussites récentes, et au fur et à mesure qu'elle change de ton : moins donneuse de leçons, plus soucieuse d'être utile, plus coopérative. Grâce aussi à l'influence qu'elle exerce dans l'Union européenne. Union que nous souhaitons à la fois forte, respectueuse des identités nationales, plus efficace, y compris après les futures adhésions, utile aux Européens comme au reste du monde.

Que répondez-vous à ceux qui accusent la France de s'être opposée à la réunification allemande en 1990-91 ?

C'est le prototype de l'accusation péremptoire de propagande qui ne résiste pas à l'examen détaillé des dates, des événements, des déclarations, des politiques. Encore faut-il l'examiner ! J'aimerais bien qu'on analyse sérieusement qui a lancé cette présentation fausse en tous points, quand et pourquoi. On serait édifié. François Mitterrand a fait en 1990 et 1991 ce qu'il devait : oui à la réunification si elle est démocratique, pacifique, et qu'elle n'affaiblisse pas l'Europe. Helmut Kohl aussi a fait ce qu'il devait comme chancelier allemand. De même pour George Bush, comme président américain. Sur le fond, j'ai montré point par point, dans mon livre[1], que la réunification allemande, qui aurait pu être déstabilisatrice, avait été gérée remarquablement par tous les leaders de l'époque – à part Mme Thatcher – avec une véritable « intelligence collective ».

Pensez-vous que le « droit d'inventaire », défini par le Premier ministre, peut s'appliquer à la politique étrangère de François Mit-terrand ?

Bien sûr, comme à toute autre politique étrangère, y compris l'actuelle. Mais les ratages que j'ai, pour ma part, relevés dans la politique étrangère de François Mitterrand, notamment un déficit d'explication sur sa politique allemande, russe ou africaine, ou encore ceux que lui-même concédait, comme l'échec de la confédération européenne, ne sont pas ceux du réquisitoire qui traîne partout (prétendue opposition à la réunification allemande, prétendu lâchage de Gorbatchev, prétendue « coopération avec un régime qui préparait un génocide au Rwanda », et quelques autres chefs d'accusation de la même encre). Tout cela serait plus intéressant s'il y avait, dans ce pays, plus de débats sérieux et argumentés sur la politique étrangère.

Le Quai d'Orsay est-il adapté au XXIe siècle ?

J'espère qu'il l'est chaque jour un peu mieux grâce à la modernisation de ses méthodes – *management* et culture d'évaluation –, de son style, de sa stratégie ! En tout cas, c'est mon objectif pour le ministère

---

1. *Les Mondes de François Mitterrand*, Fayard, 1996.

et j'y suis pleinement engagé ! Cela dit, ces histoires de changement de siècle ne signifient rien (s'il y a eu une césure, elle a lieu en 1989-1990), ni *a fortiori* ces risibles célébrations de changement de millé-naire : je ne résiste pas au plaisir de vous rappeler que le XXIe siècle ne commencera que le 1er janvier 2001 (il n'y a pas eu d'année zéro). Toute prévision est de toute façon problématique : que pourrions-nous dire, qui ne soit insensé, des problèmes des années 2099-2100, et, plus surréaliste encore, des années 2999-3000 ? Avec ces thèmes, la société de communication a atteint le vide absolu.

*Vous avez déclaré (*Libération *du 29 juin 2000) : « Il n'y a pas de politique étrangère de gauche. » Sont-ce là des propos de « cohabita-tion » ou un constat durable ? Concevez-vous alors votre poste comme celui d'un technicien ou celui d'un politique ?*

Le poste de ministre des Affaires étrangères est naturellement politique, et plus encore en période de cohabitation. Sur la poli-tique étrangère de « gauche », j'ai voulu dire que, comme *toute* la politique internationale s'articule aujourd'hui autour de thèmes de gauche (droits de l'homme, paix, développement, prévention des conflits, régulation de l'économie internationale, traitement des défis globaux), la distinction schématique droite/gauche est devenue presque impossible par « KO technique » des idées tradi-tionnelles de la droite. Mais rassurez-vous : il y a toujours et il y aura toujours de bonnes ou de mauvaises politiques étrangères.

Quel a été le moment le plus difficile depuis que vous êtes ministre ?

Quand il a fallu se résoudre à constater que nous n'avions plus, au Kosovo, d'autre choix que le recours à la force.

Quelle est votre plus grande satisfaction ?

Jusqu'ici, les déclarations du président Kostunica disant explicite-ment que l'action de la présidence française et mes promesses de levée des sanctions, faites au début du mois de septembre 2000, ont eu un effet très important sur l'opinion serbe et ont contribué à lui redonner confiance dans l'Europe, à lui donner le courage de battre Milosevic et d'ouvrir un nouveau chapitre de l'histoire yougoslave.

Entretien dans La Revue internationale et stratégique,
n° 41, printemps 2001

En juillet 2001, Hubert Védrine fait pour la revue Autrement *un tour d'horizon avec Samy Cohen, spécialiste des mécanismes de prise de décision. Samy Cohen reprend les critiques traditionnelles ou en émet de nouvelles sur la diplomatie française. Hubert Védrine répond point par point et évoque l'évolution du rôle de ministre des Affaires étrangères, celui du ministère, celui des ONG, les nouvelles formes de négociation, enfin la vogue de l'angélisme.*

Un tour d'horizon

AUTREMENT : *Le travail du ministre des Affaires étrangères a-t-il sensiblement évolué au cours de ces dix dernières années ?*

HUBERT VÉDRINE : Oui. Beaucoup de choses ont évolué. Tout d'abord il y a plus de pays, plus d'obligations internationales, une augmentation exponentielle des partenaires, donc beaucoup plus de consultations régulières. Auparavant, il y avait seulement le sommet franco-allemand, puis il y a eu le franco-italien, le franco-espagnol, le franco-britannique, la francophonie, le processus de Barcelone, le forum méditerranéen, les contacts avec tous les pays de l'ex-URSS, etc. Le nombre de rencontres intra-européennes aussi a crû. Soit une augmentation d'environ un tiers des réunions « automatiques » au sommet ou au niveau ministériel. Il y a en plus une façon différente, plus fréquente, de travailler par téléphone. Pendant la crise au Kosovo, nous — les cinq ministres des Affaires étrangères occidentaux — avons eu une conversation une fois par semaine, puis deux fois, puis tous les jours. Il faut également consacrer plus de temps aux entreprises. Quand j'ai pris ma fonction, j'ai souhaité organiser une fois par mois un dîner avec l'état-major d'un grand groupe français afin qu'il y présente ses problèmes, sa stratégie et explique comment le Quai d'Orsay pouvait l'aider. Le ministère travaille plus qu'il ne l'a jamais fait avec les ONG, conformément à ce que j'ai souhaité. C'est vrai des directeurs ou conseillers spécialisés, mais aussi du ministre. Il y a bien sûr aussi les parlementaires. Je me rends presque une fois par mois devant les commissions des Affaires étrangères de l'Assemblée et du Sénat. Je vois des rapporteurs spécialisés et j'organise des dîners pour discuter avec eux. S'agissant des médias, j'essaie de maintenir presque chaque semaine quelques rendez-vous de « fond », indépendamment de ce que je peux dire aux points de presse ou à l'occasion d'interviews, car il est plus que jamais nécessaire d'expliquer. Depuis la fin du monde bipolaire qui était inquiétant mais stable et prévisible, on est, avec la mondialisation, dans un système brouillé, où la demande d'explication est considérable. D'autant plus que la vision un peu angélique et simpliste des relations internationales – « fin de l'Histoire », coopération de tous au sein de la « communauté internationale », mis à part quelques « États voyous », inéluctable et rapide extension de la démocratie, de l'économie de marché et de la version occidentale des valeurs universelles –, tout cela était déjà sérieusement mis en doute, avant même la catastrophe du 11 septembre 2001 et le retour du tragique, par le succès des mouvements antimondialisation et de la révélation choquante, à Durban, de bien des fractures entre riches et pauvres ou entre les Occidentaux et les autres.

Chaque crise est spécifique et moins prévisible qu'auparavant. Il y en a beaucoup plus que pendant la guerre froide. À cette époque, elles étaient rares et paroxystiques mais le plus souvent étouffées dans l'œuf, stérilisées parce que la montée aux extrêmes était trop dangereuse, donc empêchée. L'anticipation est donc devenue essentielle. D'autre part, les coalitions politiques sur lesquelles on s'appuie sont moins stables, même au sein de l'Union européenne. Le passage de l'Europe de douze à quinze a créé une configuration plus aléatoire. L'issue des négociations à quinze au sein d'un Conseil européen est moins évidente. En outre, la politique étrangère dans les pays très médiatisés est formée par une alchimie complexe et instable entre l'opinion, les sondages, les médias et le gouvernement. Toute une partie de notre travail consiste à anticiper le résultat d'une discussion entre les différents centres de pouvoir. C'est par exemple essentiel à propos de la politique américaine.

Le manque d'orientations claires de la politique étrangère de la France, que certains constatent, n'est-il pas dû en partie à l'alourdisse-ment de la tâche du ministre ?

Je trouve au contraire que nos orientations sont claires. Mais c'est sans doute un risque qui d'ailleurs ne concerne pas seulement la France, mais toutes les démocraties modernes ultramédiatisées. Dans nos sociétés centrées sur l'individualisme, sur la consomma-tion, avec des pouvoirs publics très contrôlés et qui doivent rendre compte de tout – ce qui est normal –, mais aussi soupçonnés *a priori* et affaiblis dans certains cas – ce qui l'est moins –, le risque est de perdre le fil de l'action publique, surtout extérieure. Tout cela peut ne pas faire bon ménage avec une politique étrangère qui suppose objectifs clairs, durée et persévérance.

Comment peut-on pallier cet inconvénient ?

D'abord par une communication continue, d'explication et de décryptage, et pas uniquement réactive ou événementielle. Prenons les États-Unis : vous connaissez ma formule constante : « Nous sommes leurs amis et leurs alliés » – et je dirai : « spécialement en ce moment » –, « mais nous ne sommes pas alignés ». Ma classifica-tion – « hyperpuissance », par exemple – tient à la nécessité de fournir des points de repère, à mon espoir que nous puissions arrêter de perdre du temps à des interrogations sur le vrai-faux déclin de la France. Ce terme est d'ailleurs purement descriptif, et non critique. Autre exemple : je préfère parler de « moteur » plutôt que de « couple » franco-allemand ; cela souligne que l'on cherche à entraîner quelque chose ensemble. De même, « diversité » culturelle est dans le monde plus mobilisateur qu'« exception », même si la préservation de l'exception est la condition de la diversité. Ce travail de rigueur linguistique a son utilité, je crois.

Dans cette fonction, il faut une discipline de fer en matière d'agenda. La première année, vous êtes obligé de nouer des contacts tous azimuts afin de vous intégrer dans le « réseau » mondial des ministres, de vous y faire admettre et d'y gagner de l'influence. J'ai ainsi fait quatre-vingt-sept voyages de juin 1997 à juin 1998 ! Ensuite, à l'inverse, il faut constamment résister afin de ne pas être submergé et de se concentrer sur l'essentiel. De plus, chaque année, avant la conférence des ambassadeurs, j'essaie de faire, pour moi et pour le ministère, un travail d'évaluation de notre gestion interne et externe. Je fais régulièrement un travail de *brain storming* avec mes conseillers. J'ai créé un comité de stratégie rassemblant tous les directeurs, où il est question de sujets globaux pour donner de la perspective. Nous travaillons beaucoup, en ce moment, sur nos relations avec les autres acteurs des relations internationales : entreprises, parlementaires, médias, ONG.

On entend justement souvent dire que le ministère ne communique pas assez, n'est pas assez ouvert, notamment à la société civile, malgré des changements notoires.

C'est un peu un cliché. Et d'ailleurs, qu'est-ce que la « société civile » ? Tous les jours, au ministère, à l'administration centrale – et pas seulement à la Direction générale de la coopération internationale et du développement –, comme dans de nombreux postes, il y a des contacts ou des réunions avec des entreprises, des experts, des chercheurs, des intellectuels et de nombreuses ONG, des journalistes français et étrangers. Je souhaite que nous en fassions encore plus. Les thèmes, les occasions ne manquent pas.

On cite souvent les diplomaties de la Grande-Bretagne, du Canada, des États-Unis ou de la Suède comme étant plus ouvertes aux ONG. Vous dites : « Nous sommes ouverts », mais voilà des pays qui intègrent souvent des représentants d'ONG ou d'autres professions dans leurs délégations.

Dans la mesure où cela serait exact, ce ne serait pas un signe d'ouverture, mais de confusion ! Ce n'est pas là notre politique. Je n'inclurais d'ailleurs pas la Grande-Bretagne dans cette série, et encore moins les États-Unis. Il est vrai que quelques pays qui n'ont pas de politique étrangère, pas de tradition de puissance ni de vrai appareil diplomatique, ont fait des ONG (de celles qui l'acceptent, car d'autres veulent garder leur indépendance) leur bras séculier ou leur porte-parole. En ce qui concerne l'information mutuelle régulière, consultation avant et pendant les crises, coordination dans l'action : oui. Sur l'Afghanistan, les crises africaines, l'Indonésie, les mines antipersonnel, le statut de la Cour pénale internationale, le climat, le ministère l'a fait, ne le fait pas moins que les pays que vous citez, mais sans confusion des genres. Car c'est aux gouvernements démocratiquement élus et donc légitimes de conduire les négociations et de décider. Le militantisme, associatif ou autre, doit respecter la démocratie représentative. Sinon, c'est le pouvoir des lobbies, des minorités agissantes, de groupes divers, et alors qui tranche, qui est responsable ? De toute façon, cette conception est maintenant un peu moins à la mode...

La diplomatie française ne donne-t-elle pas l'impression d'être plus souverainiste que les autres ?

De quelles *autres* parlez-vous ? L'américaine ? La britannique ? L'espagnole ? De celle des pays candidats à l'Union européenne ? Ou encore de la nouvelle diplomatie allemande ? De toute façon, la souveraineté sera exercée de plus en plus en commun, notamment entre Européens, le peuple français l'a approuvé mais il n'a pas pour autant décidé d'*abandonner* sa souveraineté dans ce domaine ni à la Commission européenne, ni au marché. La ligne de partage est plutôt entre les pays qui ont une vraie politique étrangère, avec une stratégie, des objectifs, et qui intègrent dans leur approche toutes les dimensions – diplomatique, économique, culturelle, société civile, etc. – et les autres, qui comptent surtout sur l'expression de leur société civile pour exister dans le monde. Comparée à celle des autres grands pays, la diplomatie française n'est en rien fermée. La plupart des pays ouverts recherchent un bon équilibre entre le maintien d'une certaine dose de souveraineté étatique, une souveraineté exercée en commun au sein d'organisations dans des domaines de plus en plus nombreux, et quelques transferts de souveraineté là où cela apporte plus. La France est un bon exemple de cet équilibre qui évolue à son rythme.

Vos prises de position concernant les ONG créent souvent un malaise : vous dites que la société civile ne constitue pas une « panacée », mais que c'est un « partenaire indispensable ». Il se dégage donc une sorte d'hésitation et une absence de doctrine du ministère.

Je ne suis pas d'accord avec cette présentation. Mes prises de position ont provoqué un débat dont on voit maintenant l'utilité.

Les deux formules sont, de plus, parfaitement complémentaires. Oui, les ONG sont des partenaires indispensables, et cela aussi bien en ce qui concerne le développement que les droits de l'homme, l'action humanitaire, etc. On connaît leur dévouement. On travaille avec elles sans arrêt. On les subventionne, on le voit, on échange des analyses. Mais non, elles ne sont pas la panacée, elles ne sont pas la solution à tout, elles ne peuvent pas remplacer des administrations efficaces, des gouvernements modernes et démocratiques.

Un exemple : si vous êtes un jeune Bosniaque, votre premier choix d'avenir, c'est l'immigration ; le deuxième, une des ONG parce qu'elles ont l'argent, des 4 × 4 et du prestige ; et le troisième choix, si vraiment vous n'arrivez à rien, c'est entrer dans une administration bosniaque.

Le problème se présente de la même façon dans beaucoup de pays africains. La base de la démocratie – bâtir une administration tenant la route – n'est pas valorisée. C'est à cela aussi que renvoie le débat sur les ONG. Et, après Durban, qui conteste encore qu'il faille plus de transparence et de sens des responsabilités dans le monde des ONG ? Certainement pas les « grandes » ONG responsables !

Dans les pays que vous avez cités, il est peut-être plus rentable de reconstruire à travers les ONG que de rebâtir une administration.

Dans certains cas, c'est peut-être en effet la solution la plus efficace dans l'urgence ou à court terme, mais existe alors le risque, pour ces ONG, de refaire de la coopération de substitution telle que la France la pratiquait en Afrique il y a vingt ans. Il est vrai que, compte tenu de cette vogue, de plus en plus de pays d'Afrique considèrent que la Banque mondiale, le FMI ou l'Europe imposent tellement de critères et de conditions aux États qu'ils sont obligés de passer par des ONG, surtout anglo-saxonnes, ou de fabriquer de fausses ONG pour amadouer les donateurs ! Pendant ce temps, l'édification de l'État indispensable n'avance pas. Cela peut en effet détourner complètement un gouvernement de bâtir une administration moderne, ce qui est, il est vrai, une tâche très compliquée. Il faut établir des critères de recrutement, payer et former les fonctionnaires, construire un service fiscal, des douanes, une justice qui fonctionne, etc. Or les ONG ne doivent pas être qu'un palliatif, il faut qu'elles soient un *starter*. Certaines s'en préoccupent et y réfléchissent.

La priorité est donc de reconstituer un appareil d'État dans les régions qui en sont dépourvues.

Reconstituer ou constituer des États de droit, certainement. Sur les cent quatre-vingt-neuf pays existants, un certain nombre sont de pseudo-pays. Ils sont trop petits, n'ont pas de ressources et vivront toujours de l'aide. Mais plusieurs dizaines d'autres, dont la Russie, peuvent bâtir de vrais États modernes et démocratiques, capables de garantir les conditions de la vie sociale, de la sécurité, et le déroulement des actes élémentaires de la vie démocratique. Le marché et la société civile ne peuvent répondre à tout. Il faut un mécanisme politique légitime qui assure que les décisions prises le sont dans l'intérêt général et dans la durée : un appareil d'État, une administration. Depuis une dizaine d'années, le FMI et la Banque mondiale l'ont trop oublié, avec les illusions sur la « bonne gouvernance » sans gouvernement, mais devraient le redécouvrir peu à peu.

Dans le monde de la recherche, des universités, des ONG, de la « société civile », il se développe un courant pour dire : « Ne laissons pas les diplomates définir ce que doit être l'intérêt national. Ça doit se discuter, parce qu'il y a un certain nombre d'enjeux auxquels ils ne sont pas sensibles, comme l'humanitaire, le pénal international, l'environnement. C'est par nous que tout ça est arrivé, et il faut donc qu'on négocie ensemble. »

Ce ne sont pas les diplomates qui définissent l'intérêt national, mais le président et le gouvernement démocratiquement élus ou désignés. Il n'y a pas de raison non plus que que ce soit la « société civile » toute seule. Les diplomates, spécialistes de la négociation internationale, ont montré depuis longtemps leur capacité à prendre en compte des dimensions multiples : l'économie, l'environnement, le droit, la culture... Le statut de la Cour pénale à Rome a vu le jour en grande partie parce que les diplomates français ont fait preuve d'ingéniosité professionnelle – au sens de « professionnels de la négociation » – pour trouver un point de compromis entre les pays qui ne voulaient à aucun prix d'une Cour pénale internationale et ceux qui en voulaient dans des conditions maximalistes. Pourquoi un élément de la société civile – un institut de recherche, un journal, une ONG qui a en général un objectif spécialisé et peut se permettre de ne prendre en compte qu'une partie des problèmes, contrairement à l'administration – serait-il plus légitime, pour déterminer l'intérêt national et définir une politique étrangère, que les autorités politiques ? Il y a là risque de confusion des rôles.

En revanche, je l'ai dit, nous sommes très ouverts aux concertations avant ou pendant les grandes négociations. Mais on n'est pas obligé d'aller jusqu'au degré de confusion de certains pays qui ne savent plus distinguer entre délégation gouvernementale et ONG. Notre équilibre est bon. À Bonn, sur le climat, avec Yves Cochet, la coopération a été excellente entre la délégation, les ONG et les experts.

Mais les diplomates du ministère sont-ils sensibles aux ouvertures ?

Vous en trouveriez peut-être encore quelques-uns qui ne savent pas encore comment se comporter avec les médias, qui se méfient des ONG ou des parlementaires. Mais je suis convaincu que la grosse majorité se trouve dans ce que je dis. Il faut néanmoins renforcer l'ouverture du ministère, à commencer par l'ouverture aux fonctionnaires issus d'autres administrations, et à toute la société.

L'impression que donne le ministère des Affaires étrangères est celui d'un outil qui s'adapte plus lentement que celui de pays tels que la Grande-Bretagne.

Qui a cette impression ? Le Quai d'Orsay n'est pas en retard sur les autres ministères des Affaires étrangères. Il y a cent quatre-vingt-neuf pays dans le monde. Le seul autre ministère auquel on puisse comparer le Quai d'Orsay, c'est en effet le Foreign Office. Et le seul point sur lequel le Foreign Office est sans conteste meilleur, c'est la gestion des carrières – les affectations s'y font de manière plus logique, plus rationnelle, plus à l'avance, en tenant mieux compte des compétences linguistiques et autres –, et peut-être aussi la gestion des moyens. Mais savez-vous que d'autres ministères des Affaires étrangères envoient des missions au Quai d'Orsay pour étudier notre modernisation ? Ce qui ne veut pas dire, je le répète, que tout soit parfait, loin de là : il y a encore beaucoup à améliorer ou à réformer, notamment sur la gestion, les ressources humaines, l'évaluation, la formation, la mobilité.

Concernant la diplomatie et la mondialisation, vous avez dit, dans une interview récente accordée au Monde, *que la mondialisation « renforce » la diplomatie, qu'elle constitue un « atout » et pas une « menace ». Pourriez-vous préciser ce que vous entendez par là ?*

La mondialisation renforce la *nécessité* de la négociation, et donc de la diplomatie. Dans ce monde global interdépendant, avec cette augmentation du nombre des acteurs et des défis multiples qui les affectent tous, où l'action est nécessairement collective, il faut une capacité accrue de négocier avec un grand nombre de partenaires dans des négociations complexes qui interagissent. On a donc plus que jamais besoin de vrais spécialistes de la négociation, quel que soit le domaine concerné. C'est la chance des ministères des Affaires étrangères s'ils savent relever ce défi. Quand il y a des négociations sur le climat, les transports, l'agriculture, la propriété intellectuelle, des experts du Quai d'Orsay sont là, même quand le Quai ne conduit pas la délégation : la diplomatie est une spécialité transversale. C'est un métier en soi que de savoir comment gérer les relations entre les pays, surtout quand il y a plusieurs négociations simultanées. Il faut faire une synthèse pour savoir où est la marge de manœuvre, où il faut se méfier, hiérarchiser des objectifs, ce qu'on peut anticiper de la position de l'autre, construire des alliances. Seuls les domaines vraiment très infratechniques ne sont pas concernés. C'est précisément parce que les relations internationales explosent qu'on a besoin de diplomates professionnels et polyvalents, et compétents dans deux ou trois spécialités dominantes. L'évolution du monde ne les rend pas caducs, loin de là.

Mais dans tous les ministères il y a des « spécialistes de la négociation », que ce soient par ailleurs des spécialistes de l'environnement, de l'agriculture, des finances ou des scientifiques. Qu'est-ce qui fait la spécificité du négociateur diplomate ?

Dans la plupart des autres administrations, l'activité de négociation est occasionnelle. Le spécialiste de tel secteur agricole peut avoir, à un moment donné, à négocier un volet de la politique agricole commune, celui de la construction aéronautique peut participer à la négociation d'un accord pour fabriquer en commun un avion. Et ils sont souvent excellents. Mais avoir une véritable expérience de la

243

négociation, éprouvée sur toute une carrière, suppose une connaissance du passé des négociations et des relations internationales, une connaissance globale et intime à la fois de l'interlocuteur, un savoir-négocier qui s'apprend et se transmet. On ne négocie pas seulement avec un ministère de l'Agriculture ou de la Culture, mais avec un pays. Il faut avoir une vision large des autres intérêts qui peuvent contredire les intérêts précis qui sont en jeu dans une négociation donnée. Une appréciation globale est indispensable. C'est le rôle du ministère des Affaires étrangères et, quand il le faut, du Premier ministre, d'effectuer la synthèse. C'est cela qui forme une spécialité, une compétence d'ensemble et, finalement, une culture. Les diplomates sont aussi des archivistes, les conservateurs de la mémoire, des acquis, des méthodes, de la technique de négocier que le nouvel « institut diplomatique » que j'ai créé devra transmettre.

Y a-t-il un clivage entre les sujets de négociations, les conférences dans lesquelles le ministère des Affaires étrangères a la prééminence et les sujets où il ne l'a plus ?

Oui, mais nous ne demandons pas à avoir le monopole ni le *leadership* en tout. Il est raisonnable de la part du ministère et utile pour l'État que le ministère soit ou chef de file, ou partie prenante, ou du moins systématiquement informé. Dans ces conditions, on pourra s'apercevoir si l'on fait fausse route avec un pays. C'est bien admis maintenant. Concernant le *leadership*, par exemple, le chef de délégation pour les négociations sur le réchauffement climatique, c'est le ministre de l'Environnement. Mais elles sont précédées par une réunion de synthèse interministérielle à Matignon, qui définit les positions de négociation, avec une participation active du Quai d'Orsay. Celui-ci suit ensuite au jour le jour les discussions et nous avons un diplomate important au sein de la délégation. Pour l'environnement, c'est l'ambassadeur en charge de l'environnement, poste que j'ai créé.

Vous avez souvent mis en avant l'idée selon laquelle le ministère des Affaires étrangères est le lieu de synthèse de la politique étrangère, la « tour de contrôle ».

Doit s'efforcer et mériter d'être... On a besoin d'un lieu de ce type. Cela ne peut pas se faire mieux qu'à partir de ce ministère, à condition qu'il soit ouvert. C'est un objectif mobilisateur. Le ministère appréhende bien, je crois, tout ce qui est au cœur du politico-diplomatique, du politico-stratégique, de l'analyse des situations politiques de l'ensemble de nos partenaires, une partie des relations économiques internationales, certaines des négociations culturelles, mais ce qui relève du jeu interactif des opinions, des intérêts et des volontés gouvernementales est tellement compliqué qu'il n'y a pas de source unique. Or, on a intérêt à ce que ce ministère ait aussi la capacité d'analyser, par exemple l'influence de deux ou trois grands films d'Hollywood sur le public américain, et ses répercussions sur le plan international. Il y a en effet un lien entre le soutien de la population américaine à tout système de défense et les films-catastrophes qu'elle a vus depuis vingt ans. Il faut un ministère très ouvert sur tous ces aspects. La mutation est bien engagée, il faut la poursuivre.

Est-il réaliste de penser qu'elle peut aboutir un jour, compte tenu de deux facteurs : l'esprit de corps très fort régnant dans certaines administrations...

... Comme à Bercy...

... Et l'existence d'un pouvoir politique très fort sous la Ve République ?

Oui, c'est vrai, mais ce ne sont pas des empêchements. Beaucoup de ministères ont une très grande volonté d'autonomie, en dépit de textes qui définissent la compétence internationale générale du Quai d'Orsay ou de l'ambassadeur. On travaille cependant très bien avec le ministère de la Défense, par exemple. Tous les autres ministères développent des relations internationales, des services spécialisés, mais ils en voient les limites dès lors que la négociation technique ou leur politique rencontre des difficultés. Ils se tournent très vite vers nous. On apporte une valeur ajoutée. Mes ambitions pour le Quai d'Orsay ne contredisent en rien ni la Constitution, ni les usages politiques, ni bien sûr – faut-il le préciser ? – les prérogatives constitutionnelles du président ou du Premier ministre. Il ne s'agit pas d'empêcher les ministères des Transports ou de l'Agriculture d'avoir leurs propres relations internationales, mais de faire en sorte que cela s'inscrive dans un dessein d'ensemble, que, globalement, notre pays soit plus efficace.

Mais cela passe forcément par des structures et par la circulation de l'information. Or, les diplomates se plaignent souvent de ce que l'information sur certaines négociations, dans les domaines économiques ou autres, leur font défaut, que le président de la République ou le Premier ministre mènent eux-mêmes des négociations sans que l'administration en soit toujours informée.

Ce n'est pas vrai en « cohabitation ». Je ne fais pas l'apologie de la « cohabitation », qui est une situation contrainte, mais je constate que ces pratiques caractéristiques de la Vᵉ République sont quasiment impossibles en « cohabitation », tout simplement parce que la politique étrangère est alors un domaine *partagé*. Mais vous avez en partie raison : les formes de travail que je préconise supposent un État et des administrations modernes. Le Quai d'Orsay s'est modernisé depuis trente ans de façon tout à fait estimable, mais cela ne suffit pas. Les Britanniques, outre la gestion du personnel, font preuve de supériorité dans l'échange, la mise en commun de l'information. Il faut corriger une certaine culture française : on a encore trop tendance à garder l'information pour soi, pour se valoriser par rapport à la hiérarchie, et on se prive en réalité d'une marge essentielle d'influence. Cela aussi doit changer davantage encore.

Pour revenir à la comparaison avec le Foreign Office, vous avez souligné deux différences : la gestion des carrières et la circulation de l'information. N'y en a-t-il pas une troisième : la rapidité de réaction et l'efficacité de la mise en œuvre ? Certains ont comparé la lenteur de la France à la rapidité des Britanniques pour l'aide d'urgence en ex-Yougoslavie.

On ne peut pas dire que la politique britannique dans les Balkans ait été mieux formulée ou plus efficace que la française, et ce d'autant moins que les critères d'appréciation sont difficiles à déterminer. Quant à l'aide d'urgence, les systèmes sont très différents et tous ont été critiqués pour leur lenteur. Certains voulaient, s'appuyant sur les propositions d'un rapport Fauroux, bâtir un système différent pour l'aide d'urgence et éventuellement une agence autonome. C'est la mode. Est-ce l'idéal ? En fait, aucun système n'est tout à fait satisfaisant. Par exemple, il fallait dix-huit mois, avant les réformes Patten, pour que la Commission européenne règle effectivement les aides d'urgence ! Il faut aussi tenir compte du fait que la Cour des comptes déplore qu'en matière d'aide d'urgence nous ayons malmené pendant des années les règles de la comptabilité publique, et que les décisions aient été prises n'importe comment, au nom de l'urgence humanitaire. Je pourrais vous montrer des rapports d'inspection de la Cour des comptes, des demandes de la direction du Budget, répétées chaque année, pour qu'on mette là un peu d'ordre : l'aide d'urgence ne doit pas être une pétaudière ! Mais quand le Quai d'Orsay le fait, il est aussitôt brocardé pour son bureaucratisme. Y aurait-il une incapacité, non pas du Quai, mais de l'administration en général à monter une aide d'urgence ? Mais est-ce que les ONG la gèrent mieux ? Cela reste à prouver. Que ce soit pour les uns ou pour les autres, l'argent public doit être géré de façon rigoureuse. D'ailleurs, beaucoup d'associations qui géraient les choses de façon sympathique, beaucoup plus rapide, mais désordonnée, ont été elles-mêmes obligées de respecter certaines procédures dès lors qu'elles étaient subventionnées ou qu'elles collectaient de l'argent. Pour tenir compte de tout cela, en juillet 2001, nous avons réformé notre système, créé une délégation à l'action humanitaire, en fusionnant les différents services qui s'en occupaient. Au niveau interministériel, le Premier ministre a confirmé le rôle de pilotage de la gestion des crises confié au Quai d'Orsay.

Il y a plus d'une dizaine d'années, Brzezinski disait des diplomates qu'ils sont un « anachronisme », en expliquant à la fois l'éclatement de la politique étrangère, les systèmes de communication des pouvoirs politiques, la capacité d'être en contact avec les autres dirigeants. Cela vous paraît-il excessif ?

C'est une théorie d'ancien conseiller présidentiel en lutte avec le Département d'État, qu'il a dû concevoir à la Maison-Blanche auprès du président Carter, et dans laquelle j'ai essayé de ne pas tomber malgré mes quatorze années à l'Élysée ! C'est peut-être à lui que Kissinger répond avec son ouvrage didactique intitulé *Pour une nouvelle politique étrangère américaine*[1].

Je voudrais en venir à la définition de la politique étrangère. Il n'y a pas véritablement de politique étrangère européenne, et il y a de moins

---

1. Fayard, 1970.

en moins de politique étrangère nationale. Dans ces conditions, qu'est-ce que la politique étrangère ? Existe-t-elle ?

Il y a toujours une politique étrangère de la France. Elle s'exprime soit à titre national, soit par le biais de l'Europe. L'expression nationale n'est pas destinée, à mon sens, à se fondre complètement dans une expression européenne : même ceux qui plaident en faveur d'une vraie politique étrangère commune ne contestent pas l'existence d'une politique étrangère française, britannique, voire même allemande, laquelle est en train de se reconstruire plutôt que de disparaître. Donc, aujourd'hui, il y a toujours des politiques étrangères nationales européennes harmonisées, et *en même temps* de plus en plus de politique étrangère commune. À long terme, c'est plus difficile à dire. Je ne vois cependant pas les politiques étrangères des grands pays européens disparaître dans une politique étrangère européenne *unique*. Ce sont des métaux résistants, il y faudrait une forge à très haute température. Et serait-ce un progrès ? Ne perdrait-on pas dans cette synthèse l'originalité et la force de la combinaison actuelle ? Pour moi, des politiques étrangères nationales fortes restent la condition, le combustible d'une politique étrangère européenne commune et forte, si l'on veut qu'elle soit autre chose que le plus petit dénominateur commun des Quinze aujourd'hui, des Vingt-Sept demain.

Les objectifs fondamentaux de la France apparaissent hyperclassiques : défense des intérêts nationaux, de l'influence, de la sécurité. Ce sont des thèmes qu'on retrouve dans vos discours et dans ceux du président de la République.

Vous parlez de « classicisme » de nos objectif. Il existerait donc une alternative plus « moderne » ou plus à la mode ? Se désintéresser des intérêts nationaux, de l'influence, de la sécurité de la France ? Ce renoncement, cette abdication seraient nécessaires à une Europe forte ? Je ne le crois pas. Le monde global est un monde brutal, ultraconcurrentiel, ultracompétitif, fracturé de conflits – on l'a vu à Durban –, toujours tragique, chacun l'a redécouvert depuis le 11 septembre, et dans lequel chacun continue à lutter pour sa survie, sa sécurité, ses intérêts vitaux sur tous les plans : approvisionnements énergétiques, liberté de mouvement, sécurité de ses ressortissants, influence dans le monde. L'influence s'exerce selon des dizaines de critères différents, de la mode jusqu'aux porte-avions. Il y a aussi la solidarité : ce que l'on veut apporter à la partie du monde qui n'est ni développée, ni encore démocratique. L'Europe de l'Ouest est bien le seul endroit au monde où l'on s'interroge (ou s'interrogeait) sur la pertinence de ces objectifs que vous qualifiez d'« hyperclassiques ».

L'« alternative » est que les États ont changé : ce n'est plus le temps de la compétition, mais celui de la coopération économique.

Pensez-vous que les États-Unis de George Bush raisonnent ainsi ? De toute façon, défense des intérêts vitaux et coopération économique ne s'opposent pas. Si on coopère économiquement, c'est parce qu'on considère que c'est un meilleur moyen d'assurer la sécurité que des systèmes ou des alliances militaires, ou encore que les deux sont nécessaires. On a fini par tirer les leçons de la première moitié du XXe siècle. Mais les motivations de fond restent les mêmes. Il faut se méfier d'une sorte d'angélisme ouest-européen, qui est sympathique mais qui ne doit pas nous rendre incapables de comprendre les motivations de nos partenaires dans le reste du monde, où la compétition, voire l'affrontement l'emportent largement sur la coopération.

Qu'entendez-vous ici par « angélisme » ?

L'angélisme, c'est penser que la préservation de l'identité est archaïque et superflue, que la sécurité est une préoccupation un peu vulgaire, dépassée, que tout va se faire par la coopération et l'entente entre gentils membres de la communauté internationale pleins de bonne foi. Certains Européens souhaitaient vivement que ce nouveau paradigme soit exact. Mais voyez ce que représentent ou exploitent, avec leurs erreurs et leurs contresens, les mouvements antimondialisation : la peur de la perte des garanties sociales, des identités culturelles, d'un désastre écologique, de toute influence politique sur les décisions. Et voyez le choc tragique du 11 septembre, et ses suites ! Le monde va rester dur. Il faut que l'Europe sache et puisse défendre ses valeurs, son équilibre incomparable, donc ses intérêts. Et influencer le monde dans le bon sens avec autre chose que des déclarations. Si loin que nous amenions l'Europe, les États-nations auront encore un rôle à jouer. Quant à la « Communauté internationale », bel objectif, elle reste à construire.

Autrement, juillet 2001

Le 23 octobre 2001, soit presque un an après l'évanouissement des espérances soulevées par les négociations de Camp David-Taba, et peu après que le président Bush a fixé comme perspective devant l'ONU la création d'un « État de Palestine », Hubert Védrine s'adresse, via Le Monde, *aux Israéliens et aux Palestiniens : « Vous devez bouger », leur dit-il. Et il énumère les changements d'attitude et de politique qui incombent à chacun.*

Israéliens, Palestiniens, il faut bouger !

Le conflit israélo-palestinien, et donc israélo-arabe, demeure irrésolu depuis des décennies. Certes, depuis 1993 et les accords d'Oslo, une Autorité palestinienne a pu s'installer à Gaza et à Ramallah. Mais le problème d'organisation de la coexistence en paix des deux peuples reste entier ; même, depuis un an et, plus encore, depuis la disparition traumatisante des espérances de Camp David-Taba, il s'aggrave.

Déjà 699 morts palestiniens, 178 morts israéliens, des milliers de blessés. C'est peu dire que les deux camps ne se font plus confiance. Il s'est creusé entre eux, même entre les plus courageux partisans de la paix, un fossé de défiance apparemment infranchissable, que les drames récents approfondissent encore. Les Israéliens semblent ne plus croire qu'à la répression et à la force militaire pour les délivrer du cauchemar des attentats terroristes et de l'angoisse de l'encerclement. Les Palestiniens sont désespérés et poussés à bout par l'asphyxie économique, les humiliations permanentes, les provocations des colons ou de l'armée. Leur amertume finit par se retourner contre leurs propres dirigeants.

Et pourtant, il y aura toujours côte à côte, au Proche-Orient, des Israéliens et des Palestiniens qui n'auront d'autre choix que de coexister. Les Israéliens ne pourront pas chasser les Palestiniens, ni l'inverse. Ils le savent tous, mais n'arrivent pas à en tirer les conséquences. Il n'y a toujours pas accord entre eux pour arrêter l'engrenage et recommencer à chercher une vraie solution.

Laquelle ? Seule, comme la France le préconise depuis 1982, l'Union européenne depuis 1999, et les États-Unis dorénavant, une solution claire et franche – la création d'un État palestinien viable – permettra de sortir du drame et de commencer à bâtir un nouveau Proche-Orient.

Cela supposera, de la part des Israéliens, de se résoudre à l'évacuation de l'essentiel des territoires occupés et donc des colonies, et à la reconnaissance d'une capitale palestinienne à Jérusalem-Est – c'est-à-dire, en gros, ce qui se dessinait il y a un an entre Camp David et Taba.

Et cela supposera, de la part des Palestiniens, de prendre des engagements contraignants garantissant aux Israéliens que l'accord leur apportera la sécurité, et que ni les mécanismes de retour de réfugiés – plusieurs solutions existent – ni les capacités militaires du futur État palestinien ne représenteront pour eux une menace.

On objectera qu'Israël ne veut toujours pas de cette solution et que les esprits sont, de part et d'autre, plus éloignés que jamais de tout dialogue ; que des forces visibles ou cachées s'emploient à étouffer dans l'œuf toute reprise d'un processus de paix, et même à faire prévaloir le pire, comme on l'a vu depuis la rencontre Peres-Arafat, malgré leurs efforts ; ou à exiger délibérément des préalables irréalisables.

Sans doute. Mais peut-on se résigner à ce que les Palestiniens s'enfoncent, pour notre honte, dans des conditions de vie abjectes avec pour seul horizon une haine sans nom ? Et que, pour notre désespoir et le leur, les Israéliens n'aient plus jamais d'autre perspective que l'angoisse et une répression de plus en plus militarisée, là où l'exemplarité démocratique de ce pays devrait au contraire entraîner le Proche-Orient tout entier ?

Ce serait intolérable pour eux et pour nous. Il y va aussi de la paix et de la sécurité internationales. Il faut régler ce problème qui n'a que trop duré.

Cela a toujours été difficile d'agir de l'extérieur sur le conflit du Proche-Orient, chaque camp ayant tendance à récuser l'intervention de tout pays ou organisation qui ne s'aligne pas par avance sur ses positions. Pourtant, malgré ces préventions, le dialogue s'intensifie. Tous les protagonistes, y compris Ariel Sharon, reconnaissent aujourd'hui la France et l'Europe comme des interlocuteurs légitimes et acceptent de parler franchement avec elles. D'autre part, les positions des Européens sont aujourd'hui très homogènes. La coordination est bonne entre nos initiatives et la démarche de plus en plus affirmée du président Bush et de Colin Powell.

Ce qui est maintenant urgent, c'est d'enclencher le processus en débloquant les verrous qui le paralysent. J'ai dit à Ariel Sharon : « Vous avez raison de chercher avant tout, comme tout votre gouvernement, la sécurité pour les Israéliens, c'est votre mandat et votre responsabilité, nous respectons votre engagement sur ce point. Mais vous n'obtiendrez pas la sécurité ainsi, de façon purement militaire. Cessez de conditionner la recherche d'une solution politique à l'impossible obtention préalable d'un arrêt complet des violences. Rouvrez les discussions sur une solution politique, votre coalition dût-elle en souffrir et votre armée dût-elle protester. Personne ne vous contestera le droit de continuer à combattre le terrorisme avec une détermination inchangée, même après que les négociations auront repris. Personne n'incarne autant que vous l'exigence de sécurité pour Israël. Faites-en un levier pour la paix ! »

Et je dis au président de l'Autorité palestinienne et à tous les dirigeants palestiniens : « Vous allez devoir décider de coexister vraiment avec l'État d'Israël, en éliminant du discours et du projet palestiniens toute ambiguïté sur les frontières, la sécurité, l'identité futures. Préparez-vous. Le monde entier va bientôt vous demander des garanties et des engagements précis. »

Qu'est-ce que le monde attend maintenant, de façon pressante, des deux parties ?

— Des Israéliens, l'arrêt total des opérations militaires antipalesti-niennes ; le gel véritable des colonies, y compris de leur pseudo-croissance naturelle ; la levée des mesures d'asphyxie financière des territoires ; l'acceptation de l'ouverture des négociations politiques.

— Des Palestiniens, un engagement total de la police palesti-nienne contre les organisations et réseaux terroristes ; la mobilisa-tion de toutes les autorités palestiniennes pour combattre réellement les incitations à la haine anti-israélienne dans les livres, les médias, les discours.

— Des deux, un accord pour des négociations politiques sans préalable, l'acceptation d'un mécanisme international impartial d'observation. Cela permettrait de mettre en œuvre les conclusions de la Commission Mitchell et d'aller au-delà, c'est-à-dire à des négociations politiques.

Les obstacles à ces avancées décisives sont bien connus : ils se situent à l'intérieur des systèmes israélien ou palestinien de décision, et souvent dans la psychologie de leurs dirigeants.

En général, les Israéliens refusent une présence internationale par principe et pour la raison suffisante que les Palestiniens l'exigent ; ils acceptent encore moins une médiation internationale qu'ils récusent par avance comme partiale, sauf celle des États-Unis, et encore. Les Israéliens refusent toute pression, même amicale. Et le système politique israélien ne facilite pas les choix courageux. Pour-tant, cette action internationale pourrait être précieuse pour les Israéliens, depuis une meilleure surveillance du terrain, utile contre le terrorisme, jusqu'à la présence active dans les négociations pour obtenir et solenniser les engagements pris sur le respect futur de la sécurité et de l'identité d'Israël.

Quant au mode de fonctionnement de l'Autorité palestinienne, outre qu'il frustre les Palestiniens avides de modernité et de démo-cratie, il favorise le report à toujours plus tard des engagements qu'il faudra pourtant prendre à l'égard des Israéliens. Aux dirigeants du futur État palestinien de se montrer hommes d'État.

Aujourd'hui, il s'agit pour les Israéliens et les Palestiniens de sortir ensemble de l'impasse. Ils doivent accepter que les Améri-cains, de plus en plus déterminés à ne plus laisser les choses en l'état,

la France, engagée pour la paix au Proche-Orient depuis si longtemps, les autres Européens, la Russie, les pays arabes, notamment
l'Égypte, la Jordanie, le secrétaire général des Nations unies,
d'autres encore, les aident à surmonter dans chaque camp des obstacles ou des oppositions internes devenus insupportables, mais sans
doute impossibles à franchir sans une aide extérieure.

Si je ne propose pas, à ce stade, de nouvelle initiative diplomatique, c'est parce que plusieurs formules de relance des négociations
sont déjà sur la table, et disponibles. C'est aussi parce que, sans une
volonté authentique d'aboutir, aucune ne donnera de résultat.

Je m'adresse aux Israéliens et aux Palestiniens, aux hommes
d'État israéliens et palestiniens : il faut bouger ! Faisons-le tous
ensemble. Hors de cela, il n'y a que le malheur comme perspective.

Le Monde, *23 octobre 2001*

En mai 2002, au moment des élections présidentielles, la revue
Politique internationale *publie un long entretien avec Hubert Védrine*
(qu'elle intitule « Le védrinisme existe-t-il ? »). Ce texte reprend les prin-
cipaux sujets des cinq années passées et apparaît, compte tenu de la date,
comme une synthèse ou un bilan.

Le védrinisme existe-t-il ?

POLITIQUE INTERNATIONALE : La revue américaine Policy Review
évoquait, il y a deux ans, une doctrine diplomatique qui porterait votre
nom, le védrinisme. Comment, si elle existe, définiriez-vous cette
doctrine ? Autrement dit : de quelle manière, en tant que chef de la diplo-
matie française pendant cinq ans, avez-vous pu imprimer votre marque ?

HUBERT VÉDRINE : Je n'ai jamais prétendu élaborer une
doctrine et ce n'est évidemment pas moi qui ai inventé le terme
« védrinisme ». Il a été créé par un expert américain après que j'eus
parlé d'« hyperpuissance », ce qui a piqué sa curiosité.

Disons que j'avais développé, avant même d'être ministre, une
analyse de l'état du monde après la guerre froide, des rapports de
forces et de ce que la France peut y faire, par elle-même ou *via*
l'Europe, et qu'après être devenu ministre j'ai continué à réfléchir à
ce que je faisais et à évaluer les résultats de notre action. Parallèle-
ment, je l'ai beaucoup expliqué, car la demande est très forte !

Cet effort d'explication n'aboutit-il pas à la formulation d'une
doctrine ?

C'est un terme trop rigide. Ce qui est certain, c'est que j'ai constamment cherché à opérer la synthèse entre le très riche héritage
historique de la diplomatie française, qu'il faut faire vivre, et l'adap-

tation à un contexte devenu totalement différent depuis dix ans. Le passage du monde bipolaire au monde global nous oblige à une reconstruction conceptuelle et pratique qui n'est pas achevée. Outre la fin du monde bipolaire, il faut insister sur un phénomène concomitant : le développement considérable de tous les acteurs non étatiques dans les relations internationales. Non pas que les États perdent leur rôle et leur légitimité propres, mais ils perdent leur *monopole* sur la scène internationale. Il est nécessaire de conduire cette double adaptation. C'est ce que je me suis efforcé de faire depuis cinq ans, tout en traversant et en traitant des événements majeurs, de la guerre du Kosovo à l'Afghanistan. Et cela, dans un contexte de « cohabitation ».

Ce contexte particulier n'a-t-il pas rendu votre tâche plus ardue ?

Choisi par Lionel Jospin, j'ai agi sous son autorité et j'ai travaillé très correctement avec le président de la République dans le respect de ses prérogatives constitutionnelles. Parce qu'ils avaient décidé tous les deux que dans cette situation, la France devait s'exprimer de façon cohérente à l'extérieur – le fameux « d'une seule voix », même si c'était à travers plusieurs bouches –, et que j'en étais convaincu, nous avions mis en place un processus d'élaboration des positions de notre pays, contraignant mais efficace, pour formuler des propositions résultant de réunions qui se déroulaient ici, au Quai d'Orsay, avec des représentants de l'Élysée et de Matignon ; il se prolongeait par la tenue de comités restreints, sous la direction du Premier ministre, et s'achevait, sous la présidence du chef de l'État, par des conseils restreints. Cela était également vrai, à quelques nuances près, pour Alain Richard et la politique de défense. Ce système nous a donné – du moins pour tout ce qui était prévisible et préparable – une cohérence internationale presque plus forte que celle qu'on a pu observer dans des pays dirigés par des coalitions censées marcher du même pas. Bref, la « cohabitation » n'est pas une situation idéale pour prendre des initiatives importantes ou réagir à chaud, mais nous l'avons gérée, je crois, au mieux et dignement.

Nous sommes à la veille d'échéances électorales majeures ; indépendamment de leurs résultats, quels sont vos principaux motifs de satisfaction, mais aussi de regret ?

À vrai dire, surtout avec les événements du Proche-Orient, je suis plus porté à l'action qu'au bilan. Quelles que soient les crises que j'ai traversées ou les négociations que j'ai eu à mener, j'ai essayé de poursuivre le même effort d'adaptation, de réinvention et de reformulation d'une politique étrangère au service de nos intérêts, de nos idées, de nos valeurs, directement ou à travers une Union européenne qui se renforce et s'approfondit. Dès lors, je serais bien en peine d'isoler soit l'affaire du Kosovo, soit tel ou tel problème en Afrique (comme la crise en Côte d'Ivoire), soit le sommet de Nice, entre autres. L'ensemble de cette période est plus fort que les événements particuliers qui s'inscrivent tous à l'intérieur de ce cadre global et instable. Il n'y a pas eu, au cours de ces cinq ans, un événement majeur, paroxystique, qui ait été complètement distinct des autres et qui eût appelé une analyse et une réponse différentes.

Que dire, dans ce cas, du 11 septembre 2001 ?

Que c'est un révélateur stupéfiant et tragique d'une situation qui préexistait, d'un drame qui couvait avant le 11 septembre. À mes yeux, la véritable césure historique reste la fin de l'URSS : le passage du monde bipolaire au monde global.

Le 11 septembre fut un choc énorme pour les États-Unis, jusque-là convaincus de leur invulnérabilité. C'est aussi un événement considérable pour l'Amérique et pour les pays qui se sentent amis ou alliés des États-Unis, ou qui estiment être exposés à des menaces du même type. Les conséquences en cascade en sont considérables, que ce soit sur l'opinion américaine qui se sent en guerre, sur la politique étrangère ou de défense américaine, ou au Moyen-Orient, en Asie centrale, peut-être aussi au Proche-Orient. Mais ce serait une erreur d'oublier que les problèmes du monde étaient déjà présents et analysables avant le 11 septembre.

Est-ce pour cette raison que vous avez stigmatisé un certain simplisme de la politique américaine après le 11 septembre ?

Je faisais allusion au double danger qu'il y aurait à ramener tous les problèmes du monde à la seule lutte contre le terrorisme, et par les seuls moyens militaires, même si cette lutte est indispensable. N'oublions pas toute une série d'événements qui ont trait à la globalisation et à sa contestation, de Seattle à Gênes ! Ni la conférence de Durban, qui a également révélé un certain état du monde. On y a entendu, de la part de certaines ONG, des expressions inacceptables par rapport à Israël, mais aussi, par ailleurs, des discours qui confirment l'ampleur du fossé qui sépare toujours les Occidentaux des autres peuples. On est encore loin de cette fameuse communauté internationale qui reste à construire ! Toutes choses qu'on pouvait savoir bien avant le 11 septembre.

En définitive, votre analyse se situe complètement à l'opposé de celle de Francis Fukuyama annonçant, au lendemain de l'effondrement de l'Union soviétique, la fin de l'Histoire. Vous nous dites, vous, que le monde est beaucoup plus instable, la fin moins prévisible.

Le discours de Fukuyama est plus nuancé que le résumé qu'on en a fait. Il a d'ailleurs écrit d'autres livres complétant ce qu'il avait dit. Fukuyama a une pensée qui évolue.

Qu'affirmait-il à l'origine ? Qu'il n'y a plus de contestation sur deux points fondamentaux : l'économie de marché et la démocratie libérale, voire occidentale. C'est vrai et faux à la fois. On assiste certes à une victoire par K.O. de ces deux modèles sur ceux qui les ont précédés ; mais il est également vrai que le monde n'en est pas plus stable pour autant et que l'Histoire n'est pas finie. Fukuyama n'a peut-être pas assez intégré à sa réflexion les effets de l'affaiblissement des États à l'œuvre dans le monde global : sur cent quatre-vingt-dix États (je prends le chiffre des États membres de l'ONU), des dizaines n'en sont pas, en réalité. Il existe même des pseudo-États qui vivent de la charité internationale, d'arrangements variés, ou qui sont la proie de forces économiques immenses, licites ou illicites. On a aussi de nombreux États dignes et pauvres qui manquent tout simplement de tout. Actuellement, certains d'entre eux sont inca-pables, même s'ils en avaient l'intention, de participer à la moindre régulation internationale. C'est un facteur constant de déstabilisation. Il subsiste en outre de nombreux et très graves conflits régionaux. Bref, je ne crois absolument pas – hélas ! – que les conflits soient finis.

Vous avez souvent souligné le caractère stérile ou déclamatoire de certains propos européens, mal perçus aux États-Unis. En dénonçant, comme vous l'avez fait récemment, le simplisme dont fait preuve la politique étrangère américaine, ne craignez-vous pas d'apporter de l'eau au moulin des américanophobes ?

Non, car depuis que je suis ministre, j'ai toujours évité la contestation systématique des États-Unis, vaine et d'ailleurs injustifiée. Je n'ai pas plus pratiqué l'approbation systématique, infondée et intenable. Je tiens beaucoup à la formule « Amis, alliés, mais pas alignés ».

Lorsque nous sommes en accord avec les Américains, il faut pouvoir le dire sans gêne et coopérer avec eux sans complexes, comme nous le faisons dans de multiples endroits : dans les Balkans, par exemple, ou au Proche-Orient où nous avons travaillé en bonne intelligence avec l'administration Clinton pour la paix, même si, malheureusement, cela n'a pas abouti. Dans ces cas où nous coopérons, j'estime que les reproches de suivisme formulés par certains, dans notre pays, ne sont pas justifiés.

Mais, à l'inverse, quand nous avons un désaccord véritable avec les Américains, nous sommes en droit de le dire. Après tout, nous faisons partie d'une alliance. Comme l'a dit Joschka Fischer, cela ne fait pas de nous des satellites ! Nous devons pouvoir exprimer des positions différentes sans avoir automatiquement droit à une avalanche de griefs du côté américain où l'on a parfois l'impression que la moindre critique, même si elle reprend des remarques formulées d'abord aux États-Unis mêmes par des Américains, déclenche l'ouverture d'une sorte d'armoire mal rangée : tout vous tombe dessus et, naturellement, la France est aussitôt qualifiée – en tout cas par certains – de collabo, vichyste, menteuse, arrogante, truqueuse, mercantile, lâche, déclinante, etc. Une série de stéréotypes francophobes vous assaille. Il n'en faut pas plus pour qu'aussitôt, à Paris, quelques éditorialistes spécialisés dénoncent l'anti-américanisme ! C'est consternant ! Nous avons absolument le droit, en tant qu'amis anciens et alliés sûrs, de dire ce que nous pensons. En ce qui me concerne, je n'ai jamais recherché la contradiction pour le plaisir.

Qu'en est-il du côté de l'administration américaine ?

L'idéal est, je le répète, d'arriver à coopérer avec les États-Unis et d'édifier avec eux un vrai partenariat. Certaines administrations américaines se sont montrées intéressées par cette perspective, d'autres moins. Dans ces cas-là, nous devons essayer d'agir seuls, en tout cas sans elles. C'est faisable dans certains domaines, nous le montrons avec le protocole de Kyoto. Mais, dans d'autres cas, c'est impossible. Nous sommes aussi parfois obligés de marquer notre désaccord sans agressivité. Ce qui, en un an, a dû être fait à plusieurs reprises : sur Kyoto, sur la Cour pénale internationale, sur le traité ABM, sur l'accord relatif aux armes de petite taille, sur le CTBT[1], sur les mines antipersonnel, sur le protocole de vérification biologique, etc. Je le regrette.

Vous avez été de ceux qui ont réagi le plus vivement à une certaine tendance américaine à l'unilatéralisme, avant d'être suivi par votre homologue allemand Joschka Fischer et par le commissaire européen Chris Patten.

Certes, mais au terme d'une année tout au long de laquelle nous nous sommes montrés plutôt patients et compréhensifs ! Une nouvelle administration se mettait en place à Washington : il fallait d'abord voir si on pouvait travailler et dialoguer avec elle. Cependant, à un moment donné, et parce que j'ai senti qu'il y avait consensus chez les Européens, j'ai estimé devoir faire une déclaration en forme d'avertissement : il fallait que nos amis américains nous entendent. C'est peut-être regrettable d'avoir dû hausser le ton, mais il n'y avait pas d'autre solution. Nous n'avons jamais vu une administration américaine consulter aussi peu ses alliés, voire, pour certains de ses responsables, les traiter avec une telle désinvolture. Je vous ferai cependant observer que je n'ai pas brocardé spécifiquement l'expression « axe du mal ».

Est-ce à dire que vous la reprenez à votre compte ?

Non ! Ce n'est ni mon style, ni ma rhétorique. En revanche, cette rhétorique est assez classique aux États-Unis, elle fait un gros effet sur l'opinion publique, ce qui était visiblement l'objectif recherché... Je considère d'ailleurs que cet « axe » n'existe pas en tant que tel. Selon moi, ces trois dossiers (Corée du Nord, Irak et Iran) ne doivent pas être traités de la même façon. Et, d'ailleurs, les

---

1. Le traité d'interdiction complète des essais nucléaires.

Américains eux-mêmes ne les traitent pas comme un axe. Je répète qu'il serait dangereux de ramener tous les problèmes du monde à la seule lutte contre le terrorisme, si légitime et nécessaire soit-elle, et, de plus, de ramener toute la lutte contre le terrorisme à la seule action militaire, même si elle est à certains moments indispensable. Le simplisme, en l'occurrence, serait de ne voir qu'un seul aspect des choses.

Pensez-vous qu'il existe une sensibilité américaine particulière par rapport à la France, liée à une histoire commune et à une certaine similitude dans la façon dont ces deux pays perçoivent leur rôle sur la scène internationale ?

Les États-Unis d'aujourd'hui ont atteint un tel niveau de puissance qu'ils ne sont guère sensibles à ce qui est extérieur, sauf quand un élément leur paraît représenter une menace : aujourd'hui le terrorisme et tout ce qu'ils assimilent à lui.

La vieille relation franco-américaine à laquelle vous faisiez allusion est bien connue. Elle consiste en une compétition conceptuelle sur une certaine façon d'envisager l'universalité, les deux peuples se sentant investis chacun d'une mission particulière. Les élites françaises ressentent une certaine souffrance, voire une jalousie, parce qu'elles voient bien qu'elles n'ont plus tout à fait les moyens de leur ambition, et cela les déprime. Tandis que les Américains en rajoutent dans l'autre sens. Quant aux relations diplomatiques ou politiques franco-américaines, elles ont connu, depuis les désaccords bien connus de De Gaulle et Roosevelt, des hauts et des bas. La formule que je citais précédemment – « Amis, alliés, mais pas alignés » – n'a cessé de représenter, même si elle n'était pas exprimée ainsi, une sorte d'idéal français, du moins sous la Ve République. C'est un objectif difficile à atteindre. D'autant que, du côté américain, on a en permanence la tentation de dire : « Ceux qui ne sont pas avec nous sont contre nous. Vos finasseries ne nous intéressent pas. » Cette situation doit être gérée sans volonté d'envenimer les choses, de façon pragmatique, en s'informant mutuellement du mieux possible, régulièrement et à l'avance, des problèmes qui peuvent se poser, et en recherchant ensemble la façon de les limiter.

Regrettez-vous l'affaiblissement relatif du Département d'État au profit du Pentagone ?

La conjoncture actuelle entraîne mécaniquement une augmentation de l'influence du Pentagone.

Et en dehors de ce contexte spécifique ?

La force sans précédent des États-Unis ne les dispense pas, à mon sens, d'avoir une politique étrangère s'appuyant sur de puissantes capacités d'analyse des autres pays, sur une connaissance des situations et des relais, sur une aptitude à la négociation et à l'échange. Ce qui suppose un Département d'État fort et un engagement conséquent dans le système multilatéral.

Au-delà des bisbilles franco-américaines, James Woolsey, l'ancien directeur de la CIA, reproche aux Européens une certaine mollesse face à ce que George Bush, vous venez de le rappeler, a appelé l'« axe du mal ». Il les met en garde contre ce que pourrait devenir l'attitude des États-Unis envers des alliés – Royaume-Uni excepté – qui seraient trop systématiquement critiques envers Washington. Que vous inspirent de tels propos ?

Tout d'abord, il ne s'agit pas de « bisbilles franco-américaines », mais d'une controverse euro-américaine. Cette distinction est importante. Nous avons évoqué les déclarations de Chris Patten et de Joschka Fischer. Mais d'autres propos, tenus au même moment par les Grecs, les Suédois ou les Belges, sont passés plus inaperçus. Vous voyez donc que ce débat est bien euro-américain. Ce qui, du reste, explique la réaction de nos partenaires d'outre-Atlantique.

Pour revenir à l'article de James Woolsey, je l'ai trouvé amusant mais faux. Car il est fondé sur une série de sophismes. J'en ai lu dix à quinze dans ce genre, développant exactement la même thèse, à savoir : les Européens qui ne sont pas d'accord avec nous sont des lâches. Une telle réaction, notez-le, ne nous empêchera pas de continuer à débattre ! Si les États-Unis estiment légitime, comme on l'entend tous les jours, leur rôle majeur dans le monde, alors ils doivent accepter un minimum d'échanges sur des sujets qui nous concernent tous. Toutes les opérations américaines ne se dérouleront pas forcément comme les frappes contre Al-Qaida et les Taliban. Il est normal de se poser des questions. Il y a une vingtaine d'années, Jimmy Carter, au nom du respect des droits de l'homme, a voulu changer le régime en Iran, régime qui était répressif. Résultat : il a contribué à la naissance de la révolution islamique et à une déstabilisation dont nous n'avons pas fini de subir les effets. Il est un peu facile, voyez-vous, de ramener toute remarque ou toute discussion à une attitude de lâcheté. D'autant que ce débat va également se développer aux États-Unis mêmes. Avez-vous remarqué que lorsque Tom Daschle, le leader démocrate au Sénat, a émis des réserves sur la conduite de la guerre, il s'est fait injurier dès le lendemain ? Certains l'ont accusé d'être un traître, d'aider l'ennemi. Depuis, le président Bush a indiqué que le traitement de la question irakienne ne se ferait pas sans consultation des alliés.

Franchement, l'article de Woolsey ne vous a-t-il pas exaspéré ?

Non. Il en faudrait plus pour m'exaspérer ! Mais, simplement, je le répète, il est faux. Il compare les États-Unis à Gary Cooper dans *Le train sifflera trois fois*, et les Européens aux villageois qui se terrent chez eux. Quelle finesse ! M. Woolsey doit accepter la discussion. Un certain nombre de pays dans le monde peuvent avoir des idées judicieuses sur la façon de traiter les problèmes. Notez bien que le président Bush, en déplacement en Asie, à Tokyo, à Séoul ou à Pékin, n'a pas vraiment repris son discours type sur la Corée du Nord. Après avoir entendu l'opinion unanime des Coréens du Sud lui signifiant qu'il ne fallait pas aborder la question sous cet angle, qu'ils n'avaient aucune envie d'avoir à gérer à court terme l'implosion de la Corée du Nord, il a tenu des propos raisonnables. Des propos qui, logiquement, devraient être condamnés par James Woolsey…

Quels sont, en définitive, les reproches que vous adressez à la gestion américaine de l'après-11 septembre ?

Je n'émets aucune critique sur ce qui a été fait en Afghanistan ou contre le réseau Al-Qaida, et qui était légitime ; mais j'insiste sur ce point : il convient de ne pas oublier le reste. Nombre de problèmes qui se posent actuellement dans le monde et qui peuvent, à terme, devenir réellement menaçants s'enracinent dans l'extrême pauvreté et d'immenses injustices. Nous devons avoir à cœur – c'est par surcroît notre intérêt – de déminer ce terrain. Et ce n'est pas comme d'extirper une hérésie : il faut agir sur les situations économiques, sociales et politiques. À cet égard, même s'il faut naturellement mener cette lutte – et nous sommes à leurs côtés dans ce combat –, je dis une nouvelle fois que nous serions inquiets si nos amis américains se concentraient exclusivement sur la lutte contre le terrorisme et la chasse aux réseaux.

Depuis un an, j'ai regretté le désengagement des Américains au Proche-Orient, qui a donné carte blanche à la politique d'Ariel Sharon. J'ai toujours pensé que cette politique allait conduire non seulement à une tragédie toujours accrue, mais à une impasse stratégique et politique, même si elle pouvait obtenir des succès militaires.

Avant d'en revenir au Proche-Orient, que pensez-vous de la volonté manifestée par les États-Unis de saisir à bras-le-corps le dossier irakien ?

Compte tenu de son passé, le régime de Saddam Hussein inspire une suspicion légitime et d'abord pour ses voisins. Je n'ai pas de critiques à formuler envers une politique américaine qui n'a été encore ni arbitrée ni présentée. Les politiques de sanctions ont souvent des résultats contestables. Dans le cas de l'Irak, elles étaient justifiées au début. Maintenant, elles dysfonctionnent. Depuis des années, nous préconisons d'alléger le fardeau qui pèse sur les populations irakiennes, tout en renforçant les contrôles sur le régime. Il est intéressant de noter au passage que nos idées ne sont pas tellement appréciées par le régime irakien qui préférerait, lui, soit en rester au *statu quo* actuel, soit obtenir une suppression complète des contrôles. Nous avons défendu notre position deux ans avant que Colin Powell n'évoque à son tour la nécessité de changer de stratégie et d'adopter des « sanctions intelligentes », et nous l'avons soutenu. Pourquoi, dans ces conditions, ferais-je un procès d'intention aux Américains ? Je me borne à répéter à ce stade que Saddam Hussein sait très bien ce que l'on attend de lui : qu'il se mette en règle avec le Conseil de sécurité et accepte le retour des inspecteurs de l'ONU, qui doivent pouvoir travailler librement et sans contrainte.

Et s'il ne le fait pas ?

Dans ce cas nous verrons, notamment au sein du Conseil de sécurité.

Est-ce à dire que la France pourrait soutenir, voire participer à une éventuelle action militaire ?

La question n'est pas d'actualité.

Vous avez évoqué certains États qui n'en sont pas vraiment. On songe par exemple à la Somalie, dépourvue de pouvoir central et livrée à l'anarchie. Que faire concrètement pour éviter que ce pays ne devienne un sanctuaire pour les terroristes ?

Il est tout de même dommage qu'il ait fallu attendre le traumatisme du terrorisme pour se saisir de cette question et comprendre qu'il faut aider les pays africains – et d'autres – à rebâtir des États ! Voilà un certain temps que nous disons, nous Français, qu'il ne faut pas abandonner l'Afrique à elle-même. Dans les zones aux prises avec des conflits aigus, comme tout autour de la République démocratique du Congo, nous prônons la recherche de règlements politiques accompagnés d'une aide internationale. Il en va de la Somalie comme de la RDC ou de tout autre pays. Bref, il convient de voir plus loin que le point de vue uniquement sécuritaire et utilitaire. Nous savons très bien qu'il est désormais impossible, dans un monde global, de confiner les drames dans un coin. Il faut avoir une approche qui combine différents éléments : un intérêt de sécurité, un intérêt de développement, une action conforme aux idées européennes, et essayer ainsi de mettre en œuvre un processus de reconstruction, de *nation building*, ce qui suppose, j'y reviens, des États et des administrations capables.

Vous avez récemment effectué un déplacement en Afrique avec votre collègue britannique, Jack Straw. Comment concilier cette initiative franco-britannique avec l'objectif revendiqué visant à édifier une diplomatie commune aux Quinze ?

Cette initiative en est précisément la condition préalable. Si nous ne parvenons pas à définir une approche commune entre les deux ou trois pays qui ont une vraie politique par rapport à l'Afrique (la France, la Grande-Bretagne et la Belgique), nous n'aurons aucune chance d'y arriver à quinze !

Prenons l'exemple de la défense. Avant le sommet de Saint-Malo[1], les Européens demeuraient bloqués par les approches conceptuelles antagonistes des Français et des Britanniques. À partir du moment où nous sommes parvenus à un accord avec Londres, nous avons pu

---

1. Sommet franco-britannique, décembre 1998.

avancer tous. Nos partenaires ne se sont pas sentis dépossédés mais, bien au contraire, encouragés par cet accord, et nous en sommes à bâtir une force d'intervention de soixante mille hommes.

Si les trois pays que je viens de citer conservaient des approches différentes à propos de l'Afrique, il serait strictement impossible de parvenir à une action à quinze. On en resterait au stade des bons sentiments masquant les contradictions, mais il n'y aurait pas de « vraie » politique. Il a donc fallu faire en sorte que les gouvernants français et britanniques (entre les Belges et nous, c'est beaucoup plus facile), les diplomates et les ministères travaillent ensemble.

Depuis Saint-Malo, je me suis rendu avec Robin Cook[1] au Ghana et en Côte d'Ivoire. Charles Josselin et Claire Short[2] ont été en Sierra Leone et au Liberia. Enfin, nous nous sommes rendus, Jack Straw[3] et moi, en Ouganda, au Rwanda, au Burundi et en République démocratique du Congo. C'est ainsi qu'il faut procéder : montrer sur place, à des responsables qui sont habitués aux bisbilles franco-britanniques, et qui en jouent, que notre approche est désormais commune. L'effet a été très positif dans la région, notamment lors de notre dernier voyage. Les dirigeants locaux n'y croyaient pas trop : ils vont devoir s'y habituer. L'état d'esprit qui contribuait au blocage et au verrouillage du conflit n'est plus de mise. En résumé, ces initiatives franco-britanniques constituent une étape qui facilitera, j'en suis convaincu, l'établissement d'une véritable politique africaine à Quinze.

Au sein des Quinze, certains pays ne craignent-ils pas l'émergence d'un directoire européen ?

Sur l'Afrique, ils redoutent surtout un désaccord franco-britannique qui paralyserait toute initiative. En revanche, c'est dans le débat plus général sur l'avenir de l'Europe que la question du « directoire » est posée.

À ce propos, le « moteur franco-allemand » a été, durant plusieurs décennies, à l'origine d'avancées importantes dans l'histoire de la

---

1. Ministre des Affaires étrangères durant le premier mandat de Tony Blair.
2. Ministre déléguée chargée de la Coopération.
3. Ministre des Affaires étrangères durant le deuxième mandat de Tony Blair.

Communauté, puis de l'Union européenne. Or il semble avoir disparu. Faut-il imaginer d'autres formes de coopération, du type franco-britannique sur la défense, avec divers partenaires ?

Pour lancer la construction de l'Europe, un effort particulier de la part de la France et de l'Allemagne, dont l'affrontement avait conduit à plusieurs reprises l'Europe à la guerre, était un point de départ indispensable. Cette réconciliation franco-allemande, qui a été le moteur de tout ce qui a suivi, s'est incarnée dans des tandems bien connus : de Gaulle et Adenauer, Giscard et Schmidt, Mitterrand et Kohl. Tout a fonctionné remarquablement jusqu'à Maastricht. On est entré ensuite, avec l'Europe à quinze, dans une phase un peu différente ; non parce que le moteur était en panne, mais parce qu'il avait presque trop bien réussi et qu'il avait créé les conditions de son propre dépassement. Ou, pour le dire autrement : la réussite du processus lancé par les Français et les Allemands a conduit à l'élargissement à neuf, à douze, puis à quinze, etc. L'Europe s'est développée, s'est élargie et s'est démocratisée. Elle a désormais d'autres besoins. Personne ne pense qu'on puisse se passer aujourd'hui d'une entente franco-allemande et se payer le luxe d'un désaccord qui gripperait le fonctionnement de l'Union. Mais, dans le même temps, l'entente franco-allemande n'est plus suffisante pour entraîner l'ensemble de nos partenaires. Plusieurs autres pays jouent désormais un rôle important sur la scène européenne, en particulier la Grande-Bretagne. Tony Blair fait un effort considérable pour rattraper le retard historique de son pays en Europe. Et il y a aussi l'Espagne et l'Italie.

On a en somme changé d'époque.

Absolument. Les Français et les Allemands ne peuvent plus, comme auparavant, annoncer à leurs partenaires qu'ils ont déjà fixé la « ligne » entre eux. Ce qui était encore possible à l'époque de Kohl et Mitterrand – une lettre commune au président du Conseil en exercice avant un Conseil européen – ne l'est plus. Une telle façon de faire serait mal vécue par les autres membres de l'Union. Pour autant, il ne faut pas considérer ce changement comme une sorte de recul ou d'échec. Nous sommes entrés dans un chapitre nouveau, voilà tout.

Mais, je le répète, l'entente entre Français et Allemands reste indispensable à la bonne marche de l'UE. Ces dernières années, nous avons connu quelques problèmes liés aux changements des personnalités qui incarnaient le moteur franco-allemand en 1995, puis à l'arrivée au pouvoir, en 1998, de Gerhard Schröder et d'une équipe qui n'était pas spontanément orientée vers le franco-allemand ni vers l'Europe. En outre, ce gouvernement a dû d'emblée assurer une présidence européenne difficile, avec le débat budgétaire. La présidence française, qui s'est achevée sur le sommet de Nice, fut, comme prévu, compte tenu des sujets, plus difficile encore. Bref, cette période ne fut pas très favorable à l'établissement de nouvelles relations de confiance, malgré les liens qui se sont tissés très rapidement entre Joschka Fischer et moi. Après Nice, des dîners réguliers ont eu lieu, réunissant le président, le chancelier et le Premier ministre, et les ministres des Affaires étrangères. À mon sens, ces rencontres devraient continuer, quel que soit le résultat des élections, pour faire le point en permanence et s'assurer qu'il n'y a pas de désaccord en germe.

Selon vous, ces dîners devraient donc être maintenus, voire institutionnalisés ?

Institutionnalisés, non, mais maintenus, oui. Naturellement, je souhaite que la France et l'Allemagne se mettent d'accord sur le plus grand nombre possible de sujets. À très court terme, nous devons mener un immense débat, celui dont est chargée la Convention sur l'avenir de l'Europe. Ce sera la discussion la plus difficile que les Européens aient eu à affronter depuis le début de leur histoire communautaire. Nous abordons là des terres inconnues. Pour le moment, il n'y a pas, sur le sujet, deux pays qui soient d'accord entre eux, et il n'existe aucun pays au sein duquel toutes les forces politiques soient d'accord entre elles ! Donc, la France et l'Allemagne ne peuvent pas être d'emblée sur la même ligne, mais cela devrait être notre objectif.

Ne craignez-vous pas que le prochain élargissement de l'Union européenne porte atteinte à ses ambitions internationales ?

Les Quinze ont déclaré à plusieurs reprises que cet élargissement constituait leur priorité, la majorité de nos partenaires faisant passer cette perspective avant l'approfondissement. La France est sans doute le seul pays où une partie de l'opinion n'a cessé de réfléchir à haute voix sur les avantages et les inconvénients de cet élargissement. En réalité, le débat a été tranché : nous ne devons nous battre ni « pour » ni « contre », mais faire en sorte que le but soit atteint, c'est-à-dire que l'élargissement soit *réussi*.

À Nice, nous avons obtenu des résultats non négligeables en réglant plusieurs points institutionnels restés en suspens depuis le sommet d'Amsterdam. Seuls les maximalistes européens ont considéré que le sommet avait été un échec. En réalité, ils espéraient la naissance, comme de la cuisse de Jupiter, des États-Unis d'Europe ! Ce sont au contraire les résultats de Nice qui nous ont permis d'aller plus loin, de voir plus haut et de réunir aujourd'hui une convention.

Précisément, que pensez-vous des critiques émises par le président de la Convention sur l'avenir de l'Europe, Valéry Giscard d'Estaing ?

M. Giscard d'Estaing avait critiqué Nice uniquement parce qu'il estimait que la France n'aurait pas dû accepter une telle perte d'influence dans l'Union élargie (nombre de commissaires, de parlementaires, droits de vote, etc.), mais c'est le résultat mécanique de l'augmentation du nombre d'États membres ! Aujourd'hui, la priorité est de *réussir* l'élargissement. Tout le monde est favorable à l'adhésion des candidats. Ils ont besoin de bons négociateurs et de réformateurs, pas d'avocats. Il faut que le processus d'adaptation de ces États soit parachevé pour qu'ils puissent entrer dans l'Union sans avoir à subir un choc destructeur, ni sans que celle-ci en pâtisse. Nous surveillons les négociations dans cet esprit ; je l'ai encore fait, il y a quelques mois, pour nous assurer que la négociation était conduite rigoureusement, sans complaisance sur la base de la différenciation, sans *a priori*, ce que la Commission a assuré. Il ne suffit pas de se mettre d'accord sur le papier, il faut que les pays qui vont entrer dans l'Union soient capables ensuite de mettre en œuvre les engagements pris.

À vos yeux, ces négociations n'étaient donc pas suffisamment rigoureuses ?

Dans certains cas, on peut effectivement se poser la question. Non pas sur la bonne foi des engagements pris par les pays candidats, mais sur leur capacité à mettre en œuvre, dans la durée, des réformes dont tout le monde connaît la complexité. On leur demande d'accomplir en quelques années une tâche gigantesque. Mais nous n'avons pas le choix : il faut qu'ils soient prêts à entrer pour ne pas désarticuler les mécanismes communautaires existants.

Mais venons-en à la politique étrangère de l'Europe. Je fais souvent remarquer à mes interlocuteurs qu'on ne décrète pas sa mise en place uniquement parce qu'on en a décidé ainsi à Maastricht, comme on appuierait sur un bouton. Il faut d'abord l'élaborer, la concevoir, et cette tâche est beaucoup plus compliquée que de décider une monnaie unique. On ne peut pas dire sans faire sourire : le 1er juillet prochain, nous penserons tous de la même façon sur le Proche-Orient. On ne peut pas réglementer les cerveaux. Chaque nation d'Europe vit avec sa mentalité, ses souvenirs historiques, ses mouvements d'opinion. Il faut une forge à haute température pour fusionner les mentalités, les préjugés, les sympathies et les antipathies des uns et des autres en une conception nouvelle commune. C'est un travail de titan.

Nous nous y sommes attelés, par exemple dans les Balkans où le chemin parcouru en dix ans est énorme. Sur le Proche-Orient on progresse, bien que des désaccords subsistent sur la tactique immédiate par rapport à Israël et aux États-Unis. Mais enfin, depuis 1999, tous les Européens ont repris l'idée, lancée par François Mitterrand dès 1982 devant la Knesset, d'un État palestinien.

Ce sera encore plus compliqué au lendemain de l'élargissement de l'Union européenne !

Nous devrons poursuivre le même travail et même, sur certains sujets, le recommencer avec les « nouveaux ». Dans un premier temps, la cohésion à laquelle nous sommes parvenus pourrait être remise en cause, car en dépit de leur désir très vif d'intégrer l'Europe telle qu'elle est, les nouveaux membres de l'Union peuvent avoir des réflexes qui ne sont pas les nôtres. Ne serait-ce que parce que nous avons déjà une petite histoire commune en matière de politique étrangère européenne. Entre les ministres des Affaires étrangères, il existe une relation très forte. Nous formons une sorte de club. Nous nous disputons tout le temps, mais, à force, nous nous connaissons bien ; des liens se créent ; nous parvenons à trouver des compromis dynamiques, des formules nouvelles. Nous faisons bouger les lignes au service d'une ambition commune. Il faudra faire de même avec les nouveaux arrivants, ce qui ralentira le processus en cours. Mais nous n'avons pas le choix. Tous ces éléments confirment une chose : on ne peut pas établir une politique étrangère européenne commune ambitieuse en plaquant prématurément des mécanismes institutionnels du type « communautarisation » ou « fédéralisation », qui entraîneraient l'harmonisation par le bas. Même si, à l'échelle de l'Histoire, tout va en réalité plus vite qu'on ne croit.

Nous aimerions connaître votre opinion sur l'évolution actuelle de la Russie. Êtes-vous optimiste sur la façon dont ce pays évolue, malgré les opérations militaires en Tchétchénie ?

Je continue de penser qu'il faudra apporter une solution politique à la question tchétchène en octroyant un statut particulier d'autonomie à cette république à l'intérieur de la Fédération russe. Sinon, les Russes ne s'en sortiront pas, et les mêmes problèmes renaîtront.

En ce qui concerne la Russie elle-même, je suis plutôt optimiste. Cela paraît une tâche presque surhumaine que de bâtir un pays moderne sur les ruines de l'Union soviétique, après des siècles de despotisme, de tsarisme, et presque un siècle de communisme. Aucun pays occidental n'a jamais été confronté à un tel défi. Il faut donc faire preuve de compréhension. Nous avons évidemment besoin d'une Russie moderne. Je pense que les Russes en ont pour vingt à trente ans à la bâtir. Mais il me semble que c'est l'objectif que s'est assigné Vladimir Poutine : remettre en marche une Russie qui partait un peu à vau-l'eau à la fin des années Eltsine, et construire un grand pays. Et il progresse.

Pour cela, Vladimir Poutine bénéficie manifestement d'un très large soutien de la part des Russes. Il s'est demandé, dès son arrivée au pouvoir, quelle politique allait avoir à son égard la nouvelle administration américaine. Il y a eu un temps d'hésitation à Washington, mais V. Poutine a remarquablement réagi, de façon rapide et intelligente, aux événements du 11 septembre. Le président russe a eu un réflexe que je qualifierai de stratégique : il a utilisé le 11 septembre pour imposer à son appareil d'État, ainsi qu'à d'autres forces réticentes en Russie, un partenariat sur le long terme avec l'Occident.

Du point de vue stratégique, précisément, l'arrivée, avec l'accord explicite de Vladimir Poutine, des troupes américaines en Asie centrale a fait l'objet de violentes critiques en Russie, tout spécialement dans les cercles militaires. Quelle est votre opinion sur cette nouvelle donne ?

Poutine, à mon sens, hiérarchise bien ses priorités. Et sa priorité absolue, c'est de faire de la Russie un pays moderne. Or il sait que cette entreprise ne peut connaître le succès sans un partenariat avec les États-Unis et avec l'Europe. Il ne renonce pas pour autant aux objectifs fondamentaux de la politique étrangère russe, notamment en ce qui concerne le voisinage immédiat de la Russie et sa sécurité. Mais, je le répète, la modernisation de son pays passe avant toute chose. D'où, par exemple, sa modération forcée sur le traité ABM, en dépit du mécontentement anti-américain de l'armée russe et du ministère des Affaires étrangères. Bref, il me semble que la vision de Poutine s'accorde à nos intérêts : nous devons consolider un partenariat euro-russe qui vienne compléter la relation russo-américaine. Il nous faut accompagner la Russie dans son processus de modernisation. La France peut faire beaucoup sur ce plan-là.

Revenons-en un instant à la Tchétchénie. On a l'impression que la France a mis une sourdine à ses critiques à l'encontre de la politique répressive de Moscou : n'est-ce pas lié au fait que Paris s'est senti isolé au sein de l'UE sur ce dossier ? Et n'est-ce point là un signe du travail qui reste à accomplir pour rapprocher le point de vue des Quinze sur des questions aussi cruciales ?

C'est effectivement l'illustration de ce que je disais auparavant : il n'y a guère de grands sujets sur lesquels les Européens aient d'emblée la même position. Il est vrai que nous nous sommes retrouvés seuls dans ce que nous avons dit sur la Tchétchénie. Tout à fait seuls. Nos partenaires européens, tout comme les Américains, ont considéré que notre position était dangereuse ou contre-productive. J'ai redit à l'instant l'essentiel de ce que nous pensons.

Nous n'avons pas varié : la question tchétchène ne peut pas se résoudre de manière purement répressive, surtout au détriment des populations civiles si durement touchées. La présence de réseaux et de combattants islamistes en Tchétchénie est évidente et démontrée. Mais il y a aussi un problème russo-tchétchène ancien, qui ne pourra et ne devra pas être traité de façon exclusivement militaire. Il n'est pas déraisonnable de penser que la Russie de Poutine se sentira suffisamment forte, le jour venu, pour régler ce problème sur des bases politiques, et qu'il faut hâter ce moment.

Dans les Balkans, après des années d'atermoiements, l'Europe est parvenue à parler d'une seule voix. On a ainsi pu conduire une politique de prévention en Macédoine, avec la signature en août 2001 des accords d'Ohrid. De la même manière, la situation s'est stabilisée en Bosnie et au Kosovo. Pour autant, tous les observateurs ont un sentiment de flou. Jusqu'à quand les Européens vont-ils rester engagés dans cette région ? Et à quelles conditions doivent-ils demeurer ?

L'objectif fondamental, c'est européaniser les Balkans. Compte tenu de l'histoire de cette région, il s'agit d'une tâche de longue haleine. Nous n'y sommes pas engagés conjoncturellement, mais parce qu'il s'agit d'une partie de l'Europe. Aussi bien sur le plan de la morale politique que sur le plan de nos intérêts de sécurité, nous ne pouvions pas laisser les choses dégénérer. Il faut donc nous préparer à rester engagés dans les Balkans aussi longtemps qu'il le faudra ! C'est un peu comme si l'on avait demandé aux Américains, dans les années 50, combien de temps ils pensaient rester en Europe de l'Ouest. Dans les Balkans, nous ne sommes pas confrontés à une menace directe, mais à une sorte d'impérieuse obligation. Notre action ne peut pas se limiter à une opération militaire. Bien entendu, en Bosnie ou ailleurs, des ajustements restent nécessaires. Mais, globalement, je pense que les Européens ont fait du bon travail, ces dernières années. Certes, aucun problème n'est tout à fait résolu au fond. Mais aucune solution n'est parfaite. Nous avons défini – nous, les Européens – des approches politiques assez fines. Nous avons collectivement déminé le terrain. Il s'agit maintenant de développer une véritable économie moderne dans les Balkans. Progressivement, les différents groupes, au lieu d'être obsédés par le passé, la soif de revanche, les différences identitaires, la crainte de l'autre, ou d'être ravalés au rang de minorités, doivent être entraînés par un projet de développement. Nous ne sommes pas au bout de nos peines. Il faut continuer !

Le procès Milosevic constitue une grande première historique. Quel jugement portez-vous sur les avancées de la justice pénale internationale, et souhaitez-vous qu'elle prenne de l'ampleur dans un avenir proche ?

Il faut tout d'abord laisser le procès se dérouler et aller à son terme. Nous n'en sommes qu'au début. Il aura eu un rôle important s'il suscite un choc dans l'opinion serbe et s'il entraîne une relecture en profondeur des événements passés de la part des autres peuples de la région, ce qui n'est pas encore acquis. Pour atteindre cet objectif, il faut qu'il soit considéré comme équitable.

Il faut être extrêmement rigoureux dans cette affaire, pour que le principe même de ce procès ne soit pas contesté. Il ne devra pas apparaître comme la justice des vainqueurs, si l'on veut que les Serbes acquièrent une culture démocratique nouvelle. À cet égard, la façon dont il est conduit jusqu'à présent me paraît satisfaisante.

Quel regard portez-vous sur la future Cour pénale internationale ?

Il s'agit d'une avancée importante qui devrait éviter l'impunité à l'échelle internationale quand les justices nationales sont défaillantes. En même temps, il ne faut pas déresponsabiliser les justices nationales.

D'autre part, je pense qu'il faut rester conscient que l'on ne peut pas attendre de la justice internationale, si impartiale soit-elle, qu'elle règle tous les problèmes politiques pendants d'un bout à l'autre de la planète ! Or la tentation de cette croyance est perceptible dans certains milieux en proie à un réel désenchantement par rapport au politique, à une vraie désillusion à l'égard de la négociation et de la diplomatie. Juger les grands criminels de guerre est nécessaire. Mais croire que c'est la justice qui va permettre de trouver la solution politique dans les Balkans ou dans la région des Grands Lacs, en Afrique, serait une erreur qui préparerait d'autres désillusions. Donc, les diplomates et les responsables politiques ne sont pas dispensés de rechercher des solutions politiques aux conflits.

Au Proche-Orient, la France a défini une position qui semble aujourd'hui validée par ses partenaires : celle d'un État palestinien coexistant au côté d'Israël. La voix de la France au Proche-Orient n'a-t-elle pas été amoindrie par ce qu'on a appelé sa politique « pro-arabe » et par la méfiance que cette politique a suscitée dans le camp israélien ?

La France a en effet dit des choses justes très tôt. J'ai rappelé le discours de François Mitterrand dès 1982. La France est ensuite toujours restée mobilisée pour la paix au Proche-Orient. Lors des négociations Barak-Arafat, nous n'étions pas en première ligne, mais nous étions impliqués, intégrés dans le circuit court qui reliait les Américains, les Palestiniens, les Israéliens, les Égyptiens, les Jordaniens. Les idées et les documents circulaient ; nous nous téléphonions sans cesse. Cela n'a pas marché pour des raisons qu'on ne peut d'ailleurs pas imputer seulement à Arafat. Mais je puis vous assurer qu'à l'époque il n'y avait aucune espèce de réticences des Israéliens vis-à-vis de la France. Et, même aujourd'hui, notre dialogue avec les Israéliens reste intense.

Qu'en est-il de la prétendue « politique arabe » de la France ?

Cette formule a eu un sens positif et un sens négatif. Dans le second cas, elle fait référence à une politique trop exclusivement commerciale développée après de Gaulle, sous Pompidou et sous Giscard, avec des pays devenus peu fréquentables, comme l'Irak ou la Libye. Cette expression a été utilisée par certains pour essayer de stigmatiser la politique globale de la France dans cette région. Mais il me semble que François Mitterrand a redistribué les cartes et relégitimé cette politique en réintroduisant une relation étroite avec Israël dans notre approche.

Depuis un an, je n'ai cessé de penser que la politique purement répressive de Sharon ne paiera pas, même si, militairement et à court terme, Israël tient les Palestiniens totalement à sa merci. J'ai également dit à plusieurs reprises que son exigence d'une période préalable de sécurité fonctionnait comme un verrou. Car rouvrir une négociation politique conduirait nécessairement à affronter le problème des colonies. Or il est clair que Sharon ne dispose pas d'une majorité à la Knesset pour régler cette question, à supposer qu'il le veuille. Il a même été élu pour empêcher toute discussion à ce sujet. Face à ces événements, les Européens sont désormais plus proches les uns des autres qu'auparavant. Je ne connais pas de responsable européen qui approuve vraiment la politique menée par Sharon depuis un an. Certains, en Israël comme aux États-Unis, commencent à prendre conscience qu'il faudrait corriger les choses. Je crois pour ma part que la seule solution consisterait à revenir à la géniale formule de Rabin que je cite souvent : « lutter contre le terrorisme comme s'il n'y avait pas de processus de paix », et, plus courageux encore : poursuivre le processus de paix comme s'il n'y avait pas de terrorisme. Malheureusement, c'est l'inverse qui est fait !

Et quand des signes d'évolution apparaissent, que l'on reparle en Israël ou aux États-Unis de perspective de solution politique, un attentat, pire que les précédents, réduit à néant les avancées. Arafat est traité comme le responsable du terrorisme quand bien même celui-ci serait le fait de groupes qui le combattent depuis des années et qui, eux, sont épargnés. La répression franchit une étape supplémentaire, l'armée reçoit un peu plus carte blanche, l'expression politique palestinienne est un peu plus anéantie, et dans le peuple palestinien le désespoir et la haine gagnent encore du terrain. Tandis que la prétendue communauté internationale se tait et attend. Humainement, je comprends la peur terrible qui étreint du matin au soir les familles d'Israël, et que l'opinion soit prête à presque tout pour mettre un terme à ce cauchemar. Mais le rôle des hommes politiques est de voir plus loin. Or je ne crois toujours pas que la force réglera le problème de la coexistence des Israéliens et des Palestiniens dans la sécurité ; ni qu'Israël se débarrassera du problème palestinien en éliminant d'une façon ou d'une autre Yasser Arafat. Un jour ou l'autre, Israël devra renégocier avec les Palestiniens.

Quelles seront les principales priorités du prochain ministre français des Affaires étrangères ?

La paix au Proche-Orient. En matière européenne, la réussite du grand débat sur l'avenir de l'Europe, et donc l'entente franco-allemande. Il faudra trancher : quelles institutions européennes ? et quelle répartition des pouvoirs entre elles et les États ? Simultanément, il faudra réussir l'élargissement, tout en continuant à donner corps au projet de défense européenne et à renforcer la PESC. Nous avons pris des engagements pour 2003 dans ce domaine. Je crois par ailleurs qu'il faudrait trouver l'occasion d'une vraie discussion avec les Américains sur la relation transatlantique.

Cette discussion n'a-t-elle pas déjà commencé ?

Certes, mais à l'occasion et à travers des critiques mutuelles, pas d'une façon globale. En outre, il faudra poursuivre le travail d'accompagnement du partenariat euro-russe que j'évoquais tout à l'heure. En Afrique, nous devrons maintenir notre engagement pour œuvrer à la solution des grands conflits, et consolider notre aide aux démocraties émergentes. Plus largement, il faudrait passer en revue tous nos instruments, de l'aide la plus désintéressée à la sanction la plus brutale. Comment aider efficacement une centaine de pays à travers le monde ? Réfléchissons à ce que nous avons fait depuis dix, vingt, trente ans. Voyons ce qui marche ou pas. Nous devons dresser un clair bilan de l'aide au développement, de l'efface-ment de la dette, des sanctions, des déclarations du G7, des décla-rations de l'ONU, etc. Le fossé qui se creuse entre l'idée que les Occidentaux se font du monde, de ses valeurs, et celle de beaucoup d'autres pays est à mes yeux le fait le plus marquant et le plus inquiétant de la conférence de Durban. Ce phénomène-là est encore plus effrayant que le terrorisme. Le risque de *clash* ne doit pas être pris à la légère.

Vous faites allusion à un clash *entre le Nord et le Sud ?*

Plus exactement entre les Occidentaux et les autres, ce qui serait encore pire et potentiellement plus dangereux. Inutile de s'indigner de la théorie du « choc des civilisations » telle que l'a énoncée Samuel Huntington. Il est plus utile d'en combattre le risque.

Je citerai ensuite la redéfinition de nos relations avec les autres acteurs des relations internationales pour nous mettre d'accord en toute sérénité sur les rôles et les fonctions des uns et des autres : États, ONG, justice internationale, entreprises… Dans le monde des ONG, par exemple, de plus en plus de responsables en appellent eux-mêmes à plus de transparence et de responsabilité, comme je l'ai fait il y a un an et demi, suscitant alors une certaine émotion, mais déclenchant aussi un salutaire débat. Ce n'est là qu'un exemple.

Face à l'hyperpuissance

Enfin, la question de la *gouvernance* – même si je n'aime pas beaucoup ce terme – représente un autre grand chantier. Les responsables français, et notamment le gouvernement, ont fait pendant cinq ans de nombreuses propositions pour maîtriser et humaniser la globalisation. Mais il faut reconnaître que nous nous heurtons à des réticences considérables. La globalisation est en grande partie une dérégulation qui répond à d'immenses intérêts. Or réguler la dérégulation, ce n'est pas simple !

J'ajoute qu'on ne peut pas abandonner cette mission de régulation aux cinquante premières entreprises mondiales qui ont des chiffres d'affaires beaucoup plus considérables que le PNB de la plupart des États membres des Nations unies ! Qui régule qui ? Voilà un gigantesque défi. Nous devons trouver des alliés pour répondre à cela, et bâtir des coalitions en faveur d'un monde équitable.

Quelle est la personnalité qui vous a le plus marqué jusqu'ici ?

Mon admiration pour Itzhak Rabin, que je n'ai guère connu, n'a cessé de croître avec les années. Plus on s'enferme dans le drame du Proche-Orient, plus on entend les arguments autistes des uns et des autres, plus la fatalité s'abat sur ces peuples et les broie, et plus je trouve extraordinaires, absolument admirables non seulement la formule que j'ai citée sur le terrorisme et le processus de paix, exemple d'intelligence et de courage politiques, mais aussi l'ensemble de la démarche de cet homme qui n'était absolument pas prédestiné à faire ce qu'il a fait.

Pensez-vous que s'il avait pu poursuivre dans cette direction, la paix serait assurée dans la région ?

La paix complète, sans doute pas encore. Mais il y aurait eu beaucoup plus de chances, en tout cas, que le processus avance et peut-être aboutisse à des accords importants et respectés. C'est le seul moment de l'Histoire récente où une relation vraie s'est nouée entre un dirigeant israélien et un dirigeant palestinien qui s'étaient combattus, mais avaient appris à se respecter. Il y aura toujours des Israéliens et des Palestiniens. Ils devront donc trouver une façon de cohabiter après beaucoup de malheurs supplémentaires qui auraient pu être évités.

Propos recueillis par Thomas Hofnung et Jean-Christophe Thiabaud,
pour la revue Politique internationale, *mai 2002*

2002-2003

16 mai 2002 : quelques jours après avoir quitté le Quai d'Orsay,
Hubert Védrine revient dans l'émission de RFI-L'Express, L'Invité de
la semaine, *sur la position de la France dans la mondialisation et sur*
ses rapports avec les États-Unis.

« Il faut nous positionner face aux États-Unis »

L'INVITÉ DE LA SEMAINE : Au moment où vous quittez vos fonc-
tions, voici la France victime à Karachi du terrorisme[1]. Aurait-on
oublié, ces derniers temps, la dangerosité du monde ?

HUBERT VÉDRINE : Pendant tout le temps que je suis resté au
Quai d'Orsay, je n'ai cessé de rappeler que la communauté internationale que nous souhaitons tous n'existe pas encore, que les
Nations unies n'ont d'uni que le nom, que beaucoup d'initiatives
pour un monde plus stable et plus sûr ne sont encore qu'à l'état de
projets. L'élément terroriste est plus spectaculaire depuis le
11 septembre, mais de nombreux autres problèmes sont flagrants,
comme le Proche-Orient. Et d'autres couvent dans ce monde
injuste, dangereux et complexe. Il faut donc s'en occuper, et c'est
d'autant plus difficile qu'on ne sait pas toujours par où les
attraper...

Pendant que vous dirigiez le Quai d'Orsay, la place de la France a-
t-elle changé sur la scène internationale ?

La place de tous les pays a changé. Les États-Unis sont devenus
ce que j'ai appelé une « hyperpuissance » pour bien montrer que
c'est beaucoup plus qu'une superpuissance du temps de la guerre

---

1. Plusieurs experts français du ministère de la Défense venaient d'être assassinés
à Karachi par Al-Qaïda.

froide. Du coup, la position de tous les autres pays s'en est trouvée modifiée. En France comme ailleurs, il s'agit de dire aux gens ce qu'ils vont devenir dans la mondialisation pour que cela ne se transforme pas en une machine à hacher.

En dépit du sursaut démocratique du second tour de l'élection présidentielle, l'image de la France n'a-t-elle pas été trop altérée par le score initial de Jean-Marie Le Pen ?

Il y a un vrai problème pour la France dans la globalisation. Le monde globalisé ne nous porte pas, ne nous est pas spontanément favorable. On peut s'en sortir à condition d'avoir une vision, une capacité de dire les choses. Par rapport aux votes du premier tour de la présidentielle, je relativise un peu. Nous n'avons pas été menacés par une vague d'extrême droite, mais par un phénomène plus insidieux qui est l'affaissement des partis de gouvernement, de gauche comme de droite, et par une hémorragie des votes protestataires. On observe cette tendance dans toute une partie de l'Europe, et cela relativise le jugement que d'autres pourraient porter sur la France. Sauf s'il s'agit de pays qui auraient des raisons de nous culpabiliser ou de nous gêner...

Historien de formation, vous aimez vous inscrire dans la durée... Avez-vous eu le temps de mener à bien les chantiers de politique extérieure qui vous semblaient prioritaires ?

Cinq ans, c'est important dans l'activité d'un ministre, mais, dans la vie d'un peuple, ce n'est rien du tout ! Je crois que j'ai cependant trouvé une façon de nous positionner vis-à-vis des États-Unis. Notre problème, c'est de parvenir à travailler avec eux quand on est d'accord, et de pouvoir leur dire non quand on ne l'est pas. Il faut pouvoir gérer les deux situations sans provoquer de drame. Hélas, le manichéisme et le simplisme sont toujours là, et ce n'est pas seulement vrai aux États-Unis. Ils existent également au Proche-Orient. C'est absurde d'exiger que l'on soit ou pour ou contre. Il faut des réponses équilibrées, nuancées.

Le Proche-Orient, et plus particulièrement Yasser Arafat, a-t-il besoin de la diplomatie française ?

Le désaccord entre les Européens et les autres réside essentiellement dans le fait que nous estimons qu'Israël doit certes lutter contre le terrorisme, mais rechercher aussi une solution politique par la négociation. Et que, par conséquent, il lui faut un interlocuteur, qui est l'Autorité palestinienne. Or celle-ci a à sa tête Yasser Arafat. Ce n'est pas un choix, c'est un constat. Reste qu'Arafat doit faire la démonstration qu'il est capable de se hisser au-dessus des factions palestiniennes qui se paralysent et se neutralisent. Il faut qu'Arafat tranche et sorte du double langage. Mais personne d'extérieur n'a le pouvoir de choisir qui est le chef de l'Autorité palestinienne.

Avez-vous l'impression qu'avec votre successeur au Quai d'Orsay, Dominique de Villepin, il y aura continuité de la politique extérieure de la France ?

Je m'interdis tout commentaire. Notre passation de pouvoirs s'est passée de façon cordiale et courtoise. Il y a, dans la politique extérieure française, des éléments forts qui découlent de l'Histoire, de la géographie, des traités signés. Au cours des cinq dernières années, il y a eu une dialectique créatrice entre le président et le gouvernement. Aujourd'hui, il y a un nouveau gouvernement et il est libre de modifier les choses dans le sens qu'il souhaite.

Propos recueillis par Pierre Ganz et Alain Louyot

Après mai 2002, Hubert Védrine continue à intervenir fréquemment à propos de la tragédie du Proche-Orient pour rappeler inlassablement la nécessité de la création d'un État palestinien viable, par équité comme pour la sécurité d'Israël. Dans Le Monde *il reprend ces thèses en commentant notamment les ouvrages de Charles Enderlin et de Théo Klein.*

En février 2003, dans Le Monde *également, il prend une position originale sur le « choc des civilisations ». Opposé à la politique de l'autruche, il ne nie pas l'antagonisme historique Islam/Occident et le risque de clash qui en découle, mais estime qu'on ne le dépassera qu'en l'admettant, qu'en faisant des concessions et en prenant des positions courageuses et novatrices de part et d'autre. Il commente dans cet espoir le livre optimiste de Guy Sorman.*

En juillet 2002, peu après son départ du gouvernement, Hubert Védrine, sans illusions sur la volonté et la capacité des deux camps de se reparler et de renégocier, s'adresse au président Bush, à travers le Washington Post, *pour lui dire : « Vous pouvez imposer la paix, vous le devez ! »*

Only the US can bring about peace in the Middle East...

President Bush, who says he wants to seize the initiative in the Middle East, should impose a peace settlement. He must do it, he should do it, he can do it. Nobody else is in a position to do so. Only the president of the United States has the necessary means and authority. If he takes the lead, the whole world will support him – except perhaps American conservatives and the Israeli right wing, as well as the most radical Palestinian movements and terrorist networks. But all these opponents can be overcome.

I have come to this conclusions after closely reviewing all the previous peace overtures – and the reasons they falled –, including many that I supported, sometimes as France's foreign minister.

If Israeli conservatives and the extreme right-wingers continue to impose their policies on the rest of the world, including their rejection of any true peace process, the Middle East problem will never be settled, Israel will never be secure, no Palestinian leader will be able to contain the fury of his despairing people, the region will remain a powder keg and no anti-terrorist coalition will last. All the people who want the clash of civilizations – who are counting on it – will have the future they want.

All reasonable people know that the policy of denying Palestinian's national aspirations – a policy imposed in the name of the anti-terrorist struggle and combined with constant postponement of any negotiating process – cannot solve the Israeli-Palestinian problem. It is not in the fundamental US, or Western interest to accept this policy or let it set the agenda. Singling out scapegoats for this impasse or simply complaining that neither side trusts the other – which is so evident – leads us to an impasse. We have to find a way out.

It is not difficult to identify the goal: create a viable Palestinian state, not on the basis of the Camp David accords, which were not specific enough, but by using the terms of the subsequent negotiations at Sharms al Sheikh and Taba. Equally important, we need security and economic arrangements that will guarantee the peaceful coexistence of the states of Israel and Palestine, living side by side amid regional stability.

If President Bush would commit himself to this approach, he would immediately command the full support of Europe, moderate Arab and Muslim governments, the Russians and Kofi Annan – all of whom can play a useful supporting role. This initiative also would bring him immense popularity in the Arab world, which would be invaluable for the anti-terrorist struggle.

To succeed he must:

1) Commit himself to a long-term presence of US forces on the ground (perhaps with troops from other countries) along the Israeli-Palestinian bordeers and Israel's borders with Jordan, Syria and

Lebanon – assuming the Israelis want such a military presence as part of a peace settlement.

2) Be ready at the outset to withstand several months of opposition from the Israeli right and its allies to the United States. Despite this resistance, it will be vital to lay out the peace plan and fix a calendar and a deadline for creation of a Palestinian state.

At first, American conservatives probably will react sharply, along with a faction of the Likud Party in Israel; the two grups are so closely identified that for a while, it will be hard to know which country has more influence over the other: the United States or Israel. But if US leaders stand firm, public opinion in Israel – perhaps after a political showdown and new elections – will produce a majority ready to take up the challenge implied in this peace offer.

After all, these are the same Israelis who quite legitimately demand security – and who have voted for Yitzhak Rabin, then Binyamin Netanyahu, then Ehud Barak and then Ariel Sharon. They are the same people who in recent weeks have supporters the Israeli army's operations in the West Bank and, at the same time, voiced support for resumption of political negotiations with the Palestinians. They are the same people who have voiced majority support, even at the worst moments, for the creation of a Palestinian state.

The Palestinians want to live normal lives. Confronted by determined American leadership, the Palestinian leaders would not be in a position to lay down preconditions. As for the terrorist movements, nothing would be worse for them than the recovery of hope in a political solution, as opposed to continued military suppression. And terrorists will be better contained thanks to Israeli-Palestinian security cooperation, once a deal makes that possible.

I realize that the current situation and the intentions of the main actors may seem to block this effort to find a way out of the crisis – and how deep the objections to it may be. But time is running out, and what other solutions are there?

Washington Post, *17 juin 2002*

Les leçons de l'échec de Camp David.
Proche-Orient : pour qu'une autre histoire commence…

Il sera impossible, après la minitieuse enquête de Charles Enderlin[1] sur le processus de paix au Proche-Orient auprès des protagonistes des négociations de juillet 2000 à février 2001, de continuer à prétendre de bonne foi que celles-ci n'ont échoué que du seul fait des Palestiniens. Selon cette thèse fabriquée et instrumentalisée, assenée et martelée par certains responsables israéliens et américains, et reprise à la longue comme une vérité d'évidence, Yasser Arafat aurait refusé un État sur 97 % de la Cisjordanie, ainsi que la souveraineté complète sur les quartiers arabes de Jérusalem et Haram-al-Charif-mont du Temple ; il aurait exigé le retour en Israël de trois millions de réfugiés palestiniens pour submerger Israël ; il aurait ainsi délibérément provoqué l'échec des négociations, après avoir déclenché la seconde Intifada pour se sortir de l'embarras extrême dans lequel l'auraient plongé les propositions très généreuses d'Ehud Barak ; il aurait ainsi dévoilé sa vraie nature et ne serait pas – ou plus – un partenaire pour la paix.

Même si Yasser Arafat a sa part de responsabilité très réelle, cette thèse univoque est de la propagande, cette enquête le prouve. Elle avait d'ailleurs déjà été contredite par Robert Malley, assistant du président Clinton pour le Proche-Orient, dans un article de la *New York Review of Books*. Le travail de Charles Enderlin fait apparaître comment elle a été lancée avant la fin de Camp David par Ehud Barak lui-même pour se concilier la droite israélienne de plus en plus menaçante, radicalement opposée à tout accord, et comment il l'a réactivée au cours des mois suivants au fur et à mesure que sa cote baissait, jusqu'à ce que Sharon, naturellement, la reprenne pour en faire l'usage politique que l'on sait.

Cette thèse joue aujourd'hui dans la politique du gouvernement Sharon et dans celle de l'administration Bush, malgré quelques timides efforts américains pour s'en affranchir, le rôle d'un dogme et d'un verrou contre toute négociation politique sérieuse pour la création d'un État palestinien, ce que la droite israélienne veut abso-

---

1. *Le Rêve brisé*, Fayard, 2002.

lument empêcher depuis Oslo. L'établissement de la vérité sur ces mois clés a donc une importance non seulement historique, mais aussi politique, actuelle et pour l'avenir.

Or ce que font apparaître les témoignages recueillis par Charles Enderlin est bien différent. On voit un processus de paix conduit du côté israélien par Itzhak Rabin – dont la stature grandit encore avec le recul – presque déjà stoppé par l'assassinat de ce dernier, le 4 novembre 1995, puis par la victoire de Benyamin Netanyahou, le 29 mai 1996. « La gauche qui a négocié les accords d'Oslo, note Charles Enderlin, quitte le pouvoir. Israël est désormais dirigé par les principaux adversaires du processus de paix avec les Palestiniens. » Si ce processus se poursuit tant bien que mal sous Netanyahou, qui pourtant rejette le principe même d'un État palestinien et n'accepte l'accord d'Hébron que comme solde de tout compte, ce n'est que grâce à l'acharnement de Bill Clinton. Ce processus paraît retrouver des chances avec l'élection, le 17 mai 1999, d'Ehud Barak. « Les pacifistes israéliens, se permet de commenter pour une fois Charles Enderlin, ne découvriront que bien plus tard qu'ils se sont trompés de candidat. »

Même pour moi, qui, comme ministre, ai vécu au jour le jour ces événements, la lecture de ces trois cent soixante-six pages est passionnante, mais aussi accablante. Tant d'efforts, tant d'espérances, tant d'occasions manquées ! Yasser Arafat y apparaît très « rad-soc », incapable de prendre un parti clair, comme l'avait bien vu il y a longtemps Pierre Mendès France, incertain, négociant sous la pression et dans la confusion, maîtrisant de plus en plus mal le volcan palestinien, assez confiant envers Clinton, toujours méfiant envers Barak. Celui-ci déconcerte en s'engouffrant de prime abord dans l'impasse syrienne, même si les choses sont un moment proches de se débloquer avec Hafez El-Assad ; en négligeant, voire en méprisant les Palestiniens, dont il ne veut s'occuper qu'une fois affaiblis ; en évacuant le Liban unilatéralement, malgré les mises en garde, donnant des arguments à ceux des Palestiniens qui pensent que seule la force, et non Oslo, peut venir à bout de l'occupation israélienne. Enfin, en décidant brusquement de tout jouer sur un sommet – ce sera Camp David en juillet 2000 – et en obtenant de

Clinton qu'il y convoque Arafat, lequel y vient contraint et forcé. La date du sommet n'est pas choisie en fonction de sa préparation – il n'y en a pas eu –, mais pour avoir lieu avant les conventions des deux partis américains et pour enrayer la chute de popularité de Barak en Israël ! Les discussions à Camp David apparaissent tendues, chaotiques, méfiantes. Barak fait des concessions brusques, les corrige. Yasser Arafat a l'air nerveux et inquiet, ne répond pas, blessé par l'attitude de Barak qui le snobe, craignant les pièges, ou craignant qu'on lui fasse porter la responsabilité d'un échec probable, ce que Clinton a promis de ne pas faire, qu'il fera pourtant et que Barak fait déjà avant même la fin des discussions, *via* la presse israélienne.

Clinton a l'air partagé entre le classique soutien inconditionnel à Israël, sa sécurité, ses arguments, sa vision des choses, la conviction que l'intérêt américain peut être de faire bouger les Israéliens, et, quand même, une sorte de sympathie pour le sort des Palestiniens. Il veut bousculer ces derniers, dont les tergiversations l'exaspèrent, dans leur intérêt. Il ne comprend pas que, pour les Palestiniens, des propositions confuses et contradictoires, fussent-elles nouvelles, qui les amèneraient à concéder encore sur les 22 % restants de la Palestine historique qui leur reviennent en principe au regard du droit international, ne sont pas « généreuses ». Mais son engagement pour un accord de paix est impressionnant. Avec le recul, il est clair qu'il aurait fallu un miracle pour que Camp David suffise à atteindre un accord. Mais, n'eussent été les calendriers intérieurs israélien et américain, cela aurait pu être le début de vraies négociations qui auraient pu aboutir.

Il est poignant de se remémorer les semaines suivantes. Compte tenu de l'extrême tension accumulée dans la population palestinienne depuis le début des entraves au processus de paix en 1995, et qui, déjà avant Camp David, faisait craindre à tout moment une explosion, il n'est pas étonnant que la visite d'Ariel Sharon sur l'esplanade des Mosquées, le 28 septembre, ait fonctionné comme un détonateur, même si ce n'était pas son but premier. Tout se détraque, les contacts israélo-palestiniens sont de plus en plus fébriles, surtout après la décision de Barak, fin novembre, de provoquer des élections anticipées. Et, comme toujours, le Hamas et divers autres groupes poursuivent délibérément leurs attentats.

L'influence de Sharon et de la droite, qui n'ont *jamais* accepté l'idée même d'un État palestinien ni le processus d'Oslo, qu'ils veulent effacer, se fait de plus en plus sentir. Les Palestiniens pensent que Barak a de moins en moins de légitimité pour négocier. Mais ils s'abusent en croyant que Sharon ne peut pas être pire, notamment parce que Barak a laissé construire encore plus d'implantations nouvelles que les gouvernements Likoud, et qu'une administration républicaine devrait être *a priori* plus sensible aux thèses arabes ! Yasser Arafat croit que l'Intifada le renforce. Barak se durcit. Et pourtant, c'est dans ces dernières semaines surréalistes qu'entre des hommes comme Saëb Erekat, Abou Ala, Yasser Abed Rabbo, Nabil Shaath, Shlomo Ben-Ami, Gilead Sher, d'autres encore, des avancées ont lieu, et que se noue enfin la vraie négociation, celle qui aurait pu aboutir si les États-Unis ne s'étaient pas désengagés brusquement, dès le départ de Clinton, et si les Saoudiens avaient dit dès ce moment ce qu'ils n'ont dit qu'en 2002.

Deux documents sont à cet égard, pour l'avenir, d'une importance extrême et devraient être préservés de l'oubli :

– Les « paramètres » lus par le président Clinton, admirable de persévérance, le 23 décembre, aux négociateurs et qui comportent des solutions audacieuses et viables sur les territoires (94 % et 96 % de la Cisjordanie pour les Palestiniens, l'annexion du reste devant être compensée par l'échange de 1 à 3 % de territoire israélien), la sécurité, une souveraineté partagée sur Jérusalem, plusieurs solutions pour les réfugiés, la fin du conflit. Pourquoi, déplorera l'un des négociateurs, ne les a-t-il pas proposées plus tôt ?

– La « narration par l'Union européenne [Miguel Moratinos et Christian Jouret à la place des protagonistes qui ne se sont pas mis d'accord] de ce qui est arrivé lors des négociations israélo-palestiniennes sur le statut permanent à Taba en janvier 2001 », où de nouveaux progrès virtuels ont été accomplis.

La paix future est contenue dans ces deux textes.

Aujourd'hui, la droite israélienne, favorisée par les priorités de l'administration Bush, servie par les erreurs tactiques, stratégiques et de communication accumulées par les Palestiniens, confortée par les attentats-suicides, poursuit son combat permanent pour effacer Oslo, l'idée même d'un processus de paix, d'une *Autorité palestinienne*, d'un *État palestinien*, et se croit proche du but : jamais d'État palestinien à l'ouest du Jourdain. Mais la revendication nationale palestinienne, même née en miroir du sionisme, ne pourra pas être éteinte. Tôt ou tard, un État palestinien sera créé – même George Bush est pour, maintenant –, et une autre histoire commencera. Il faudra néanmoins, pour cela, que des dirigeants aient été capables de retrouver le courage de Rabin qui osait proclamer : « Je poursuivrai le processus de paix comme s'il n'y avait pas de terrorisme », même s'il ajoutait bien sûr : « Je combattrai le terrorisme comme s'il n'y avait pas de processus de paix. » Mais aussi des responsables et des négociateurs qui auront tiré les leçons du *mea culpa* tardif du médiateur Dennis Ross qui clôt l'enquête de Charles Enderlin : « Je crois que [notre] plus grande erreur a été de laisser se créer un énorme écart entre la réalité sur le terrain et la réalité autour de la table des négociations. Les Palestiniens doivent cesser d'inciter à la violence. Ils doivent éduquer [leurs enfants] différemment. Les Israéliens doivent cesser [...] de construire des implantations. Cela m'est égal qu'ils bâtissent à l'intérieur des localités existantes, mais pas d'extensions. Ils doivent cesser de démolir des maisons palestiniennes, de confisquer des terres, [ils doivent] changer d'attitude aux barrages ! Les deux parties ont fini par comprendre qu'il fallait changer la réalité [...]. Nous n'avons jamais rien fait pour préparer l'opinion [à la paix]. Soutenir les négociateurs vaille que vaille n'a rien apporté. Si c'était à refaire, je le ferais différemment. »

Tous ceux qui se refusent à désespérer, qui veulent croire encore que les Israéliens et les Palestiniens pourraient coexister en paix et en sécurité, tous ceux que les slogans et le manichéisme insupportent, qui ont besoin de mieux comprendre pour continuer à agir pour une solution équitable et viable au Proche-Orient, doivent lire ce document unique.

Un cri de raison passionné

Courageux Théo Klein ! Parce qu'il ne trouve la paix de sa conscience que dans l'affirmation du droit d'autrui à vivre les mêmes idéaux que les siens, parce qu'il ne peut « admettre ce qui se passe au Proche-Orient », l'ancien président du CRIF (1983-1989) publie, à l'initiative de l'éditrice Liana Lévi, un admirable *Manifeste d'un Juif libre*, qui prolonge son *Libérez la Torah*[1]. Ce petit livre est un grand livre en ce qu'il prend le contre-pied, par la hauteur de vues, l'honnêteté intellectuelle et un courage politique serein, de beaucoup de sottises haineuses lues et entendues ces derniers mois au sujet de la tragédie du Proche-Orient, sans parler des insultes et de la désinformation que l'exaspération du conflit sécrète comme autant de poisons.

Même si Théo Klein précise qu'il écrit *aussi* pour les « non-Juifs », son manifeste s'adresse clairement aux Juifs de France et aux Israéliens. Son autorité morale incontestable lui permet de contredire tranquillement beaucoup d'assertions martelées *ad nauseam* par la droite israélienne. Quand il affirme par exemple : « Je crois que nous sommes libres, donc responsables et pas systématiquement victimes », qui fait écho au « Le monde entier n'est pas contre nous ! » de Rabin. Ou encore quand il estime qu'« il n'y a pas d'antisémitisme organisé en France ». Quand il s'interroge : « Faut-il […] réclamer davantage de sanctions parce qu'il s'agit d'actes [les actes antijuifs] visant des membres ou des biens de notre communauté ? Je ne le crois pas. » Quand il explique comment « on peut être sereinement et français et israélien ». Quand il en appelle à la raison sur l'émotion. De même quand il expose la nécessité d'un

---

1. Calmann-Lévy, 2001.

bilan honnête du passé pour essayer d'éliminer les griefs et les haines entre les Israéliens et les Palestiniens, pour pouvoir reconstruire l'avenir, et qu'il l'applique à l'histoire récente des nations israélienne et palestinienne. Bien sûr, il sait que l'opinion israélienne est en ce moment aux antipodes de ses positions, proches de celles des travaillistes ou de l'ancien camp de la paix. Il les exprime avec conviction, mais toujours avec tact et respect des autres.

Théo Klein a aussi des pages lumineuses sur le maintien de la spécificité et de l'identité juives au cours de trois mille ans, et sur ce que cela signifie aujourd'hui, ou sur l'histoire d'Israël qui l'habite. Sur un plan plus personnel, il parle de sa double condition française et israélienne, et, bien qu'issu d'une famille qui ne croyait pas au sionisme, de sa laïcité.

Mais, au-delà, l'essentiel de l'adresse de Théo Klein aux Israéliens est politique : « Les Palestiniens ne sont pas voués à être nos ennemis, ils sont nos voisins. » Son rappel éclairé des décennies écoulées, des avancées ou des reculs dans le processus de paix, des deux Intifadas, des accords conclus ou ratés, avec un hommage appuyé à Moshé Dayan et à Itzhak Rabin, tourne autour de cette conviction : « Du côté des Israéliens, pendant trop longtemps, on n'a pas compris, on n'a pas senti, on n'a pas admis l'existence d'une nation palestinienne. » Il regrette les blocages complets dus aux refus arabes successifs, ou l'absence de compréhension par ces derniers de la sensibilité israélienne. Mais il n'en tire aucun prétexte, puisqu'il ajoute que la « volonté extrêmement forte des Palestiniens d'exister en tant que nation doit être respectée par les Israéliens comme elle l'est désormais par les nations du monde ».

Si Théo Klein évoque les erreurs et les fautes des Palestiniens autant que des Israéliens, il estime qu'il peut en dire davantage du côté de ceux-ci, puisqu'il est aussi « israélien ». Exemple : « On a créé ou laissé se créer, juge-t-il, une situation explosive, et nous sommes aujourd'hui en partie prisonniers de cette situation » ; « Israël est un pays fort qui continue de se conduire comme un État assiégé qui a peur pour son existence » ; « nous n'avons tiré aucune leçon de la première Intifada » ; « on ne peut pas éradiquer un terrorisme nationaliste si on n'offre pas à la population au sein de laquelle ce terrorisme se manifeste des portes de sortie ; car à partir du moment où on enlève à un peuple toute espèce d'espérance, il cherche à s'exprimer par le désespoir ». C'est pourquoi il conclut, là aussi contre la majorité actuelle de l'opinion israélienne : « La voie choisie pour lutter contre le terrorisme, à cette minute encore où j'écris [mi-avril 2002], ne me paraît pas la bonne. »

Théo Klein ne se contente pas de démonter ainsi les slogans anti-palestiniens martelés par la droite israélienne depuis des décennies, spécialement depuis le début du processus d'Oslo (elle parle aujourd'hui des « criminels d'Oslo » !), et plus systématiquement encore sous le gouvernement israélien actuel, et qui ont embrouillé à la longue bien des esprits. Il énumère les raisons, toujours valables à ses yeux, pour les Israéliens comme pour les Palestiniens, de se mettre d'accord sur une plate-forme commune. S'il regrette de ne pas avoir convaincu Ariel Sharon, qu'il ménage, il tranche : « Nous [les Israéliens] n'avons que trop tardé à reconnaître l'État palesti-nien. C'est leur revendication [aux Palestiniens], elle est juste. C'est aussi notre intérêt, car ce n'est qu'ainsi que cessera le terrorisme. » Pour Théo Klein, il faudrait aboutir à deux États indépendants, séparés par une ligne de démarcation, avec une instance commune chargée d'anticiper et de gérer les problèmes à résoudre en commun, et Jérusalem comme la capitale de chacun des deux États.

Oui, Théo Klein est courageux de pousser aujourd'hui ce cri de raison passionné sur fond d'attentats et d'opérations militaires, alors même que Yasser Arafat (dont il ne parle pas) est encore considéré par quasiment tous les Israéliens comme le *seul* responsable de l'échec des pourparlers de Camp David-Taba, et que les dégâts de cette campagne délibérée semblent presque irréparables. Mais peut-être une relecture critique de cette affirmation fabriquée, instru-mentalisée et martelée va-t-elle pouvoir commencer sur la base de l'extraordinaire enquête réalisée par Charles Enderlin[1] ? Aujour-d'hui, Théo Klein est assez seul au sein de la communauté juive française, et en Israël assez minoritaire, encore que le débat y soit réel et vif. C'est pourquoi il faut souhaiter que son manifeste soit

---

1. *Le Rêve brisé, op. cit.*

traduit et lu en hébreu et en anglais. Mais la situation actuelle n'aura qu'un temps. J'ai trop consacré d'énergie et de passion à soutenir dans les deux camps les forces de la paix et à encourager tout processus conduisant à la coexistence en sécurité de l'État d'Israël et d'un État de Palestine, et à la sécurité pour les deux peuples, pour ne pas être convaincu que Théo Klein a moralement et politiquement raison. Après encore trop de morts et trop de temps perdu, sa position visionnaire et juste réapparaîtra un jour, portée par un camp de la paix refondé. Il n'y a pas d'autre voie pour arracher durablement les peuples israélien et palestinien à l'engrenage de la destruction mutuelle et à l'horreur de la situation actuelle.

Le Monde, *13 juin 2002*

Pour un Islam moderne

Guy Sorman a longtemps été dédaigné par une certaine intelligentsia, si ce n'est par les lecteurs. Trop libéral, trop pro-américain, voire reaganien, s'obstinant à préconiser la « sortie du socialisme » et ne reconnaissant le statut de « vrais penseurs de notre temps » qu'aux théoriciens de l'économie globale de marché. Pourtant, il a fini par conquérir un large respect intellectuel par l'honnêteté de sa méthode et de sa démarche – peu d'essayistes ont autant que lui, depuis vingt ans, vraiment enquêté dans le monde réel –, par sa foi toujours intacte dans le progrès scientifique et humain, par son ouverture d'esprit universaliste qui va de pair avec un refus du communautarisme qui lui vaut aujourd'hui la vindicte de ceux qu'indignent les quelques pages navrées de son livre[1] consacrées à l'« erreur sioniste ».

Cette fois-ci, Guy Sorman prend tranquillement le contre-pied de plusieurs ouvrages pessimistes ou alarmistes sur l'islam, redouté comme un tout, parus en rafale depuis le 11 septembre. Il ne s'attarde pas sur le terrorisme et se garde bien de céder aux élucubrations géopolitiques occidentales ou aux appels angoissés à la mobilisation judéo-chrétienne. Non, il va au cœur du sujet et se demande si Islam et modernité sont compatibles. Et, pour cela, il nous entraîne à la recherche des « enfants de Rifaa ». Rifaa était un jeune imam égyptien envoyé en France de 1826 à 1831 « par le grand Mohamed Ali pour découvrir les secrets de la supériorité technique et scientifique de l'Occident, révélée par l'expédition de Bonaparte ». Au terme de son séjour, Rifaa conclut que la synthèse entre Islam et progrès était possible et que rien – ou peu de chose – dans

---

1. *Les Enfants de Rifaa*, Fayard, 2003.

le Coran ne s'opposait à ce que « le monde musulman se modernise ». C'est encore aujourd'hui la conviction de Guy Sorman et le fil conducteur de son enquête. On en mesure l'actualité, l'audace, la nécessité. Peut-être redonnera-t-elle espoir à Jean Lacouture, Ghassan Tuéni et Gérard Khoury, qui, tout au long d'une remarquable conversation à trois, se retournent avec lucidité, amertume et colère sur l'échec de la renaissance arabe du XIXe siècle, sur le jeu des puissances et les convulsions stériles du Moyen-Orient au XXe siècle[1].

Dans douze pays arabes, ou musulmans d'Asie, Guy Sorman a rencontré et fait parler des hommes et des femmes, ces descendants de Rifaa qui s'ingénient, dans leur infinie diversité, à faire progresser la modernité dans l'Islam. De façon pratique, empirique, comme par des trouvailles conceptuelles ou religieuse, parfois grâce à une meilleure connaissance du Coran que celle des intégristes-perroquets. Les points de blocage, les avancées varient d'ailleurs d'un pays à l'autre : le Coran est utilisé pour verrouiller, mais il n'est pas plus un verrou en soi que les autres grands textes révélés. Le mouvement est tangible.

Pourtant, notre enquêteur ne sous-estime pas les résistances : « J'exposai mes vues sur les musulmans, positives si on les rapporte à ce que les Occidentaux en pensent d'ordinaire. La démocratie, le progrès économique, les droits de l'homme et des femmes me semblaient compatibles avec l'Islam ; seules les circonstances historiques et l'influence d'idéologies récentes interdisaient aux musulmans de retrouver leur juste place dans un monde de coexistence, et non de conflit entre les civilisations. J'exprimai ma crainte que la diversité des mondes musulmans ne le cède à une uniformisation appauvrissante de type wahhabite. Je m'attendais aux remerciements d'usage. Mal m'en prit […]. Je subis une leçon de catéchisme islamique. » Cette péripétie de Dacca n'est pas représentative de l'ensemble, et Guy Sorman rentre de ses pérégrinations raisonnablement optimiste. À condition que nous soyons plus activement solidaires de ces musulmans modernes qui sont la vraie cible des

---

1. *Un siècle pour rien, Le Moyen-Orient Arabe de l'Empire ottoman à l'Empire américain*, Albin Michel, 2002.

islamistes, même si ceux-ci s'en prennent aussi à l'Occident. À condition également que nous soutenions les musulmans démocrates contre leurs gouvernements tyranniques ou despotiques qui concourent à figer ces pays dans un *statu quo* insupportable, à en faire des « prisonniers du temps ». Vaste programme ! Sorman n'a aucune indulgence pour les dirigeants arabes et leurs amis occidentaux. Mais il y a là un problème explosif de mise en œuvre qu'il escamote, beaucoup de ces pays étant politiquement et socialement des bombes à retardement. Que l'on se souvienne de l'Iran de 1979 et des espoirs de libéralisation placés dans la chute du chah. Mais il faut en sortir !

Au moment où l'administration Bush fait miroiter sans convaincre la perspective de la démocratisation par la guerre, qui ne souhaiterait trouver la clef de la porte magique vers la démocratie en terre d'Islam sans drames supplémentaires provoqués par des apprentis sorciers ? Les islamistes se nourrissent de *statu quo* ; il ne faudrait pas qu'un changement raté imposé de l'extérieur les fasse triompher. C'est là que l'optimisme sormanien est intéressant – Sorman qui tient aussi à affirmer que nous résoudrons mieux « notre problème arabe » – appelons les choses par leur nom – en formant des imams et des islamologues français et en pratiquant sans le dire la discrimination positive qu'en s'épuisant à rechercher d'introuvables « musulmans représentatifs ».

L'ensemble de ces remarques et de ces réflexions forme une politique. On sent que c'est la bonne ; qu'il faut lui donner toutes ses chances. On voudrait qu'elle soit menée avec constance, et qu'elle ne soit pas compromise par des événements calamiteux au Moyen-Orient où s'annonce un mauvais film passé à l'envers.

Le Monde, *14 février 2003*

Comment nier le choc Islam/Occident ?

Le « choc des civilisations » ? Plutôt que de nous offusquer de cette théorie, trouvons les moyens d'en sortir, car il a commencé il y a longtemps, il se poursuit sous nos yeux, il peut s'aggraver.

Comment nier le choc Islam/Occident alors même qu'il se manifeste de mille façons, que ses racines plongent profondément dans l'Histoire, que des extrémistes spéculent sur lui, et qu'une guerre en Irak, la privation de toute espérance pour les Palestiniens, le terrorisme islamique et l'*hubris* américaine peuvent le faire dégénérer ?

On a caricaturé Samuel P. Huntington comme s'il avait préconisé cet affrontement, alors qu'il prévenait d'un risque. Sa formule « *clash* des civilisations » heurte ou fait peur. Elle heurte en Occident les hommes de bonne volonté engagés dans cet exorcisme rituel qu'est le dialogue des cultures, ainsi que tous ceux qui croient en l'existence d'une seule civilisation : la démocratie. Elle effraie les Européens qui aspiraient à vivre dans un monde post-tragique. Elle fait peur aux nominalistes qui craignent qu'admettre le risque revienne à favoriser le fait. Elle accable les musulmans modernes qui luttent vaillamment dans leur monde contre la régression et voient dans cette expression fatidique l'annonce de ce qui les broiera.

Et pourtant... toutes ces dénégations bien intentionnées ne conjurent rien. Les éléments du *clash* sont à l'œuvre de part et d'autre.

D'abord dans le monde musulman, du fait d'un long passé qui ne passe pas : après les foudroyantes conquêtes arabes du début, des siècles de croisades, d'affrontements, de colonisation chrétienne suivis d'un XXᵉ siècle humiliant, formellement de décolonisation, mais qui, en fait, aura conduit le Moyen-Orient de l'Empire ottoman à la domination américaine. Plus la plaie vive israélo-palesti-nienne.

Aujourd'hui, le cocktail des rancœurs, des ignorances croisées et des peurs symétriques reste explosif. Alors que se précise le retour à l'ingérence avec ses conséquences imprévisibles, nous n'aimons pas, nous Occidentaux, nous rappeler ces siècles où l'ingérence occidentale a été la règle, la non-ingérence l'exception. Chez nous, le remords colonial et tiers-mondiste est bien loin, recouvert par l'amnésie et la bonne conscience. Les musulmans, eux, n'ont pas oublié.

On peut essayer de se rassurer en notant que ceux qui, en Islam comme en Occident, cherchent à en découdre sont ultraminoritaires et que le recours à la violence est condamné partout. Mais ils trouvent dans leur monde un écho. Ainsi, la quasi-totalité des musulmans récuse le terrorisme et le nihilisme islamiste, et la grande majorité résiste aux intégristes ; mais, dans le même temps, une immense majorité honnit l'Occident, son mépris, son hégémonie, ses diktats, son cynisme au Proche-Orient, tout ce qu'exploitent sans relâche les islamistes, qui inondent leurs fidèles de prêches haineux, et les terro-ristes, qui se nourrissent de ces rancœurs.

On peut rétorquer en soulignant les responsabilités musulmanes, le fiasco politique et social des régimes arabes. Cela ne change rien au problème.

En Occident, les fondamentalistes américains qui influencent tant aujourd'hui le Parti républicain au pouvoir à Washington, et sont alliés avec une partie de la droite et de l'extrême droite israé-liennes, les Folamour et les apprentis sorciers qui veulent « remo-deler » à leur façon le Moyen-Orient, sont très minoritaires.

Il n'empêche que, dans leur ensemble, les Occidentaux d'aujourd'hui – sur ce point, les Européens ne diffèrent pas des Américains – sont sincèrement convaincus de la valeur universelle, c'est-à-dire de l'absolue supériorité de la démocratie occidentale sur tous les autres systèmes de valeurs, et de l'urgence de sa propaga-tion, notamment dans le monde arabo-musulman. C'est un fait.

D'ailleurs, l'administration Bush a joué dans l'affaire irakienne de cette conviction pour essayer d'ébranler le pacifisme ou le multilatéralisme des opinions qui sont contre la guerre, mais ne peuvent pas être contre la démocratie en Irak.

Le traumatisme du 11 septembre 2001 ayant libéré à l'encontre de l'Islam bien des inhibitions, une partie de l'Occident est ainsi disponible, voire candidate pour exercer à nouveau notre séculaire « mission civilisatrice », même s'il y a controverse sur les moyens ; le recours aux armes effraie, mais pas, sous des noms à peine modernisés, la recolonisation, les protectorats, les mandats.

Une nouvelle islamophobie intellectuelle se développe même sans provoquer de grandes réactions.

Les résistances à cette tentation au sein du monde occidental ? Un relativisme culturel embarrassé et déclinant, une complaisance complexée envers l'Islam, un formalisme multilatéral, l'appel à la coopération, le pacifisme des opinions européennes. Mais pas de vraie contestation de principe.

C'est dire que les facteurs de confrontation sont bien réels, et que les événements qui s'annoncent peuvent les aggraver.

Ni l'Islam ni l'Occident ne pourront sans doute aller très loin dans le sens des pulsions antagonistes de leurs éléments les plus extrêmes. Ils n'auront d'autre choix que de continuer à coexister. L'Occident est beaucoup plus fort. Aucun terrorisme ne l'affaiblira, au contraire. Mais s'il peut assujettir des gouvernements arabes ou effectuer aisément des opérations militaires, il ne pourra ni convertir, ni soumettre les musulmans.

En attendant, le fossé s'élargit sous nos yeux, le ressentiment s'amplifie et la disproportion croissante entre l'hyperpuissance américaine et la faiblesse de tous les autres fait que tout peut arriver. Ces remarques seraient valables même sans l'imminence d'une guerre en Irak ; elles le sont *a fortiori* avec.

Nous ne pouvons accepter la fatalité de cette confrontation. Que faire, en ce qui nous concerne, pour l'arrêter ? D'abord, cesser de faire l'autruche :

– ne pas nier le risque, mais au contraire en prendre la mesure ;

– ensuite, parler entre politiques, religieux, intellectuels des « deux rives » de ce qui l'alimente, pour trouver ensemble des réponses ;

– combattre en nous-mêmes la résurgence d'une arrogance et d'un délire de puissance occidentalistes ;

– nous méfier des nombreuses fausses bonnes raisons de recoloniser l'ancien tiers-monde ;

– contrer les arguments ou les slogans de nos propres extrémistes antimusulmans, comme Oriana Fallaci ;

– imposer – c'est crucial – la création d'un État palestinien viable ;

– faire, s'il y a lieu, de l'après-Saddam Hussein une démonstration de modernisation démocratique et de multilatéralisme réussis ;

– soutenir plus courageusement et partout les musulmans modernes ;

– encourager aux réformes les pays arabo-musulmans, sans diktat ni maladresse dominatrice ;

– intégrer mieux les musulmans d'Europe sans transiger quant aux principes fondamentaux de nos sociétés.

Tout cela est connu et déjà proclamé ? Mais on le fait sans le faire, dans un tissu de contradictions.

De la part des responsables arabes, et musulmans, il serait courageux de reconnaître que, s'il y a risque de *clash*, ce n'est pas seulement du fait d'une pression néo-colonialiste occidentale ou de l'aventurisme de l'administration Bush, mais aussi en raison des rancœurs et des tensions accumulées au sein du monde arabo-islamique, et de tous ceux qui y font de la haine de l'Occident un exutoire.

Les intellectuels et les religieux devraient oser aborder sans détour ces problèmes. Quant aux dirigeants de ces pays, s'ils continuent à s'arc-bouter sur un *statu quo* « prédémocratique » sous prétexte de ne pas faire le jeu des islamistes, ils finiront broyés entre ces derniers, leur population et les Occidentaux. Ils doivent faire sans tarder de vraies réformes politiques et sociales, celles qui ne sont acceptées que si elles viennent de l'intérieur. Il faut que des visionnaires, des hommes d'État occidentaux et musulmans et de grandes figures religieuses concluent un pacte, une alliance pour la réforme, la démocratisation et la coopération, dont les objectifs seraient affichés et les risques assumés solidairement.

Rien ne prédispose les États-Unis d'aujourd'hui à concevoir cette stratégie ni à mener cette politique. Les musulmans modernes ne leur feraient d'ailleurs pas confiance, même après une impressionnante démonstration de force militaire en Irak. Sauf si l'administration Bush changeait radicalement de politique dans l'affaire israélo-palestinienne et devenait porteuse d'espérance pour tous les peuples de la région. Mais tout annonce le contraire.

C'est donc l'Europe qui pourrait en être la conceptrice et l'initiatrice. L'Europe aux divergences démasquées par l'épreuve irakienne ? Oui, l'Europe quand même, car elle dispose pour ce faire de tous les atouts, à commencer par l'intelligence historique de la situation. Elle pourrait trouver là, si elle en avait la volonté, de quoi refaire son unité et jouer un rôle à sa mesure dans un monde désemparé aux fractures rouvertes.

On mesure dans quelle poudrière l'administration Bush veut à tout prix mettre en œuvre ses projets. Mais, même si la guerre en Irak devait au bout du compte ne pas avoir lieu, nous serions quand même, nous Occidentaux, placés devant ce défi : il n'y aura pas de communauté internationale tant que nous n'aurons pas écarté le spectre d'un affrontement Islam/Occident, tant que nous n'aurons pas su lui ôter toute justification et lui substituer une autre vision, partagée, de l'avenir de l'humanité, en nous libérant des siècles qui nous prédéterminent.

Le Monde, *28 février 2003*

Avec ce texte donné au Nouvel Observateur *en septembre 2002,
Hubert Védrine s'interroge plus sur les causes lointaines que sur les causes
immédiates de la défaite de la gauche, le 21 avril 2002. Pour expliquer
l'abandon du Parti socialiste par l'électorat populaire, il met l'accent sur
le long déni de besoin de sécurité ; sur le malentendu en matière sociale, la
politique en ce domaine étant perçue comme ayant été conçue d'abord
pour les « bobos » et les exclus plus que pour l'ensemble des salariés ; sur
le besoin d'identité (dans l'Europe, dans la mondialisation). Hubert
Védrine appelle ici à une façon crédible d'être français et de gauche dans
le contexte de la mondialisation.*

De gauche dans la mondialisation

L'échec du 21 avril et l'enchaînement de défaites qui en a découlé
sont dus à une conjonction de causes lointaines et immédiates.

Parmi les causes lointaines : l'usure difficilement évitable d'un parti
qui a été au pouvoir quinze années sur vingt et une, depuis 1981, et
qui a mis en œuvre un grand nombre de ses projets ; l'abandon des
partis de gouvernement par un nombre grandissant d'électeurs populaires mécontents ou déçus au profit de diverses formes de protestation, comme en ont témoigné au premier tour de la présidentielle les
faibles scores de Lionel Jospin et de Jacques Chirac ; l'affaiblissement
de beaucoup de partis sociaux-démocrates en Europe.

Parmi les causes plus immédiates : le dérèglement, à partir du
milieu de la législature, des mécanismes grâce auxquels Lionel Jospin
avait fait de la diversité de la majorité plurielle une force ; puis,
conséquence de ce qui précède, la multiplicité à gauche de candidats
agressifs envers le candidat socialiste, qui l'ont fait descendre au-

dessous de celui du Front national ; l'inadéquation de sa campagne à un premier tour d'élection présidentielle ; *in fine*, des péripéties ou aléas de campagne.

À peu de chose près, le résultat des élections aurait pu être l'inverse, d'autant que, jusqu'en mars, le bilan du gouvernement Jospin était jugé bon. Mais, dès lors qu'il a eu lieu, l'échec du 21 avril n'est pas une simple défaite circonstancielle. Il marque la fin d'un cycle, celui que François Mitterrand conçut quand il perçut, dès 1962, la portée de l'élection du président de la République au suffrage universel et en déduisit la stratégie victorieuse d'union de la gauche. Ce cycle, prolongé après 1995 par Lionel Jospin avec sa victoire de 1997 et sa majorité plurielle, est aujourd'hui achevé.

Le Parti socialiste doit concevoir un nouveau programme mobilisateur pour la France des dix prochaines années, se doter d'une stratégie politique et sociologique potentiellement majoritaire, et se choisir, le moment venu, un candidat pour 2007. Pour ce faire, l'analyse des faiblesses structurelles sera plus utile que celle de la campagne présidentielle. Or, parmi les raisons de l'abandon du Parti socialiste par les classes populaires – auquel il ne peut pas se résigner sauf à s'installer dans l'opposition –, toutes n'ont pas été mises en évidence.

Des raisons *sociales* ont été évoquées immédiatement. Mais lesquelles ? Certains socialistes ont du mal à admettre que des mesures sociales phares aient pu avoir un effet contre-productif sur ceux qui se situent entre les nantis et les exclus, pourtant en principe base naturelle de la gauche, mais ce débat est lancé. Il ne pourra se conclure par un appel pavlovien à « être plus à gauche » – évident contresens ! Le Parti socialiste se fourvoierait en se bornant à énoncer de nouveaux droits générant de nouvelles aides pour de nouvelles catégories toujours plus particulières. La gauche doit avoir son propre plan de sortie de l'assistanat, proposer une dynamique de confiance à la société tout entière, y compris ses éléments les plus faibles.

Que le long déni idéologique de la question de l'*insécurité* ait lourdement pesé a finalement été admis, bon gré mal gré. Mais du bout des lèvres. Si la légitimité de cette aspiration des gens à la sécurité n'est pas assumée franchement, le PS ne retrouvera pas d'enracinement populaire.

J'y ajoute un autre point sur lequel on fait en général l'impasse, celui de l'*identité*. Il y a trop longtemps que la gauche social-démocrate ne parle pas de la France. Or la globalisation alimente une véritable détresse identitaire chez ceux qui n'en ressentent guère, dans leur propre vie, que les aspects nocifs. Ils doutent même que l'Europe, surtout après l'élargissement, soit capable de réguler la mondialisation et de les protéger. Parce que l'Europe qui se fait est surtout libérale, et qu'il n'y aura pas de majorité dans l'Union élargie pour les projets que défendrait un PS rénové. On ne peut plus penser que les progrès de l'Europe politique entraîneront automatiquement des avancées social-démocrates. Plus tôt les socialistes français admettront cette contradiction, si pénible soit-il, plus tôt ils se décideront à l'aborder franchement avec les gauches européennes, mieux cela vaudra. Les futurs progrès institutionnels européens devraient être liés aux progrès de contenu.

Cette analyse démontrera comment, concrètement, on pourrait réguler la mondialisation, ce que doit être la solidarité dans des sociétés façonnées par l'économie de marché, comment préserver les identités culturelles dans la globalisation et exercer notre influence dans l'Europe élargie. Une fois cette décantation achevée et les éléments principaux d'un nouveau programme arrêtés, le Parti socialiste, qui devrait viser au premier tour au moins 25 % des électeurs, pourrait proposer aux autres forces de gauche une confédération, un projet commun et des accords électoraux.

Il faut débattre, et se garder d'apporter à toutes ces questions des réponses précipitées ou préfabriquées. Se borner à spéculer sur le rejet de la droite en 2007 serait stérilisant. Nous devons mettre à profit le temps qui nous est donné pour réfléchir, sans nous autoflageller mais sans tabou, proposer une façon crédible d'être français et de gauche dans la mondialisation qui puisse rassembler à nouveau les électeurs de la gauche, puis une majorité de Français.

Le Nouvel Observateur, *19 septembre 2002*

Dans deux textes, l'un global dans Libération, *un an après le 11 septembre, l'autre dans* Le Débat, *en janvier 2003, sur le prétendu déclin des États-Unis, à propos du livre d'Emmanuel Todd[1], Hubert Védrine analyse le nouvel état du monde et insiste sur ce qui avait déjà changé en profondeur avant le 11 septembre. Pour lui, le 11 septembre a été un détonateur, pas le point de départ des mutations actuelles.*

Le 11 septembre n'a pas révolutionné le monde

LIBÉRATION : Le 11 septembre a-t-il, comme on le dit souvent, tout changé dans les relations internationales ?

HUBERT VÉDRINE : Pour ma part, je n'ai jamais dit que plus rien ne serait comme avant, et je m'étonne de l'écho donné à cette thèse. Les attentats du 11 septembre ont et auront des conséquences considérables, mais la césure la plus importante dans l'histoire récente du monde reste la charnière 1990-91, la fin de l'URSS et donc la fin du monde bipolaire. Le 11 septembre a été un traumatisme terrible pour les États-Unis qui se pensaient invulnérables et que les autres voyaient comme tels. Ce choc a légitimé la mise en œuvre par George W. Bush d'une politique étrangère unilatérale dont il était déjà porteur auparavant, mais qui n'aurait pas pris sans cela une telle ampleur. Cette tragédie affreuse a durci et décanté la manière dont les Américains voient leur sécurité et leur rôle exceptionnel dans le monde. Une conception du rôle de l'Amérique qui

1. *Après l'empire. Essai sur la décomposition du système américain*, Gallimard, 2002.

s'affirmait depuis des années, mais que l'ouverture personnelle de Clinton masquait. Cette conception s'impose aujourd'hui et a trouvé sa théorie *a posteriori*. Le 11 septembre a donc été plus un révélateur et un accélérateur qu'une date inaugurale.

Cela dit, les conséquences géopolitiques en sont nombreuses. Les relations entre les services de renseignement et d'espionnage d'un grand nombre de pays ont été resserrées autour des États-Unis. Des dirigeants ont saisi cette occasion : Poutine pour nouer une relation stratégique à long terme avec les États-Unis ; Sharon pour achever d'asphyxier le processus de paix au nom de l'équivalence Palestiniens = terroristes ; ou encore les Indiens, les Pakistanais. Mais les problèmes qui rendaient le monde injuste et déjà dangereux avant le 11 septembre sont toujours là : le déséquilibre fantastique entre les Occidentaux et les autres, les abcès régionaux, à commencer par le Proche-Orient, les menaces écologiques sur la survie de la planète. Le 11 septembre n'a pas révolutionné le monde, mais affranchi les États-Unis des contraintes dans leur traitement des problèmes du monde. C'est déjà beaucoup.

Dans quel monde vivons-nous ?

Un monde global et dérégulé, avec une seule puissance dominante que j'ai qualifiée, par esprit d'analyse et non de critique, d'« hyperpuissance ». Le 11 septembre n'a pas incité les États-Unis à plus de multilatéralisme, au contraire. Ils pensent qu'ils « font le *job* », qu'ils « sont en charge » des affaires du monde, et que c'est bien ainsi. La réalité de 2002 a rejoint la vision des Pères fondateurs sur le rôle des États-Unis, nation providentielle investie du combat perpétuel du Bien contre le Mal.

Cette hyperpuissance n'est-elle pas apparue vulnérable le 11 septembre ?

Cette vulnérabilité nous est apparue extraordinaire parce qu'il s'agissait des États-Unis. Mais que l'hyperpuissance soit vulnérable à des actions terroristes-suicides – qui ne l'est ? – ne veut pas dire qu'elle est affaiblie. Jamais aucun pays n'a eu autant de *hard* et de *soft powers*. Les Américains le disent et le revendiquent. Le 11 septembre n'a pas changé cette réalité, mais a conduit les États-

Unis à augmenter leur puissance militaire et à peser davantage sur les autres acteurs du jeu mondial.

Les thèses du politologue américain Samuel P. Huntington sur le conflit des civilisations se sont-elles vérifiées ?

J'ai toujours pensé qu'il y avait quelque chose de vrai dans le constat de Huntington. Le risque de *clash* entre l'Islam et l'Occident, dont les rapports ont toujours été difficiles depuis des siècles, n'est pas nul, et sous diverses formes. C'est dans le monde actuel l'antagonisme sous-jacent numéro 1. Dans cette confrontation des ignorances et des méfiances, il peut y avoir de part et d'autre des comportements qui augmentent ce risque. Calculs délibérés de la part d'Al-Qaida, mais aussi certaines attitudes irresponsables, par exemple le livre d'Oriana Fallaci[1]. Il faut faire très attention à cette question Islam/Occident, car elle reste explosive. Dans l'immédiat, il faut résister politiquement et intellectuellement aux simplifications agressives de part et d'autre. Puis désamorcer, traiter et surmonter cet antagonisme.

Est-ce l'Occident contre tous les autres ?

Ce serait une évolution tragique, qu'il faut empêcher en nous méfiant de notre *hubris*. Nous pensons – je pense – que nos valeurs sont universelles. À part quelques fanatiques, très peu de non-Occidentaux refusent ce postulat. Mais beaucoup nous reprochent nos comportements, qui contredisent ces valeurs, disent ne pas pouvoir les mettre en œuvre d'emblée telles qu'elles sont chez nous au terme de plusieurs siècles d'évolution, et demandent des étapes, nous reprochent de mêler à ces valeurs des exigences économiques ou juridiques qui nous arrangent. Les dirigeants occidentaux refusent ce débat, qui affleure partout, par peur du « relativisme », ou pour ne pas paraître ménager les dictatures. Fort bien. Mais qui peut transformer l'ensemble du monde chinois ou islamique d'un coup de baguette magique en une sorte d'immense Danemark ?

Accepter l'idée d'un processus, valoriser le potentiel démocratique de chaque société, mais en acceptant des étapes, permettrait de renouer le dialogue. Il faudrait combiner notre croyance en

---

1. *La Rage et l'orgueil,* Plon, 2002.

l'universalité de nos valeurs et un accueil plus fraternel aux discussions. C'est avec le monde arabo-islamique que ce sera le plus dur, car pour ses masses il y a continuité depuis les croisades jusqu'à l'ingérence, en passant par la colonisation. Mais c'est avec lui en priorité que le débat doit avoir lieu. Ce sera aussi important que la coopération entre les services de renseignement pour lutter contre le terrorisme et pour assécher les marécages dans lesquels la haine de l'Occident et le terrorisme plongent leurs racines.

Le 11 septembre a-t-il réhabilité la Realpolitik *en diplomatie ?*

De fait, certains des arguments des experts républicains méritent réflexion. Par exemple ceux de Robert Kagan[1], qui trouve ingénues les conceptions des Européens sur la communauté internationale et le multilatéralisme. Il a tort de dire que ce discours est la théorisation d'une impuissance, délibérée et consentie depuis 1945. Il est aussi la conséquence d'un choix politique pour extirper le nationalisme et, à cet égard, cela a réussi. Mais il est vrai aussi que ces croyances rendent les Européens peu aptes à comprendre le reste du monde – Américains en tête. Donc, le 11 septembre a rappelé les limites de l'*Irrealpolitik*. Nous ne sommes pas pour autant dans la *Realpolitik*, sinon les États-Unis ne poursuivraient pas au Moyen-Orient des objectifs aussi contradictoires. Nous sommes plutôt dans une époque idéologique.

Le fossé transatlantique s'est-il creusé avec le 11 septembre ?

Oui, car autrefois les « malentendus transatlantiques » portaient sur des contentieux commerciaux, sur la manière d'organiser l'Alliance, sur les rapports avec l'URSS, mais pas sur les valeurs. Aujourd'hui, avec l'affirmation du rôle des États-Unis comme « nation indispensable » ou providentielle qui peut et doit décider seule, on voit s'affirmer une conception qui contredit tout ce que les Européens, les responsables de l'ONU ou les Américains wilsoniens ont dit depuis soixante ans sur la communauté internationale et le multilatéralisme.

---

1. *La Puissance et la faiblesse : Les États-Unis et l'Europe dans le nouvel ordre mondial,* Plon, 2003.

D'où la doctrine Bush de l'attaque préventive contre l'Irak ?

Oui. Ce concept de l'attaque préventive traduit une novation radicale qui mériterait d'être débattue, et pas qu'aux États-Unis – ce qui n'est pas le cas aujourd'hui.

N'est-ce pas la conséquence d'un épuisement de l'Europe ?

D'une certaine façon, oui. La majorité des Européens ont remis aux Américains, à partir de 1945, la responsabilité de leur sécurité, et, de fait, de leur politique étrangère, même s'ils n'ont pas abdiqué leurs intérêts économiques et commerciaux, qu'ils défendent bien. Quand les Européens doivent s'exprimer, ils sont divisés : peuvent-ils ou non avoir une position différente de celle des États-Unis ? La plupart d'entre eux cherchent à bâtir une grande Suisse plutôt qu'une Europe-puissance. Cela n'a pas empêché les Européens, après le 11 septembre, d'être fermes et clairs sur les principes ; la coopération entre les services d'être excellente, la France et la Grande-Bretagne d'apporter une contribution mineure mais utile. Mais les Européens n'ont pas pesé sur les décisions.

Le 11 septembre a-t-il influé sur la politique américaine au Proche-Orient ?

L'administration Bush était déterminée à prendre le contre-pied de l'équipe Clinton, et donc à soutenir la droite israélienne, notamment en raison de l'influence de la droite chrétienne au sein du Parti républicain – et cela dès le début de son mandat, soit bien avant le 11 septembre. On a assisté à certaines contradictions américaines, mais qui n'ont pas modifié cette ligne.

Libération, *7 septembre 2002*

Le défi du déclin ?

L'essai d'Emmanuel Todd tranche. Il tranche sur les précautions, les lâchetés, les myopies ou les routines de tant d'analystes ou de commentateurs de l'Amérique, sur les dénonciations anachroniques, mais relancées ces temps-ci, peut-être par hasard, du très rebattu « antiaméricanisme français », sur le galimatias à propos des valeurs communes et autres manifestations de l'inhibition française à réfléchir sur les États-Unis. Comme si ce regard critique et cette libre analyse, au moment où ils deviennent le plus nécessaires face à une Amérique nouvelle vraiment différente, étaient réservés aux seuls Américains, lesquels, malgré l'actuelle vague patriotique et nationaliste, ne se les interdisent pas. On ne saurait donc trop le louer pour son audace et cette bouffée d'air frais. Par exemple, les pages consacrées à ce qu'Emmanuel Todd appelle un « mystère », la fidélité de l'Amérique à l'Israël actuel, qu'il lit comme le signe du « recul de l'universalisme externe des États-Unis », l'exclusion des Arabes succédant à celle des Indiens, des Noirs et des Mexicains ; ce qu'il dit du rôle nouveau des fondamentalistes chrétiens au sein du Parti républicain, jusqu'à ces derniers temps sous-évalué et sous-analysé en Europe ; tout cela est percutant, à défaut d'être encourageant. C'est d'ailleurs un euphémisme de qualifier ces nouveaux républicains de *néo-conservateurs*. Ce sont en fait, pour beaucoup d'entre eux, au sens propre du terme, des *néo-réactionnaires* qui voudraient revenir sur ce que l'Amérique a fait de Roosevelt, voire de Wilson jusqu'à Clinton.

Mais l'essentiel du propos d'Emmanuel Todd n'est pas là. Il est dans la contestation de la thèse aujourd'hui dominante de la toute-puissance des États-Unis et dans l'annonce, *a contrario*, de la proche « décomposition du système américain ».

319

Face à l'hyperpuissance

Cela me donne l'occasion de clarifier une controverse sémantique. Quand j'ai parlé, à partir de 1998, d'« hyperpuissance » pour qualifier les États-Unis d'aujourd'hui, terme qui a fait florès, c'était parce que, voulant décrire de façon plus exacte et plus rigoureuse les nouvelles réalités internationales, je jugeais le terme « superpuissance » archaïque, trop connoté guerre froide et puissance militaire. L'expression « seule superpuissance » ne me satisfaisait pas non plus. « Hyperpuissance » avait l'avantage, à mes yeux, de désigner quelque chose de plus grand et d'englober à la fois le *hard* et le *soft power* de l'Amérique. Sans que cela comporte en français, comme je l'ai précisé aux anglophones, une connotation péjorative, contrairement à ce qu'ils avaient initialement cru comprendre, *hyper* en anglais évoquant une pathologie. Le fond de ma pensée est qu'il n'y a pas d'équivalent historique à ce que sont les États-Unis aujourd'hui, qu'on s'en réjouisse ou qu'on s'en afflige, et que cela mérite bien un terme spécifique.

Emmanuel Todd pense, lui, que les États-Unis étaient une « hyperpuissance » en 1945, mais qu'ils ne le sont plus aujourd'hui, et que ce terme « aveugle les analystes plus qu'il ne les éclaire ». Je ne tiens pas plus que cela à ce terme qui m'a échappé du fait de son succès : l'essentiel est de savoir de quoi on parle. J'ai voulu photographier l'Amérique de Bush qui déjà perçait sous celle de Clinton, cela se pressentait au Sénat comme cela se mesurait dans la mondialisation. Je n'ai pas prétendu que cette hyperpuissance était invulnérable (le 11 septembre ne modifie pas cette analyse, au contraire, du fait même des réactions américaines qu'il entraîne) ou sans faille, ni qu'elle serait immuable. Tout change un jour. J'ai cherché à caractériser le moment actuel. Emmanuel Todd, lui, veut augurer les renversements à venir en extrapolant quelques tendances selon lui déjà repérables. Il n'y a pas nécessairement contradiction.

Sa thèse est radicale. Elle est que le monde peut et va se passer de l'Amérique parce qu'il va devenir, sans elle, plus démocratique, et pour d'autres raisons, tandis que l'Amérique, autrefois « impérialisme positif », devenue improductive et simple centre attractif d'une capitulation boursière fictive, ne peut plus se passer du monde. Il en déduit que, pour conjurer le spectre intolérable de leur inutilité, les États-Unis chercheront à institutionnaliser dans le monde un état de guerre permanent en se décrétant la cible de violences qui sont en fait des crises de transition engendrées par l'accès à la modernité, notamment dans le monde arabo-musulman, et que cela les rendra de moins en moins universalistes[1].

Dans cette hypothèse, nous aurions à gérer le déclin de l'Amérique, une Amérique « impuissante à maîtriser un monde trop vaste, trop fort pour elle par sa diversité », obligée d'attaquer le faible – son option anti-arabe – plutôt que le fort pour perpétuer son emprise et son rôle.

On pourra trouver la charge outrancière. Il n'empêche qu'Emmanuel Todd a incontestablement saisi certaines dimensions paradoxales de la puissance américaine, détecté quelques fissures encore cachées, et mis le doigt, au-delà des apparences, sur quelques vraies faiblesses, ou handicaps, des États-Unis. Mais en en surestimant sans doute l'importance et l'imminence.

Sur le plan économique, l'analyse des États-Unis en prédateurs et accapareurs mondiaux est forte. Elle n'est pas nouvelle. Elle a déjà été faite sur l'énergie et les matières premières stratégiques, avant de l'être sur l'attraction des capitaux. Même quand c'était vrai, cela n'a pas inversé pour autant le cours de l'Histoire. Rien ne prouve non plus cette fois-ci que la nature prédatrice – si l'on suit Todd – de la relation économique entre le monde et les États-Unis annonce un déclin de ces derniers. D'autant moins que la mondialisation, telle qu'elle se fait, consolide, à défaut d'une invulnérabilité, une sorte d'impunité économique, monétaire et stratégique américaine. Les États-Unis ayant de plus en plus conquis le pouvoir d'imposer le terrain et les critères sur la base desquels ils sont jugés, Todd néglige sans doute trop le fait que si les capitaux du monde entier vont aux États-Unis, c'est d'abord parce qu'ils y ont trouvé jusqu'à maintenant le meilleur rapport sécurité/rentabilité. Il n'intègre pas non plus dans son raisonnement les formidables progrès de productivité

---

1. Je ne suis pas en mesure d'approuver ou de contester sa thèse anthropologique selon laquelle l'égalité entre frères prédispose une société à l'ouverture universaliste, et inversement. Elle occupe une place centrale dans ses projections contrastées sur le devenir des sociétés américaine et russe.

accompli par les États-Unis. Sur un autre plan, l'auteur sous-estime l'énorme ascendant mental que l'Amérique exerce sur les élites du monde entier, et l'acquiescement de ces dernières à la globalisation, comme si elle était une donnée de la nature, alors que s'y mêlent progrès technologiques et décisions financières et politiques, ce qui n'est pas sans importance pour apprécier la validité d'un diagnostic de déclin. Même si, dans le même temps, l'animosité à l'égard de l'Amérique croît chez beaucoup de peuples, y compris chez les plus imbibés des modes de vie américains.

On sent chez l'auteur une déception, un regret de la bonne et vraie « hyperpuissance », celle des années 50, l'Amérique démocratique, libérale et productive (celle de Norman Rockwell ?). On peut comprendre ses sentiments devant l'Amérique actuelle, apprécier la vivacité de son intelligence et l'originalité de ses vues, sans le suivre complètement dans ses prévisions, notamment parce qu'il ne tient pas compte de la capacité maintes fois démontrée du système américain de se régénérer, ce qui le différencie radicalement du système soviétique dont le même auteur avait précocement annoncé la chute.

Sa précipitation corollaire à vouloir démontrer que, déjà, « l'Eurasie cherche son équilibre sans les États-Unis », que l'économie russe redémarre, que l'État russe réapparaît, que la Russie amorce le rétablissement d'une capacité militaire minimale, ne convainc pas non plus entièrement. Entendons-nous : rien de tout cela n'est tout à fait faux et beaucoup de ses phrases font mouche, par exemple quand il affirme que la Russie est une très grande nation, calculatrice et responsable, ou qu'elle est de *tempérament* universaliste. Mais lui-même en est conscient : « Le portrait que j'ai tracé d'une Russie idéale et nécessaire au monde force le trait. » Je suis d'accord avec lui : elle est « nécessaire au monde ». Mais son portrait de la Russie n'est pas seulement idéal, il est pour le moins prématuré. Emmanuel Todd enjambe là allégrement vingt à trente années d'efforts continus qui seront sans doute encore nécessaires avant que des décombres grandioses et tragiques de l'histoire russe n'émerge un grand pays moderne. Et, pour le moment, Poutine a axé toute sa stratégie de redressement sur sa relation avec les États-Unis. Comme, d'ailleurs, la plupart des pays du monde. Il n'y a pas de monde multipolaire, mais une structure en roue de bicyclette, les pays étant les rayons, et les États-Unis le moyeu.

Même optimisme affiché quand Todd parle – ce qui est remarquable, venant de lui – de l'émancipation de l'Europe, mouvement qu'il voit naître d'une entente entre France, Allemagne et Grande-Bretagne. Emmanuel Todd souligne à gros traits les diffférences croissantes entre les sociétés, les cultures, les civilisations européennes et américaines. Il décrit crûment le dilemme des élites européennes : intégration au système dirigeant américano-mondial ou ambition européenne. Les ressorts de la puissance économique européenne sont justement mis en valeur. La précieuse capacité de l'Europe à s'entendre avec la Russie et avec le monde arabo-musulman est justement relevée. Mais, là aussi, si rien de tout cela n'est tout à fait faux, si aucun de ces développements n'est invraisemblable, rien n'est non plus assuré. Le principal acte d'émancipation récente d'un pays européen a été l'action de la France au sein du Conseil de sécurité de l'ONU grâce à son droit de veto, ce qui n'est pas la même chose qu'une émancipation *européenne*. Cette émancipation-là est souhaitable. Elle est possible. Est-elle probable ? Est-elle suffisamment imminente pour étayer la thèse d'Emmanuel Todd ? Là est la question.

Qu'Emmanuel Todd voie juste ou non, que les évolutions potentielles qu'il a détectées soient ou non confirmées à courte ou moyenne échéance, la question américaine, qui commande toutes les autres d'une façon ou d'une autre, restera longtemps cruciale. Devoir être l'allié et le partenaire de l'Amérique annoncée par Emmanuel Todd, soumise par son déclin progressif aux tentations les plus dangereuses, ne serait pas une sinécure. Mais ça ne le serait pas davantage d'avoir à travailler avec une Amérique qui resterait durablement celle de l'actuel Parti républicain, sûre de sa « destinée » manifeste, une Amérique pour qui l'unilatéralisme est une conviction, un instinct, voire un devoir, et le multilatéralisme une simple option ou une tactique momentanée. Comment être leur allié, comment les approuver ou les soutenir sans être entraînés là où nous ne voudrions pas aller ? En sens inverse, comment leur résister ou les influencer, et sur la base de quels points d'appui ? Toujours ardue à résoudre, cette équation risque de devenir insoluble, sauf si cette ligne de conduite simple – « alliés, pas alignés » – devient celle des principaux États européens et, dès lors, celle de l'Union européenne tout entière, quels que soient les arrangements institutionnels à venir. Il y faut non seulement l'engagement de la France et de l'Allemagne, mais aussi celui de la Grande-Bretagne.

Le Débat, *janvier-février 2003*

Dans les quatre textes suivants, Hubert Védrine donne son sentiment sur l'Europe à l'automne 2002.

L'entretien avec Enjeux *porte sur la question de l'« Europe-puissance ». Il est illusoire de croire, explique-t-il, que nos partenaires partagent cette ambition très française.*

Dans l'article, paru dans Le Monde *le 27 septembre 2002, intitulé « Avancer les yeux ouverts », Hubert Védrine estime qu'on ne peut passer au vote à la majorité sans prendre conscience que, de ce fait, la France sera en minorité dans plusieurs domaines essentiels, et que cela ne peut se faire sans en avoir débattu franchement et démocratiquement au préalable, sans en avoir mesuré et assumé toutes les conséquences.*

Dans l'article intitulé « Clarifier l'identité européenne », paru le 3 décembre 2002, il estime que les Européens doivent préciser leurs frontières à l'est – il propose une approche plus franche de la question turque –, mais aussi à l'ouest, où règne le concept ambigu et dissolvant d'« euro-atlantisme ».

Ces articles ont été écrits avant que les Européens ne laissent éclater, sous les coups de boutoir de la nouvelle politique américaine, leurs désaccords fondamentaux sur ce que doit être et faire l'Europe dans le monde.

Dans l'article donné au Monde *en janvier 2003 pour l'anniversaire du traité franco-allemand, Hubert Védrine estime que la relance du moteur franco-allemand est devenue possible, et même nécessaire et bienvenue, mais que dans l'Europe à vingt-cinq, elle n'est plus suffisante pour entraîner tous les autres, et qu'elle doit être faite sans les « antagoniser ». Quelques jours plus tard, la lettre des Dix (Blair, Aznar, etc.), réplique à la relance franco-allemande, confirmera cette complication de la nouvelle configuration européenne.*

« Les Français sont les seuls
à vouloir une Europe-puissance »

ENJEUX : Après une période d'intégration européenne forte, marquée par la création du marché unique, puis de l'euro, les Européens semblent en panne d'un projet commun auquel ils puissent s'identifier. Partagez-vous ce sentiment ?

HUBERT VÉDRINE : C'est un peu une illusion d'optique. Depuis ses débuts, la construction européenne est faite d'une alternance d'avancées et de phases de « digestion », de consolidation. Plus on progresse et plus c'est vrai, car on touche à des sujets de plus en plus sensibles, le nombre des acteurs s'est accru et les mécanismes de décision se sont « perfectionnés » (au sens de « démocratisés »), ce qui signifie de plus en plus de procédures, de contrôles, de pouvoirs et de contre-pouvoirs. Une mécanique plus lourde et plus lente.

Revenons en arrière un instant. Au cours de la période Mitterrand-Kohl-Delors, surtout de 1984 à 1992, d'énormes progrès furent accomplis : l'Acte unique, l'élargissement à l'Espagne et au Portugal, les directives pour le grand marché, la mise en chantier du processus d'Union économique et monétaire qui a débouché sur la décision d'une monnaie unique, le traité de Maastricht et sa ratification. Une période indispensable de mise en œuvre a suivi, concrétisée au début de cette année par la mise en circulation de l'euro. Au même moment, la question du grand élargissement nous est à la fois posée et imposée par l'Histoire, en l'occurrence par l'effondrement de l'Union soviétique. Douze pays se présentent à nous. Ce sont incontestablement des pays d'Europe devenus ou redevenus démocratiques. Comment ne pas ouvrir avec eux des négociations d'adhésion ? Il n'y a donc pas eu de « panne » européenne au cours des dix dernières années.

En revanche, il est incontestable que les opinions publiques, et donc les gouvernements qui en sont le reflet (principe de « proximité »), sont passées de l'âge utopique et enthousiaste à un âge utilitariste. Cet utilitarisme, ce pragmatisme déterminent désormais les rapports de chaque peuple, et donc de chaque pays et de chaque gouvernement, à l'Europe. Mais cela ne veut pas dire qu'il n'y a plus de projet !

Les déconvenues de Nice ne sont-elles pas tout de même le signe que nous avons du mal à « digérer » ces avancées ?

Non, cette phase de « digestion » s'achève, et l'énergie revient. À partir du moment où la décision d'ouvrir une négociation avec six pays, puis six autres, était prise, la question de la réforme des institutions s'imposait à nous. Jusqu'à ce qu'à Nice il ne soit plus possible de reculer encore, sauf à compromettre l'élargissement. Il fallut donc décider concrètement combien chacun des Vingt-Sept aurait de parlementaires au Parlement, de commissaires à la Commission et de voix au Conseil.

C'est facile d'ironiser sur Amsterdam ou sur Nice, mais on ne peut nier que la complexité de la discussion européenne croît de façon exponentielle avec le nombre des participants. Dans n'importe quelle assemblée humaine, de tels sujets seraient extraordinairement difficiles. Malgré tout cela, Nice a accouché d'un accord. À l'échelle de l'Histoire, quelle importance cela peut-il avoir qu'un Conseil européen ait dû durer deux ou trois jours de plus, dès lors qu'on est bel et bien parvenu à définir le poids de chacun ? Si nous n'avions pas abouti à Nice, nous n'aurions pas pu aborder la phase suivante, envisager une refonte de l'ensemble des traités pour définir les institutions d'une Europe élargie. Amsterdam, puis Nice ont ouvert la voie à la Convention et à un possible traité constitutionnel. Reste à savoir lequel.

Nous, Français, craignons souvent qu'une Europe élargie ne dénature le projet d'intégration européenne. Ne fallait-il pas approfondir — autour de l'idée d'avant-garde ou de noyau dur, par exemple — avant d'élargir ?

On ne pouvait arrêter l'Histoire et on ne peut la réécrire. Quand et à qui aurions-nous pu imposer plus d'approfondissement ? Quel élargissement aurions-nous pu et dû empêcher ? Tous nos partenaires sans exception ont toujours privilégié l'élargissement. Quant à la discussion sur les cercles, noyaux et autres avant-gardes, aucun de ceux qui ont mis en avant cette idée depuis une dizaine d'années n'a réussi jusqu'ici à expliquer comment elle pourrait être mise en œuvre contre la majorité des États membres. On ne sort pas de là.

D'un côté, il y a les quelques pays – dont la France – qui, en principe, ne souhaitent pas que l'élargissement entraîne une dilution. Et, de l'autre, ceux, plus nombreux, qui se satisfont d'une Europe en forme de grand marché, assorti de quelques organes de régulation juridique. Ces États-là ne craignent pas la dilution. Ils considèrent même que l'élargissement est en fait le meilleur moyen de se protéger définitivement d'une Europe trop fédérale et trop bureaucratique... Donc, l'ambition française se heurte au fait que la majorité de nos partenaires ne sont pas sur la même longueur d'onde et que, sur l'éventuel noyau dur, il n'y a pas de consensus. La question est un peu moins sensible si l'on envisage plusieurs noyaux durs, avec des objets distincts. Encore faudrait-il utiliser vraiment le mécanisme des coopérations renforcées.

Un jour, Jacques Delors, répondant à une question sur l'impossibilité de faire l'avant-garde sans crise, a déclaré qu'il préférait la crise à la dilution. On ne peut nier la cohérence intellectuelle d'une telle position, sauf que la crise ne se décrète pas. En revanche, si elle se produisait, s'il y avait dilution générale du système, un petit groupe de pays, dont la France et l'Allemagne, relèverait certainement le défi. Mais poser à froid aujourd'hui la question du noyau dur est stérile, sauf si on explique comment surmonter les contradictions que j'ai évoquées. La priorité est donc de concevoir des institutions qui permettront à l'Europe à vingt-cinq de fonctionner.

Quelle est l'architecture institutionnelle la plus probable ?

Rien n'est écrit. L'heure de vérité sonnera à l'issue de la Convention. Si l'on reste fidèle aux conceptions européennes qui ont permis à l'Europe d'avancer, il faudrait aller vers plus de fédéralisme, plus de vote à la majorité. Mais, déjà dans l'Europe à quinze, si l'on vote à la majorité, la France est en minorité sur beaucoup de points essentiels. Et ce sera encore plus vrai dans l'Europe à vingt-cinq. Nous sommes minoritaires sur le concept même d'Europe-puissance, sur l'idée d'une politique étrangère européenne, sur les services publics, sur les politiques d'exception ou de diversité culturelle, sur la PAC... En France, il y a des pro-européens paradoxaux qui disent vouloir faire l'Europe-puissance tout en préconisant des mécanismes de décision majoritaires qui minorisent ceux qui soutiennent cette ambition.

N'oublions pas qu'aux termes de Nice la France ne disposera que de 9 % des voix au Conseil européen, de 9 % des élus au Parlement et d'un commissaire sur vingt-cinq ! L'architecture européenne probable maniera de façon plus efficace qu'aujourd'hui les logiques communautaire et intergouvernementale.

Cela veut-il dire que nous nous sommes trompés de projet ?

Il n'y en avait pas d'autres ! Mais, comme la plupart de nos partenaires européens ne partagent pas spontanément notre conception de l'avenir de l'Europe, sans parler de nos propres contradictions, des compromis sont inévitables. Jusqu'à présent, nous avons réussi à influencer le cours des choses, à l'unanimité bien sûr, et même à la majorité en déployant beaucoup d'énergie. Mais il va falloir sortir de l'ambiguïté. Dans les années qui viennent, il faudra bien affronter ce dilemme : que sommes-nous prêts, nous Français, à abandonner si, pour bâtir un ensemble européen qui aurait une puissance plus forte que celle de tous les participants additionnés, il faut passer à la majorité sur tous les sujets ? Nous devrons répondre ! Soit nous acceptons de voir les positions françaises mises en minorité – comme une sorte d'investissement pour faire l'Europe unie en espérant faire un jour émerger en son sein des convergences intellectuelles et politiques sur nos idées, et que la fonction créera l'organe. Soit nous gelons l'Europe au stade actuel, jusqu'à ce que nos positions soient majoritaires, et nous assumons la lourdeur intergouvernementale qui en découle.

La question de l'Europe-puissance se pose notamment en politique étrangère. Quel est votre diagnostic sur le fonctionnement actuel du système ?

C'est un système baroque, hybride et transitoire. L'objectif n'est pas, à ce stade, d'avoir une politique étrangère unique, à l'image de la monnaie : nous n'en sommes pas là ; mais une politique étrangère *commune*. Il n'a pas été décidé que chaque pays membre renonçait à sa politique étrangère. Il s'agit, à partir de réactions souvent très différentes, de créer des analyses, puis des conceptions homogènes et des politiques convergentes. Ce travail de bénédictin a été amorcé avec les années de la « coopération politique », et s'est poursuivi avec la Politique étrangère et de sécurité commune (PESC).

C'est ainsi : les mentalités nationales restent différentes. Ce sont des métaux très résistants. Il faut des forges à très hautes températures et des dizaines d'heures d'échanges pour les fondre et créer de nouveaux alliages. La politique étrangère unique ne se décrète pas. On peut remplacer une monnaie par une autre. C'est un acte régalien. On ne peut pas décréter : le 1er mars prochain, nous penserons tous la même chose sur le Proche-Orient ! « Monsieur PESC » – Javier Solana – travaille sur la base des positions déjà devenues communes. Mais il ne peut se substituer aux quinze ministres des Affaires étrangères.

On entend du reste la cacophonie...

C'est un peu comme les plantes : elles poussent tous les jours, mais on ne le voit pas ! La question des Balkans en est un bon exemple. Il y a dix ans, chaque pays européen était sur une ligne différente. Aujourd'hui, tout le monde travaille sur les mêmes bases, avec des résultats honorables. De même, en ce qui concerne la coopération à long terme avec la Russie, il n'y a plus de discordance. Je n'en dirais pas autant sur le Proche-Orient, l'Afrique ou les relations avec les États-Unis, actuellement le sujet central, mais soyons optimistes...

L'affirmation de ce que vous avez appelé l'« hyperpuissance » américaine ne constitue-t-elle pas précisément le principal obstacle à l'Europe-puissance ?

Non, le principal obstacle à l'Europe-puissance est en nous. C'est le fait, comme Robert Kagan l'a souligné avec une perfide subtilité dans un ouvrage récent[1], que la majorité des peuples d'Europe a opté depuis cinquante ans, philosophiquement, politiquement et militairement, pour la non-puissance, qu'ils ont remis leur sécurité et, en fait, aussi leur politique étrangère (à l'exception de quelques questions régionales) entre les mains des États-Unis. Pour la plupart des Européens, c'est cela, la leçon de la Seconde Guerre mondiale, et je dirais du XXe siècle : une politique séculaire de puissance a conduit au désastre. On peut discuter cette thèse, mais il est clair qu'elle contient une part de vrai. Dans l'inconscient collectif européen, le choix a été

---

1. *La Puissance et la faiblesse, op. cit.*

fait. Le projet d'Europe-puissance a toujours été français. Nos partenaires n'y ont pas renoncé, pour la bonne raison qu'ils ne l'ont jamais partagé. Ils veulent une Europe de paix, de prospérité, de liberté, de sécurité. C'est pour cela que, chez la plupart de nos partenaires, on ne parle que de gestion civile des crises, d'activités de police, de reconstruction, d'actions humanitaires, d'aide au développement. La plupart des Européens ne se vivent pas comme une puissance en devenir, ils parlent comme une grosse ONG, une grosse Croix-Rouge ou une grosse Banque de développement. Je sais bien que l'Histoire peut ruser, mais on ne voit pas dans les esprits les signes d'une Europe-puissance en formation. Sauf de la part des Français, des Anglais en matière de défense, des Allemands à nouveau, mais avec prudence. Il faudra que cette question soit clairement débattue à un moment ou un autre. Soit que les quelques pays héritiers d'une idée de puissance acceptent d'y renoncer à leur tour parce que leurs partenaires veulent construire quelque chose qui ressemble davantage à une grande Suisse qu'aux États-Unis d'Europe. Soit qu'ils s'y refusent, estimant que c'est là un élément fondamental du projet européen et qu'une avant-garde devra l'imposer.

Pour le reste, le fait que les États-Unis aient atteint ce niveau extraordinaire de puissance, qu'ils réaffirment aujourd'hui crûment leur conception de leur rôle unique et de leur droit d'ingérence, peut provoquer un électrochoc. Soit les Européens acceptent cette répartition des rôles et s'occupent... de leur prospérité. Soit ils sont piqués au vif, décident qu'ils ont eux aussi une responsabilité dans l'équilibre, l'équité et la sécurité du monde, et alors ils renoncent à leur ingénuité et tranchent le nœud gordien de leurs contradictions.

Finalement, nos yeux n'ont pas été dessillés par le 11 septembre ?

La réflexion consécutive au choc n'est pas terminée. Mais, pour le moment, c'est vrai : les Européens ne sont toujours pas convaincus que l'Histoire est restée dure et tragique. Après l'élan de compassion et de solidarité, nous sommes dans une sorte d'observation stupéfaite de cette politique américaine qui se déploie, unilatérale et militaire, nourrie de la haine terroriste, de l'impuissance ou de l'incapacité des autres pays, et est légitimée aux yeux de l'opinion américaine par la tragédie du 11 septembre, même si George W. Bush la portait en lui dès son arrivée au pouvoir. Dans l'immédiat, il faut – comme essaie de le faire la France – recanaliser l'énergie américaine meurtrie dans des procédures multilatérales légitimes.

L'idée selon laquelle l'Allemagne réunifiée manifesterait moins de bonne volonté vis-à-vis de la France comme de la construction européenne pèse-t-elle dans la balance ?

Avec la réunification, l'Allemagne se retrouve. C'était prévisible et ce n'est ni choquant ni inquiétant. J'ajouterai que cette évolution n'est pas liée à la seule réunification, mais aussi au fait que le programme du couple franco-allemand a été accompli. Lorsque Kohl et Mitterrand imposent ensemble Maastricht, ils achèvent en quelque sorte le programme initié par de Gaulle et Adenauer. Il est naturel que vienne ensuite une période plus triviale. Gémir sur le couple franco-allemand me paraît aussi vain que regretter le premier étage d'une fusée. Nous ne retrouverons pas ce moment. En revanche, les mésententes franco-allemandes sont un handicap pour l'Europe : nous avons besoin d'harmoniser nos positions sur les grands sujets à venir. Pour sauver la PAC, la France devra accepter avant 2006 une réforme ; sur les institutions, si la France et l'Allemagne parviennent à réagir de la même façon aux propositions de la Convention et à refonder une entente sur ce point clé, ce sera considérable et entraînant. Si tel n'était pas le cas, la suite serait plus difficile.

Que faut-il espérer pour l'Europe ?

D'abord, que les dix ou douze nouvelles adhésions se passent bien. Cela suppose que les négociations aient été menées avec rigueur et sérieux, que les pays concernés parviennent à tenir durablement leurs engagements, que le fonctionnement de l'Europe à vingt-cinq soit assuré par les propositions de la Convention présidée par Valéry Giscard d'Estaing ou par la CIG qui suivra. Si nous renoncions, par « bonne volonté » européenne, à peser de tout notre poids, l'effet serait pernicieux : l'ambition d'Europe-puissance s'évanouirait et, dans nos opinions publiques, l'idée que l'on ne contrôle plus rien, que la mondialisation balaie tout sur son chemin, que l'Europe ne contrebalance rien, gagnerait encore du terrain et alimenterait le risque d'une explosion de l'abstention ou du vote protestataire lors des prochaines échéances électorales ou de la ratification du futur traité constitutionnel. L'heure de vérité approche.

Propos recueillis par Marie-Paule Virard et François Lenglet,
Enjeux, *novembre 2002*

Europe : avancer les yeux ouverts

Quel prix sommes-nous prêts à payer, nous Français, pour que l'Union européenne élargie à vingt-cinq membres soit dotée d'institutions vraiment efficaces ? Certains s'élèveront contre cette interrogation délibérément abrupte. L'Union européenne, objecteront-ils aussitôt, n'a jamais été un « jeu à somme nulle ». Chaque fois que des appréhensions se sont exprimées, par exemple celles du patronat avant la mise en œuvre du Marché commun, ou de nos agriculteurs à la veille de l'adhésion de l'Espagne et du Portugal, elles se sont révélées infondées. Soupeser le pour et le contre, ce serait s'interdire d'avancer alors que le succès de l'euro aurait dû balayer définitivement de telles inquiétudes. Il n'y aurait aucune contradiction entre intérêts nationaux, avancées constitutionnelles européennes et Europe forte. La question du prix à payer ne se poserait pas, le choix serait simple : l'audace ou la frilosité.

Et pourtant, elle se pose et se posera de façon insistante au cours des deux ou trois années qui sont devant nous, décisives pour l'Europe. Car plus d'Europe politique signifiera sans doute, dans le traité constitutionnel, plus d'intégration, plus de compétences au niveau européen, une Union s'exprimant d'une seule voix en lieu et place des États, y compris de la France, à l'extérieur. Cela mérite réflexion. De deux choses l'une : ou bien nous acceptons, parce que nous estimons que l'ambition européenne prévaut sur toutes les autres ou parce que nous jugeons que le cadre européen est désormais le seul qui nous permette de défendre nos intérêts, de nous fondre progressivement dans cet ensemble, et alors nous jouons à fond le jeu européen, le renforcement des institutions européennes et communautaires, la généralisation du vote à la majorité ; nous en acceptons par avance toutes les conséquences. Ou bien, considérant

335

que nous ne pourrons pas préserver, avec 9 % des voix au Conseil, 9 % des membres du Parlement, un commissaire sur vingt-cinq, des positions et des politiques que nous jugeons fondamentales, nous refusons ce saut institutionnel.

Certains militants pro-européens redoutent les conclusions éventuelles de ce débat. Ils postulent donc qu'avec de l'ambition et de l'énergie cette contradiction pourra être surmontée, et rappellent que notre influence ne se mesure pas qu'en chiffres.

C'est vrai jusqu'à un certain point. Mais, chez nos partenaires, comme chez les candidats, ou comme chez nous, les constantes demeurent. Sur la politique agricole commune, sur les politiques d'exception ou de diversité culturelle, sur les services publics, sur le statut de la langue française dans l'Union, sur une politique étrangère vraiment européenne, sur le concept d'une Europe-puissance, sans même parler de la réforme des institutions, pour ne citer que les grands sujets, et même si nos positions évoluent, nous ne sommes pas majoritaires dans l'Europe à quinze, encore moins dans celle à vingt-cinq.

Je ne discute pas ici du bien-fondé des positions françaises sur chacun de ces sujets. Je veux seulement dire qu'on ne peut plus prétendre que de nouvelles avancées institutionnelles feraient mieux prévaloir dans l'Europe élargie les conceptions françaises que le système actuel. On ne peut plus soutenir que plus d'Europe conduira mécaniquement à plus de puissance. Si nous avons pu souvent obtenir le soutien de nos partenaires à certaines de nos positions originales, si notre capacité d'entraînement a été maintes fois démontrée, c'était aussi parce que nous pouvions jusqu'ici nous appuyer sur notre capacité de blocage dans le cadre d'un vote à l'unanimité, que nous gardions la faculté d'agir par nous-mêmes ou de nous exprimer en propre et que, par conséquent, notre voix ne pouvait être ni minorée ni négligée. Ce recours, ce levier disparaîtrait. Ce disant, je ne me réfère pas, même implicitement, aux arguments défensifs et d'arrière-garde des anti-européens. C'est aux pro-européens dont je fais partie que je m'adresse. Pour des raisons d'honnêteté intellectuelle et démocratique, j'estime que les Français doivent disposer de tous les éléments pour mesurer la portée du futur traité constitutionnel qui devrait leur être soumis par référendum, afin qu'ils puissent se déterminer en pleine connaissance de cause. Et pour cela les enjeux doivent être franchement énoncés. Discuter du « prix à payer », c'est annoncer la couleur, dire sans détour ce à quoi nous serions prêts à renoncer s'il le fallait. À la PAC ? Aux politiques de solidarité nationale ? À la politique culturelle ? À une cinématographie nationale ? Au français comme langue de travail ? À notre siège au Conseil de sécurité ? À un réseau diplomatique qui nous soit propre ? À l'autonomie de notre dissuasion nucléaire ? À l'idée d'Europe-puissance ? À autre chose ? À rien ? Celui qui, faisant passer l'Europe avant tout, accepte de voir mises en minorité et donc abandonnées certaines positions françaises, parce que, à ses yeux, faire avancer l'Europe est plus important que maintenir telle ou telle position nationale, si emblématique soit-elle, celui-là est cohérent. Mais alors, si le jeu en vaut la chandelle, que son coût potentiel soit reconnu et la démarche assumée, que soit mené ensuite au sein de l'Union élargie, même en l'absence d'appuis institutionnels favorables, un lent et long travail de persuasion. Ce serait un investissement à long terme fondé sur le pari que les idées françaises pourront être le levain dans la future pâte européenne. Pourquoi pas ? Mais que donneraient les mécanismes qui fondent la cohésion européenne en matière de politique commerciale extérieure commune ou de monnaie transposés à des secteurs aussi intrinsèquement différents et aussi particuliers que la politique étrangère, la défense ou la politique culturelle ? Des positions fortes ou des synthèses molles autour du plus petit commun dénominateur ? Si nous voulons que nos renoncements soient créateurs et non pas vains, que le sacrifice des positions nationales donne naissance à une vraie Europe-puissance, cela méritera, dans le futur débat sur le contenu exact du futur traité constitutionnel, d'y regarder de très près. En sens inverse, si la France devait s'opposer – avec d'autres – au passage au vote à la majorité ou à l'adoption de mécanismes de décision proprement fédéraux dans plusieurs domaines importants pour conserver une capacité d'action et d'expression propres ou ne pas se voir imposer des politiques qu'elle refuserait absolument, il faudrait qu'elle ait le courage de reconnaître que, dans ce cas-là, c'est l'Europe qui en paierait le prix, qui pâtirait en quelque sorte d'un manque à progresser. À chaque nouvelle crise internationale

où l'absence de l'Europe serait attribuée non pas à l'aboulie addition-
née de chacun de ses membres mais au caractère supposé paralysant de
ses institutions et du vote à l'unanimité, nous aurions à nous défendre
d'avoir empêché, par égoïsme national, la constitution d'une Europe
forte si nécessaire au monde. Sauf à proposer des mécanismes inter-
gouvernementaux nouveaux et efficaces, des améliorations institutionnelles qui ne soient pas des gadgets, et à démontrer qu'un ou des
noyaux durs pourraient être créés sans faire exploser l'ensemble de
l'édifice. Les Français, comme les Allemands et les autres Européens,
ont le temps d'examiner les termes du dilemme puisque la Convention sur l'avenir de l'Europe ne doit remettre ses conclusions qu'au
printemps 2003, qu'une négociation intergouvernementale doit
s'ensuivre et que ce n'est qu'après, en 2004 ou 2005, qu'ils seront
appelés à se prononcer comme les autres Européens sur un traité constitutionnel. Peut-être Valéry Giscard d'Estaing aura-t-il su d'ici là, avec
les membres de la Convention, concilier les contraires, concevoir pour
l'Europe des mécanismes de décision efficaces qui préservent notre
capacité à peser demain sur les orientations de cette Union élargie. Son
engagement européen, son expérience, la hauteur de ses vues
permettent de l'espérer. Peut-être à un moment donné – il faut
l'espérer – les visions française et allemande auront pu reconverger.
Mais cela n'empêche pas qu'il faille commencer sans attendre à scruter
les diverses figures possibles de notre destin, non pas en refusant que
les vraies questions qui dérangent soient posées, mais en exigeant
qu'elles le soient. Sur l'Europe, les Français sont très ouverts, et disponibles, mais ils attendent mieux que des slogans ou la méthode Coué.
Ils veulent qu'on leur dise pourquoi, comment, avec quelles conséquences et pour quels résultats. Il n'y a pas d'un côté l'audace, de
l'autre la pusillanimité. Les étapes ultimes de la marche vers l'Europe
unie doivent être franchies les yeux ouverts.

Le Monde, *27 septembre 2002*

Clarifier l'identité européenne

L'Europe est-elle géographique ou politique ? Le futur traité constitutionnel, le grand élargissement engagé, la question turque, mais aussi, à l'Ouest, le concept d'« euro-atlantisme » vont nous obliger à clarifier la notion d'Europe.

Longtemps superflue, cette clarification est devenue indispensable, car avec l'intégration politique et économique, plus perçue désormais par les peuples comme un engrenage incontrôlé que comme un choix, le flou sur les limites extensives de l'Union européenne et de ses frontières extérieures est l'autre dimension anxiogène du perpétuel chantier européen.

Décider jusqu'où nous irons, dissiper ce flou, ce sont des urgences politiques et un préalable pour retrouver l'élan.

La question de l'identité européenne n'a pas eu à être tranchée jusqu'ici, tant elle relevait de l'évidence. Il suffisait que les traités européens successifs aient précisé que les communautés, puis l'UE étaient ouvertes aux pays démocratiques d'Europe. Ce principe démocratique, identitaire, a été constamment consolidé par la jurisprudence de la Cour de justice, les critères de Copenhague, l'adoption d'une charte des valeurs fondamentales, et le sera plus encore par le traité constitutionnel.

Il n'en a pas été de même en ce qui concerne les frontières de l'Europe ni celles de l'Union. Aujourd'hui, elles tendent à se rejoindre. Mais où ? Le problème ne s'est posé ni lors du traité de Rome, ni lors des élargissements à neuf, dix, douze, puis quinze. Europe de l'Ouest, Europe du Sud, Europe scandinave et maintenant Europe orientale, centrale et du Sud-Est, balkanique, c'est toujours l'Europe. En revanche, il y a quelques années, il a été répondu au

Maroc, poliment mais sans hésitation, que sa candidature ne pouvait être acceptée pour des raisons géographiques.

L'interrogation resurgit avec force à propos de la Turquie. Et, pour une fois, une vraie et salubre controverse s'engage sur une question européenne.

L'évidence, le bon sens et la géographie auraient dû suffire à l'origine, en 1963, pour dire à la Turquie qu'elle était de tous points de vue un grand pays, situé à 95 % en Asie mineure, et qu'elle avait vocation à avoir par elle-même un rôle majeur dans sa région et des relations étroites avec l'UE, mais pas à en devenir membre. Cela n'aurait pas été blessant. Les Européens n'auraient pas eu, quarante ans plus tard, à invoquer des arguments contestables, culturels ou religieux, pour retarder l'heure de vérité.

Certains partisans du oui à la Turquie invoquent des engagements pris. La plupart nous disent surtout que le oui serait généreux, justifié par l'Histoire, si ce n'est par la géographie, utile à la Turquie comme à la prévention du *clash* des civilisations, et que le non serait dangereux pour les mêmes raisons.

Mais, sauf à s'étendre sans fin, l'UE ne peut pas avoir que l'adhésion à proposer à tous les États sur lesquels elle veut exercer une influence bénéfique, qu'elle voudrait stabiliser et démocratiser, et où elle voudrait enraciner la tolérance et le respect de la diversité. Elle doit disposer pour cela d'un éventail de solutions et de moyens d'action. Elle ne peut pas être uniquement un regroupement de démocraties ni le creuset d'une coexistence exemplaire des religions et des civilisations. Elle ne peut pas être qu'un programme, même si elle est aussi un grand projet.

L'Union a besoin de retrouver une identité claire, certes politique, mais aussi territoriale. Les autorités de l'Europe devraient donc examiner la possibilité de proposer solennellement à la Russie, à l'Ukraine, à la Turquie, à chaque pays du Maghreb, un jour même pourquoi pas à Israël et à la Palestine, un partenariat de voisinage stratégique, politique et économique. Sentant bien le malaise européen à ce sujet et déplorant l'ambiguïté ou l'hypocrisie des réponses faites à la Turquie, j'avais moi-même suggéré, en 2000, alors que j'étais au gouvernement, que l'on propose un tel partenariat à la Turquie.

Mais il se peut qu'il soit trop tard, en raison des promesses anciennes qui ont été faites et répétées depuis 1963 à la Turquie, de nos liens avec elle, des réformes courageuses qu'elle a activement engagées et de la signification, même fausse, que cette réponse revêtirait dans le contexte mondial actuel. Dans ce cas-là, on reculera devant les conséquences d'une mise au point trop brutale et trop tardive, et la Turquie adhérera à l'issue d'une négociation, quand elle remplira les critères de Copenhague. Mais alors, que l'on décrète ensuite que l'élargissement est accompli et que l'on mette en place, autour de l'Union élargie, ces partenariats de voisinage, cet « anneau de pays amis » qu'a proposé Romano Prodi. Et que l'on ait le courage de reconnaître qu'à vingt-sept – les Quinze, plus la Bulgarie et la Roumanie, plus neuf autres pays européens potentiels, plus la Turquie – le projet européen aura changé radicalement de nature !

Une clarification s'impose également à l'ouest de l'Europe. Pour Vaclav Havel et beaucoup d'autres, « l'OTAN couvre une civilisation, un espace spécifique, qualifié d'euro-atlantique, d'euro-américain, ou tout simplement d'Ouest », et « l'OTAN est une alliance pour la défense de la conception occidentale des valeurs humaines ». Dans les pays candidats anciennement communistes, on parle d'ailleurs depuis dix ans de « structures euro-atlantiques » tout autant que d'Europe. Dans le même esprit, Huntington parle de « civilisation judéo-chrétienne occidentale », ou de « monde euro-américain », sans distinguer l'Europe. Alors que, paradoxe, ce sont d'autres Américains, républicains ceux-là, comme Robert Kagan, qui proclament au contraire que nos valeurs ne sont plus communes, puisque nous, Européens, sommes placés hors de l'Histoire, en récusant l'idée même de puissance militaire, tandis que les Américains sont devenus bismarckiens.

Ce débat peut paraître théorique. En réalité, le fait que les Européens ne sachent pas très bien s'ils constituent le rameau européen d'un ensemble américano-occidental, ou une civilisation, ou une culture européenne propre, inhibe l'affirmation d'une Europe-puissance en politique étrangère et dans le domaine de la défense.

Peut-être serait-il temps d'admettre que l'Europe et l'Amérique sont cousines, mais qu'à l'intérieur de cette vaste communauté de valeurs les Européens ont leur conception propre des rapports humains et sociaux et de l'ouverture au monde. D'admettre aussi qu'une affirmation européenne s'inscrirait parfaitement dans le cadre de notre amitié et de notre alliance avec les États-Unis. Mais que l'Europe doit se comporter en acteur autonome émancipé, en partenaire, en allié pour les États-Unis, mais pas en sous-ensemble. À condition que les Européens le veuillent et s'en donnent les moyens.

De telles clarifications contribueraient à rendre plus intelligible et plus convaincant le projet européen, et à lui restituer cet appui politique et cette adhésion franche qui lui font de plus en plus défaut de la part des opinions publiques. L'Europe rayonnera d'autant mieux, à l'Est, au Sud et partout dans le monde, qu'elle saura qui elle est, au nom de qui et d'où elle parle.

Ces mises au point nécessaires ne suffiront cependant pas à éviter que l'élargissement à vingt-cinq et plus ne compromette le projet, cher aux Français, d'Europe-puissance. Que devront faire alors tous ceux qui ne se résigneront pas à cette évolution vers un simple espace paneuropéen de stabilité et de prospérité ? D'abord, œuvrer à ce que le futur projet de traité constitutionnel préparé par la Convention, qui devrait rendre plus efficaces, plus légitimes et plus compréhensibles les institutions de l'Union élargie, convainque les gouvernements, et mieux encore soit ratifiable par les peuples.

Veiller dans le même temps à ce que ces institutions n'entravent pas la poursuite de plus grandes ambitions. Proposer pour cette Europe très élargie un « noyau dur » ou une « avant-garde » est très tentant, mais voué à l'échec. Sauf crise extrême, on ne saura ni sur quelles bases les constituer, ni comment faire accepter aux autres de rester dans l'arrière-garde ou dans l'écorce molle…

En revanche, il est indispensable et il devrait être possible de faire admettre par tous nos partenaires une sorte de « géométrie variable », de faciliter encore le recours aux coopérations renforcées dans divers domaines comme la défense, de prévoir en sens inverse, pour les moins allants, de rassurantes clauses de dispense, voire de sortie.

2002-2003

L'objectif est d'institutionnaliser dans l'UE une souplesse dynamique qui permettra aux plus volontaires de travailler ensemble
dans divers domaines de leur choix, sans hiérarchiser de façon rigide
les États membres entre eux.

Le Monde, *3 décembre 2002*

Allemagne-France :
un moteur de l'UE... parmi d'autres

Ces dernières années, alors que l'Union européenne peinait, des voix se sont régulièrement élevées pour que renaisse le couple franco-allemand, que le moteur se remette en marche. Cela paraît engagé, et il faut souhaiter que cela se confirme. Cela dit, on ne ressuscitera pas l'état du monde, ni celui de l'Europe des grandes époques – de Gaulle-Adenauer, Schmidt-Giscard ou Kohl-Mitterrand.

Au cours des décennies passées, les dirigeants français et allemands ont su surmonter leurs divergences pour faire prévaloir régulièrement une volonté européenne commune. Ils ont atteint leurs objectifs – la paix, le grand marché, l'euro, des politiques communes, une construction européenne irréversible – et changé ainsi, avec d'autres, le cours de l'Histoire.

Mais, ce faisant, par leurs succès mêmes, ils ont contribué à créer une Europe au sein de laquelle la France et l'Allemagne n'auront plus exactement le même rôle. Ne serait-ce qu'en raison de l'effet de nombre dû aux élargissements successifs et de tous les événements survenus depuis dix ans : réunification allemande, élargissement, globalisation, et des changements de mentalité des Européens – y compris d'ailleurs des Français et des Allemands – par rapport à l'époque de l'Europe à douze qui en découlent.

On l'a bien vu depuis la ratification de Maastricht. Il n'en reste pas moins qu'à la veille de deux années décisives pour l'Europe une entente solide, réaliste et active entre la France et l'Allemagne demeure aujourd'hui indispensable, et même irremplaçable. Et qu'elle est redevenue possible depuis que, en 2002, les électeurs ont tranché de part et d'autre.

Le préalable à toute relance était bien sûr que la France et l'Allemagne n'entravent pas elles-mêmes, par des positions antagonistes, de nouveaux progrès européens. Au Conseil européen d'octobre 2002, le chancelier Schröder et le président Chirac ont ainsi opportunément levé un obstacle qui, sinon, aurait empêché tout accord budgétaire et agricole, et compromis le conseil de Copenhague. Une solution de transition a été trouvée jusqu'en 2006. Cela a permis de voir plus loin.

Au-delà de ce compromis, pour pouvoir entraîner à nouveau les autres Européens, l'Allemagne et la France devront se mettre d'accord et faire des propositions sur les grands sujets européens du moment. La réforme des institutions de l'Union élargie est le plus important d'entre eux, la clef des progrès politiques à venir. Or les conceptions française et allemande sont différentes, il ne serait pas viable de simplement les additionner, d'où la nécessité d'associer esprit de compromis et innovation.

On peut citer bien d'autres domaines de convergence souhaitable, comme le financement du budget et des politiques communes au-delà de 2006 ; le gouvernement économique, notamment pour la zone euro ; les orientations générales des politiques sociales, qui définissent largement, en pratique, la variante européenne des sociétés démocratiques libérales ; les questions de justice, de police et d'immigration ; la politique extérieure, de sécurité et de défense européennes, qui nécessite d'accorder les violons sur au moins trois questions sensibles : le niveau des budgets de la défense, les rapports avec les États-Unis et le mode de décision, c'est-à-dire la combinaison de la majorité et de l'unanimité, et le calcul de la majorité qualifiée, ainsi que le rôle du « ministre des Affaires étrangères » de l'UE.

Il y a aussi la question des frontières et de l'identité européennes, et son corollaire, la nature du partenariat de voisinage stratégique qui pourrait être proposé aux pays voisins de l'UE qui n'auront pas vocation, même à long terme, à l'intégrer. La préparation conjointe de l'anniversaire du traité de 1963 et le dîner à Paris du 14 janvier 2003 ont fait avancer les choses sur plusieurs de ces points, notamment sur la défense, les questions JAI (justice et affaires intérieures), les institutions.

C'est bien par des propositions européennes convaincantes, plus encore que par des initiatives symboliques, même si elles sont bienvenues, ou par des décisions à simple portée bilatérale, que l'Allemagne et la France retrouveront dans l'Europe élargie une capacité d'entraînement. Car les autres États membres ont changé, eux aussi. S'ils déplorent toujours les désaccords franco-allemands, préjudiciables à l'Union dans son ensemble quand il s'en produit, ils se réjouissent de les savoir surmontés ; s'ils sont ouverts à des propositions, ils ne sont plus disposés à s'aligner d'emblée sur une position uniquement parce qu'elle aurait été arrêtée par l'Allemagne et la France.

Avec les élargissements successifs et le passage du temps, le système européen est devenu plus multilatéral, plus instable, c'est moins qu'avant une « communauté ». On y gère en commun avec pragmatisme des intérêts entremêlés, mais l'utilitarisme y est aussi fort que l'esprit de camaraderie. Les initiatives franco-allemandes devront donc plus tenir compte, à l'avenir, des positions des autres Européens, sans négliger pour autant la propension de ceux-ci à évoluer. Allemagne et France vont retrouver un rôle essentiel, mais ne redeviendront probablement pas le moteur exclusif de l'UE. Indépendamment même de la Commission, dont les pouvoirs seront peut-être accrus, d'autres États, grands ou petits, ne l'entendraient pas de cette oreille.

La France et l'Allemagne devront donc être des entraîneurs, des inspirateurs volontaristes, sans prétendre être des locomotives exclusives, convaincre plutôt qu'imposer. Les rôles de la Grande-Bretagne (irremplaçable dans la Politique européenne de sécurité et de défense – PESD), de l'Italie, de l'Espagne, de la Pologne, et, à vrai dire, de tous les autres, en sus de ceux de la Commission et du Parlement, doivent être pris en compte dans cette relance.

Pour exercer leur influence dans ce contexte nouveau, la France et l'Allemagne devront aussi se préoccuper de convaincre les peuples, et pas seulement leurs gouvernements. En fait, on ne trouve plus aujourd'hui en Europe que très peu d'hostilité globale à l'égard de l'Europe, attitude définitivement « ringardisée ». En revanche, il y a beaucoup de critiques sur le fonctionnement de l'Europe, et les idées pullulent et divergent sur la meilleure façon de parachever sa construction.

L'approbation par les opinions de cette construction telle qu'elle se poursuit est de plus en plus tiède. Une des sources de cette distanciation est peut-être cette impression, que ressent une partie des Européens, de dépossession démocratique et civique, le processus européen paraissant se développer inéluctablement sans vrai contrôle ni décision démocratiques, et sans qu'il soit possible de corriger sa trajectoire.

Le despotisme éclairé des premières décennies de la construction européenne, justifié par l'Histoire, et la simple répétition d'arguments pro-européens bien intentionnés mais technocratiques et paternalistes ne sont plus pertinents ni suffisants pour dissiper ce malaise ou combler cette attente. Il ne sert à rien de nier cette réalité politique, il faut au contraire l'aborder carrément et en débattre.

Pour enrayer cette désaffection, qui risque de prendre de l'ampleur en 2004 lors de la ratification du traité constitutionnel, pour tarir les sources possibles du populisme, il ne faut pas se contenter de faire de la « propagande » pro-européenne ni s'offusquer des interpellations critiques. Il faut au contraire en tenir compte et dire donc, une bonne fois pour toutes, qui fait quoi en Europe, ce qu'elle est et donc ce que seront ses ultimes frontières, ce qu'est son projet pour elle-même, et aussi ce qu'elle veut incarner dans le monde globalisé.

Sur le plan institutionnel crucial, le problème politique peut être énoncé ainsi : il faut doter l'Union élargie d'institutions efficaces, sans éloigner davantage le pouvoir des citoyens, au contraire, ni alimenter un sentiment de dépossession identitaire ou de perte de contrôle démocratique.

L'Allemagne et la France n'ont pas les mêmes traditions ni les mêmes conceptions sur ces sujets. Et ni l'une ni l'autre ne pourront les abandonner purement et simplement, parce qu'il ne s'agit pas d'attitudes de circonstance ni de caprices. C'est aussi un atout : leur accord peut préfigurer celui des Vingt-Cinq. Donc, il y aura compromis, vraisemblablement en préservant dans ses grandes lignes l'équilibre du triangle communautaire institutionnel, lequel, après tout, a permis tous les progrès accomplis jusqu'ici avec quelques innovations. Ce compromis central, d'ailleurs déjà dessiné, comportera une définition précise des compétences du président de la Commission, de celles du président du Conseil nouvelle manière, qui remplacerait la présidence tournante, de leur mode de désignation des rapports entre eux, comme entre eux et le Parlement européen – l'ensemble devant être viable.

En même temps, la France et l'Allemagne devraient peser de tout leur poids pour qu'aboutisse l'énorme travail de simplification et de clarification entrepris par le président Giscard d'Estaing et la Convention. Et pour que soit précisé aussi, au nom de la subsidiarité, ce qui restera national ou le redeviendra – car cela ne doit pas être impossible –, ainsi que ce qui restera ou deviendra communautaire.

Si l'action combinée de la France et de l'Allemagne assure le succès de la Convention et donc celui de la CIG ; si, au bout du compte, chaque citoyen européen comprend désormais où il se situe dans cet ensemble ; s'il se sent renforcé comme Européen sans être diminué comme Allemand, comme Français ou autre ; s'il retrouve confiance dans l'utilité de son vote et a l'impression que l'Europe répond concrètement à ses attentes ; si, de ce fait, la ratification du futur traité constitutionnel est acquise ; si la France et l'Allemagne ont également obtenu que les mécanismes de décision à « géométrie variable » soient assez souples pour que les États membres les plus décidés ne soient pas entravés dans leur volonté d'aller plus loin – alors leur force d'entraînement redeviendra irrésistible, et leur *leadership* historique.

Le monde, *17 janvier 2003*

Le 16 mai 2003, Hubert Védrine prend la parole devant le congrès du PS, à Dijon, à propos de l'Europe, pour contester que l'on puisse faire triompher dans l'Union à vingt-cinq par le vote à la majorité des idées de la gauche française qui sont minoritaires.

[...] Quelles leçons devrions-nous tirer pour notre politique européenne des transformations et des événements internationaux récents ?

Notre parti a toujours été européen et internationaliste par refus du nationalisme qui avait engendré tant de tragédies. Il a toujours appelé au dépassement de ce qu'il est convenu d'appeler les « égoïsmes nationaux », voulu aller vers une Europe de plus en plus fédérale, et donc demandé le vote à la majorité dans des domaines de plus en plus nombreux, jusqu'à en faire une règle générale. Beaucoup espéraient et espèrent toujours qu'une Europe à la fois plus forte et plus généreuse, à l'intérieur comme à l'extérieur, naîtrait de ces abandons et de ces transferts de souveraineté. C'est cette attente, cette confiance que traduit le ralliement de presque toutes les motions préparatoires à ce congrès à la formule d'une « Europe fédérale », en lieu et place de la formule delorienne équilibrée de « fédération d'États-nations » – cette Europe fédérale étant qualifiée de « fédérale et sociale », soit que le fédéralisme conduise au social, soit que l'on impose les deux à nos partenaires européens.

Eh bien, je crois qu'en faisant ce pari de cette façon nous nous trompons !

D'abord, n'oublions pas que nous sommes désormais dans une Europe à vingt-cinq, un jour à trente, voire plus, et que les idées qui y dominent n'ont plus grand-chose à voir avec celles qui inspiraient l'Europe à six, neuf ou douze. Pourtant, même ceux qui redoutent le plus pour l'Union les conséquences de cet élargissement massif n'ont pas trouvé d'arguments convaincants pour retarder l'entrée de ces dix pays européens, démocratiques, et qui ont fait les douloureuses réformes demandées. Ensuite, plusieurs événements ont confirmé que les positions de la France – et *a fortiori* celles, plus ambitieuses, de la gauche française – sont minoritaires au sein de l'Union européenne actuelle dans beaucoup de domaines très sensibles : l'exception et la diversité culturelles, l'Europe-puissance, une politique étrangère commune européenne, les services publics, le social en général. Passer aujourd'hui au vote à la majorité dans ces domaines, alors que nous avons environ 9 % des droits de vote dans l'Union élargie, ferait triompher en quelques années non pas une Europe « fédérale et sociale », mais une Europe fédérale, libérale, pacifiste et atlantiste.

Que dirons-nous alors à nos électeurs ? Que nous n'avons pas voulu cela ?

On objecte à ce constat peu contestable l'argument du volontarisme : nous plaiderons énergiquement pour nos idées, nous convaincrons, nous conclurons de nouvelles alliances, ayons confiance en nous, etc. Mais c'est ce que nous n'avons jamais cessé de faire ! Les autres Européens connaissent parfaitement nos positions. Comme les nôtres, les leurs résultent de leur histoire, de leur vision du monde et de la société, de leurs intérêts, et ne se modifient pas comme ça ! Certes, on peut, dans des négociations européennes, passer des compromis avec tel ou tel autre pays, se soutenir mutuellement, obtenir des résultats meilleurs ou moins mauvais que prévu. Mais pas sur tous les points essentiels en même temps !

En conclusion, on peut préconiser le vote à la majorité et l'Europe fédérale si on place l'Europe avant toute autre considération politique, économique ou sociale, parce qu'elle est une fin en soi et non un moyen, et si nous sommes prêts à y sacrifier notre programme. Mais on ne peut pas dire que l'on veut le fédéralisme et le vote à la majorité *pour* faire triompher au niveau européen nos idées minoritaires ! Ce n'est pas cohérent. Pas maintenant, dans le pire des contextes européen et international !

Par exemple, ne nous méprenons pas sur l'unanimité des opinions européennes contre la guerre en Irak : elle traduisait le refus de la force, et non l'aspiration à une Europe-puissance. Car seule une minorité d'Européens veut une Europe-puissance, et encore, dans cette minorité, nous ne sommes toujours pas d'accord sur la position à prendre vis-à-vis des États-Unis, ce qui est la question centrale.

C'est pourquoi je préconise que, tout en accélérant le passage au vote à la majorité dans *certains* domaines, l'économique en particulier, nous n'acceptions pas le passage systématique au vote à la majorité dans *tous* les domaines ; et qu'au contraire nous nous ressaisissions d'un levier dans la négociation européenne en indiquant, d'abord au sein du PSE, que nous allons travailler activement à réunir les conditions politiques du passage progressif au vote à la majorité qualifiée sur le social, la culture, la langue, la politique étrangère de l'Europe, pour renverser *préalablement* cette position minoritaire. Et cela précisément parce que nous sommes ambitieux, et pas fatalistes pour l'Europe.

L'électorat, qui se sent dessaisi par la mondialisation et l'Europe élargie et libérale, cet électorat qui nous a tant fait défaut il y a un an, comprendrait, je crois, cette démarche. Nous préserverions ainsi les chances de faire naître un noyau dur, une avant-garde, des avancées innovantes, compromises dans le cas inverse où nous serions sur un toboggan.

Il me semble que cette question mérite de notre part une réflexion nouvelle.

En mai 2003, Hubert Védrine livre au Monde *quelques réflexions sur la politique étrangère après la guerre en Irak. Il reconnaît que cette guerre « fallacieusement argumentée » ne pouvait être cautionnée à l'ONU, mais estime qu'un autre ton, un autre style auraient pu être employés. Il pense que la France doit dès lors « assumer, mais aussi se défendre tout en se dégageant ». Il préconise de s'opposer à l'unilatéralisme au nom d'un projet d'ONU réformée plutôt que du* statu quo *; d'admettre les désaccords entre Européens pour mieux les traiter et les surmonter, en commençant par une explication Chirac-Blair-Schröder ; au Proche-Orient, faute de mieux, soutenir sans trop d'illusions les objectifs américains, les efforts de Tony Blair et la « feuille de route ».*

Face à George Bush, trois propositions

La France a-t-elle eu raison, ou, comme cela se distille beaucoup ces jours-ci, en a-t-elle fait trop ? Sans doute eût-il mieux valu s'expliquer franchement et beaucoup plus tôt avec George W. Bush, avant sa prévisible décision d'août 2002 – mais cela aurait nécessité un problématique accord préalable Chirac-Blair-Schröder, que Bush accepte de les entendre, et que la France soit prête, sous certaines conditions, à se rapprocher de la position de Tony Blair. Peut-être eût-il été possible d'employer une méthode et des mots différents, un autre ton. Mais la France n'aurait pas pu, au bout du compte, cautionner à l'ONU la guerre préprogrammée et fallacieusement argumentée de George W. Bush, laisser ramener le Conseil de sécurité à une chambre d'enregistrement des volontés de la puissance dominante et bafouer tous les principes du multilatéralisme.

355

D'ailleurs, George W. Bush n'était parvenu à convaincre avant la guerre aucune opinion au monde, mis à part, à la longue, les opinions américaine et britannique, de la légitimité, de la nécessité et de l'urgence de cette guerre.

Mais les faits sont là : rien ni personne n'a pu empêcher George W. Bush de déclencher la guerre à la date fixée par lui, de la gagner aisément, d'installer un protectorat américain, de ne laisser à l'ONU qu'un rôle humanitaire d'appoint, d'engager à sa façon la démocratisation de l'Irak, jusqu'alors impensable, et qui réserve des surprises, car il sera contradictoire d'invoquer la démocratie et de s'opposer aux desiderata de la majorité chiite.

Va-t-il maintenant mener une guerre préventive contre une autre cible ? Recréer un processus de paix israélo-palestinien pour imposer enfin un État palestinien viable, en écartant tous les prétextes avancés jusqu'ici pour ne pas le faire ? Cela ne dépend, en dernière analyse, que de lui, des rapports de forces à Washington et de ses calculs sur la meilleure façon d'être réélu en mai 2004. George W. Bush, aujourd'hui maître du jeu, change le monde. Quand on pense à tout ce qui a été proclamé et plus encore espéré depuis des décennies en matière de droit international, de nations « unies » et de multilatéralisme, c'est une révolution ! Que faire, face à cette hyperpuissance qui s'assume pleinement comme telle, sans fausse gêne ni ménagements ?

Attendre, préconisent ceux qui voudraient croire qu'il ne s'agit là que d'un mauvais moment à passer, que George W. Bush devra tôt ou tard modifier sa politique, compte tenu de son coût, des obstacles rencontrés en Irak, de l'impossibilité d'un unilatéralisme radical, et qu'en 2004, au plus tard en 2008, les États-Unis auront un autre président. Calcul bien incertain. Certes, George W. Bush n'est pas toute l'Amérique, mais, d'abord, les dix-huit mois qui nous séparent de l'échéance présidentielle seront décisifs. Ensuite, George W. Bush peut être réélu. Enfin, autant le fondamentalisme réactionnaire sudiste de la coalition chrétienne et l'*hubris* botté du Pentagone semblent spécifiques à cette administration, autant l'unilatéralisme, à peine tempéré par un multilatéralisme facultatif à la carte, paraît devoir demeurer une composante durable de la politique américaine.

Faut-il alors nous *déjuger*, faire amende honorable, renoncer à notre conception des relations internationales, nous rallier aux États-Unis d'Occident, jouer les utilités ? L'opinion française en serait indignée (quand bien même cela rassurerait une partie des élites). Nous perdrions l'estime immense que la position de la France lui a valu sur les cinq continents, et qui est inversement proportionnelle à l'exaspération impuissante que provoque l'hégémonie américaine. Cela donnerait raison à l'inacceptable rhétorique de la punition. Sans que nous regagnions crédit ni influence du côté de l'administration américaine.

Faut-il, en sens inverse, continuer à *organiser* la contestation de la politique américaine et à fédérer ses opposants ? Sur le plan des principes, cela pourrait se justifier : ne prétend-elle pas fixer à elle seule les rôles et attributions des organisations internationales, les contourner ou les marginaliser selon ses besoins ; classer les pays arbitrairement en voyous, adversaires, alliés sûrs, alliés gênants, pays utiles ou inutiles ; récompenser ou punir ? Même si c'est le fait d'un empire qui se veut bienveillant, ces prétentions extravagantes sont la négation même de toute communauté, voire de tout droit international. Pourtant, imagine-t-on la France, que l'on sent embarrassée, se borner à camper sur ses positions et résister aux conséquences qui ne manqueraient pas d'en découler, alors que chacun des opposants à la guerre en Irak, l'un après l'autre, referait allégeance à Washington ? Face à cette nouvelle Rome, il faudrait une inflexibilité antique, et des alliés ! Et resterait le principal point faible du front du refus de la guerre : en se bornant – sans effet – à invoquer le droit international et le rôle de l'ONU, il a trop donné l'impression de se résigner au *statu quo* mondial, alors que celui-ci est incontestable.

Dans la phase difficile où nous sommes, nous allons donc devoir *à la fois* assumer, nous défendre et nous dégager avec habileté et sang-froid. Continuer à rappeler sobrement mais nettement les principes de toute société internationale pour rester cohérents et préparer l'avenir. Défendre vigoureusement au Conseil de sécurité ou au G8 nos intérêts légitimes. En même temps, rester calmes sous les invectives ou les attaques, être prêts à reprendre le dialogue avec les Américains, coopérer avec eux chaque fois que possible, reconstruire patiemment une posture d'influence en ne recherchant pas que l'alliance avec Gerhard Schröder, mais aussi un compromis avec la Grande-Bretagne. Nous serons en meilleure posture pour mener cette politique si nous ne le faisons pas uniquement au nom du système multilatéral actuel, impuissant à endiguer la contre-révolution américaine, mais au nom d'un monde réformé et d'une nouvelle ONU.

1) Jamais la domination américaine ni une alliance plus étroite des seules démocraties ne rendront superflue une organisation réunissant *tous* les pays du monde, quels que soient leurs régimes. Même humiliée, l'ONU perdurera. Avec quelle autorité ? Nous devrions notamment proposer, en accord avec d'autres pays représentatifs, une réforme du Conseil de sécurité et du chapitre VII de la Charte. Pour redevenir pleinement légitime, donc plus difficile à contourner, le Conseil devrait être élargi à six nouveaux membres permanents : l'Allemagne, le Japon, l'Inde et un pays arabe, un africain, un latino-américain, et à quelques non-permanents. Le chapitre VII serait modifié de telle façon que l'emploi de la force puisse être décidé non pas seulement pour préserver ou rétablir la paix ou la sécurité internationale, mais aussi pour protéger une population menacée ou persécutée, y compris par son propre gouvernement, ou des entités non étatiques. C'est la seule façon de légaliser le droit d'ingérence et d'empêcher qu'il soit récupéré par les puissances dominantes pour cautionner des guerres préventives. Au moment de l'entrée en vigueur de la nouvelle Charte, chaque permanent s'engagerait solennellement à ne faire usage de son veto que pour des raisons vitales, jamais pour empêcher que des populations en danger soient secourues. J'ai fait cette proposition en 2001. Par ailleurs, il faudrait actualiser, rendre légitimes les formes modernes de protectorat ou de tutelle sous mandat du Conseil de sécurité réformé.

Au départ, plusieurs membres permanents rejetteraient cette réforme. Mais ces idées auraient un grand impact. Elles chemineraient malgré tout. Nous nous battrions au moins pour un projet, pour une nouvelle ONU, et nous prendrions date. Si nous ne faisons rien, l'ONU délaissée sera frappée d'anémie.

2) En Europe, les désaccords entre les Quinze, *a fortiori* les Vingt-Cinq, sur la politique étrangère et de défense, ne peuvent plus être masqués. Beaucoup avaient cru, après Maastricht, par euro-optimisme, économisme, mépris des identités nationales, croyance dans la méthode Coué, qu'il serait facile d'harmoniser les politiques étrangères et de sécurité commune. Les Européens ne sont toujours pas d'accord sur ce que doit être l'Europe dans le monde – Europe-puissance ou simple espace de paix, de liberté et de prospérité – ni sur ses rapports avec les États-Unis.

Si bon soit-il, le traité constitutionnel issu de la Convention présidée par Valéry Giscard d'Estaing et de la Conférence intergouvernementale qui suivra ne palliera pas, à lui seul, l'absence d'accord politique entre Européens. Le futur ministre européen des Affaires étrangères, si ce poste est créé, se retrouvera dans la même situation que Javier Solana, dont les qualités ne sont pas en cause. Aujourd'hui, le président de la République juge inéluctable un monde multipolaire, et indispensable que l'Europe en constitue un des pôles. Tony Blair ne l'estime pas inéluctable et veut un pôle occidental unique États-Unis-Europe – sans doute parce qu'il pressent que les pôles non occidentaux seraient hostiles. Et, de fait, rien ne dit que la multipolarité serait une panacée. D'autres pays, parmi les Vingt-Cinq, ne veulent même pas d'une Europe-puissance : par atlantisme, pacifisme, isolationnisme européen, méfiance envers le *leadership* franco-allemand, peur des responsabilités, attachement aux acquis sociaux qui seraient écornés par l'augmentation inévitable des dépenses militaires, etc. À la France de convaincre les Européens réticents de surmonter leurs préventions en montrant que cette Europe-puissance est réalisable et serait utile au monde... et aux Européens, en mettant la puissance au service du droit.

Ne nous faisons pas d'illusions sur la quasi-unanimité des opinions européennes contre la guerre en Irak. Elle a plus traduit la phobie de la force et le désir de rester à l'abri que le désir de voir se construire une Europe-puissance. Cette métamorphose des opinions reste à faire, et nécessitera un immense travail politique. Cette grande explication doit maintenant avoir lieu entre les Vingt-Cinq, sans tabou ni langue de bois – les échanges publics Blair-Chirac en démontrent le besoin. De ce débat clarificateur devrait naître un compromis historique. Une longue rencontre Chirac-Blair-Schröder, en petit comité, serait à cet égard décisive.

3) Le *statu quo* n'est plus tolérable au Moyen-Orient : régimes autoritaires et/ou incapables de se réformer, absence d'État palestinien. Là, ceux qui refusent que la loi américaine devienne la seule au monde ne doivent pas se tromper. Car les États-Unis ne vont pas forcément échouer en Irak, même si le terrain politique est miné. L'espoir d'un grand changement habite plusieurs peuples de la région, et je ne pense pas ici qu'à la jeunesse iranienne. Nous devons nous aussi les encourager – mais à notre façon – à mettre en œuvre leur potentiel de démocratisation. Quant à la gestion israélo-palestinienne, de deux choses l'une : soit la création d'un État palestinien viable est non seulement un droit élémentaire pour les Palestiniens, mais aussi la condition de la paix et de la sécurité pour les Israéliens, et alors qu'attend-on depuis des années ? Soit cette idée n'est utilisée que comme un leurre, et les innombrables préalables à la négociation n'ont d'autre fonction que de décourager l'aspiration nationale palestinienne en attendant que la colonisation, poursuivie depuis plus de trente ans, l'ait rendue définitivement irréalisable. Cet État, le président Bush dit le vouloir en 2005. Dont acte ! Compte tenu des forces qui le soutiennent et l'entourent, on a du mal à croire qu'il exerce pour cela les indispensables pressions sur les Israéliens. Sur les Palestiniens, les pressions ne sont que trop faciles, mais cela ne suffit pas. Pourtant, compte tenu de l'inexistence de toute autre perspective, nous devrions tout faire pour renforcer cette petite chance. Sur ce point, rejoignons Tony Blair.

Au sein de l'administration Bush, certains parlent de « refermer la parenthèse du multilatéralisme du XXe siècle ». À sa vision, à sa politique du fait accompli, opposons une autre vision des rapports entre nations, un multilatéralisme revigoré. Préparons les bases du partenariat États-Unis-Europe qui finira par s'imposer, et d'un consensus véritable sur les nouvelles règles du jeu mondial.

Le Monde, *22 mai 2003*

En mai 2003, Hubert Védrine donne au Débat, *six ans après celui de l'été 1997, un entretien avec Pierre Nora et Marcel Gauchet. Il y revient sur l'ampleur et les caractéristiques de la métamorphose américaine et sur les raisons pour lesquelles les Européens ont tardé à en réaliser la portée. Il estime que les Européens ne surmonteront leurs divergences sur le rôle de l'Europe dans le monde qu'en les reconnaissant, pour mieux les dépasser.*

Que faire avec l'hyperpuissance ?

LE DÉBAT : En tant que ministre des Affaires étrangères du gouvernement de Lionel Jospin de 1997 à 2002, vous aviez eu l'occasion de prendre des positions très remarquées sur l'« hyperpuissance » américaine et sur la situation de la France en Europe. Les tensions avec les États-Unis, dont le débat à l'ONU sur la politique à l'égard de l'Irak a été l'occasion, ont redonné toute leur actualité à vos analyses. Compte tenu de ces éléments antérieurs, avez-vous été surpris par les développements de la situation qui a mené finalement à l'intervention américaine en Irak ? Avant d'envisager les conséquences qui vont découler de la guerre, comment comprenez-vous la genèse de cette crise ?

HUBERT VÉDRINE : Nous ne devrions pas être surpris. Revenons en effet sur la genèse des événements, c'est-à-dire sur la genèse de cette nouvelle Amérique. C'est elle qui impose sa politique. Il faut donc comprendre d'où elle vient – et elle vient de loin – et si elle va durer. Je crois pour ma part qu'il y avait dans le monde d'après la guerre froide, depuis la fin de l'Union soviétique, un tel déséquilibre entre cette immense puissance américaine, que j'ai qualifiée, à partir de 1998, d'« hyperpuissance », et l'ensemble des autres, entre cette haute et ces basses pressions, qu'un orage devait éclater.

Il faut non seulement concentrer notre réflexion sur cette Amérique, mais nous demander pourquoi tant de gens ont mis tant de temps à comprendre sa nouveauté.

Ce mouvement remonte à bien avant l'élection de Bush, mais il s'accomplit avec son élection, le 11 septembre ayant fait ensuite office de détonateur. Plusieurs courants importants qui préexistaient ont fusionné. C'est leur conjonction qui définit la nouvelle politique américaine. J'en vois trois principaux.

D'abord un courant non pas « néo-conservateur », terme impropre, parce qu'il ne s'agit pas de gens qui veulent conserver, mais *réactionnaire*, religieux, déjà choqué il y a quarante ans par l'élection de Kennedy – un catholique ! –, un mouvement intégriste, antimoderne, anti-avortement aujourd'hui comme il était contre les droits civiques en leur temps, constamment exaspéré par Clinton, par ce qu'a représenté pour lui le couple Clinton. Je veux parler de la coalition chrétienne, des *Christian-born again*, des télévangélistes, Bill Graham hier, Pat Robertson aujourd'hui. Tous ces puritains modernes se rejoignant dans l'idée que les États-Unis sont un peuple élu par la Providence, avec une « destinée manifeste » et une vocation missionnaire. Cependant, beaucoup d'autres Américains partagent cette dernière conviction, même s'ils sont gênés par l'esprit de croisade.

Le deuxième courant est celui de la puissance unilatérale. Une puissance de plus en plus impériale, confortée par sa victoire sur l'Union soviétique, dans cette Troisième Guerre mondiale qu'a été la guerre froide. Une puissance de plus en plus nationaliste, unilatéraliste sans gêne ni faux-semblants, l'ONU étant récusée, les alliés eux-mêmes devenant superflus. À ce stade de puissance et de responsabilité, selon les tenants de cette politique, il n'est plus possible de soumettre les décisions qu'on dit prendre pour sa sécurité aux réactions aléatoires de l'ensemble des autres États, dictateurs lilliputiens ou pays qui n'en sont pas. Ce qui évoque d'ailleurs certaines formules de De Gaulle quand il parlait de l'ONU[1]. Ce

---

1. « Il va de soi qu'à aucun prix la France n'accepterait qu'une conjonction d'États plus ou moins totalitaires et professionnels de la dictature, d'États tous nouveaux venus, plus ou moins responsables, plus ou moins consistants, lui dictent sa loi. L'ONU est une tribune dérisoire pour des discours à sensation, des surenchères et les pires menaces » (cité par Jean-Claude Casanova dans *Le Monde*).

courant de la puissance a connu une mutation quand il a récusé, après la fin de la guerre froide, la stratégie de l'endiguement, du *containment*, et donc de la dissuasion, qui avait été celle des États-Unis pendant des décennies, et préconisé le passage à une ligne très différente, offensive, de neutralisation des menaces à la source. Ce qui traduit une pensée militarisée et conduit à la guerre préventive.

Le troisième courant est directement lié, lui, à la question du Proche-Orient. C'est un courant non seulement pro-israélien, mais presque, en réalité, antipalestinien, anti-arabe, voire antimusulman, qui a conclu une alliance avec le Likoud. Il est animé par des personnalités juives démocrates et même, souvent, à l'origine démocrates de gauche, mais qui avaient soutenu Reagan et suivi un parcours qui les a amenées aujourd'hui à la droite du Parti républicain. Il remonte peut-être à la peur éprouvée pour Israël en 1973, quand les armées égyptiennes avaient eu l'initiative pendant un jour ou deux. Il y a là, en tout cas, un groupe qui a œuvré depuis des années à réorienter la politique étrangère américaine au Proche-Orient dans le sens d'un « remodelage » de ce dernier. Il a été extrêmement hostile à la politique de Rabin, puis aux tentatives de Barak et de Clinton. On se rappelle les condamnations des « criminels d'Oslo »! Sa force présente découle de son alliance paradoxale avec les fondamentalistes protestants républicains.

Il s'est opéré une fusion de ces courants dans l'administration Bush. Comme celui de la mission civilisatrice des États-Unis, ce courant de la puissance unilatérale ne se limite pas aux républicains – il englobe également beaucoup de démocrates. Tout cela était déjà perceptible dans l'Amérique d'avant Bush, notamment au sein du Sénat à l'époque de Clinton. Ce qui est étonnant, c'est que tous ces phénomènes n'aient pas été détectés plus tôt.

À quoi attribuez-vous cette cécité ?

À certaines caractéristiques de l'esprit européen ou français, à nos convictions politiques, à notre vision du monde, à nos tabous. De ce fait, cette Amérique-là s'est développée dans un angle mort de notre compréhension.

D'abord, tout ce qui est fondamentalisme religieux nous est devenu inintelligible. La France profondément athée d'aujourd'hui ne parvient pas à prendre au sérieux la religiosité d'État américaine, le *God bless America,* les télévangélistes et autres manifestations du même genre. Elle n'en mesure pas spontanément la dimension politique réelle. D'autant moins qu'au sein des catholiques français il y a très peu de véritables intégristes au sens américain du mot. Le mouvement anti-avortement existe, mais il est très faible. La vigueur de tout cela outre-Atlantique n'a pas été mesurée.

Ensuite, il existe une tradition européenne, spécialement française, de sous-estimation intellectuelle des présidents américains, à l'exception de Kennedy et de Clinton. On ne les prend pas au sérieux. On plaisante sur Reagan, on recommence avec George W. Bush. Cela conduit à sous-évaluer ce qu'ils peuvent faire. D'autant qu'en France nous manquons de véritables spécialistes des États-Unis, de gens qui y vont régulièrement, qui étudient méthodiquement ce qui s'y passe, ce qui s'y dit ou s'y écrit. La mutation en parti populiste du Parti républicain, qui n'est plus du tout le même avec Bush II qu'avec Bush I, a largement échappé à l'attention. C'est un contresens de l'assimiler à un parti conservateur européen.

En outre, depuis une vingtaine d'années, il y a dans les élites de nos pays une gêne pour analyser de façon critique les États-Unis – les anti-Américains *n'analysent pas.* D'où l'écho qu'ont les dénonciations rituelles et périodiques du prétendu anti-américanisme français, qui ne me semble pas correspondre à une réalité profonde, la réaction anti-guerre en Irak étant due à une conjonction de causes. Cette gêne est due au passé, un passé tellement chargé en matière d'anti-américanisme primaire, à l'époque marxiste et soviétique, qu'il inhibe aujourd'hui les élites. Elles ont tellement peur de dériver dans cette direction que, du coup, elles se gardent de toute critique sérieuse à l'égard des États-Unis. Cette inhibition les amène à s'interdire toute analyse. Ce qui fait que jusqu'à ces dernières semaines la politique américaine n'était débattue que par les Américains eux-mêmes, dans le silence prudent des élites européennes. On verra si la guerre américaine en Irak aura changé quelque chose à cet embarras.

Il y a évidemment une gêne encore plus grande pour analyser l'influence israélienne sur la politique américaine, alors qu'il s'agit de quelque chose qui est reconnu aux États-Unis et en Israël et que, de plus, ce phénomène n'est pas unique : très peu de pays n'ont pas leur lobby aux États-Unis – le terme y est d'usage courant –, mis à part la France qui n'en a pas pour des raisons historiques, et on en voit les conséquences. N'importe quel pays, même un pays aussi petit que l'Albanie, a son lobby là-bas ! C'est une donnée devant laquelle les Européens et particulièrement les Français sont mal à l'aise. À la limite on mentionnera les rôles du lobby polonais, des lobbies chinois ou coréen. Mais tout ce qui est vote juif, « lobby juif », influence israélienne, n'est pas volontiers pris en considération, même lorsqu'il s'agit de l'action d'organisations qui ont pignon sur rue et qui sont explicitement consacrées à cet objet. Bref, on n'a pas vu venir l'alliance Parti républicain-Likoud.

À cette série de blocages s'ajoute la croyance, indéracinable dans l'Europe d'aujourd'hui, en la « communauté internationale » et en ses progrès inéluctables, la prévention des conflits, la caducité de l'unilatéralisme, croyance qui rend choquante, mais surtout presque incompréhensible une démarche de force que tous les esprits éclairés d'Europe estimaient appartenir au passé.

En Europe, le nationalisme a été éradiqué depuis 1945, et même, en partie, le patriotisme. L'Europe voudrait vivre dans un monde post-tragique. D'où la difficulté des Européens à comprendre l'opinion américaine nationaliste, patriote, cocardière souvent au premier degré, éventuellement belliqueuse.

Il faut aussi compter avec les sympathisants de cette Amérique-là...

En effet, à ceux qui ne se sont pas alarmés à temps de cette Amérique différente, alors que, de leur point de vue, ils auraient dû le faire, il faut ajouter ceux à qui cette évolution ne déplaît pas. Ils ne sont pas très nombreux, mais ils existent. Il y a quelques intellectuels, ou quelques politiques, qui estimaient que le monde avait besoin d'une reprise en main et que personne d'autre que cette Amérique « néo-conservatrice » n'était capable de le faire. C'est une petite minorité, mais elle n'allait pas tirer la sonnette d'alarme face à une évolution qu'elle appelait de ses vœux.

Au total, donc, une Amérique radicalement différente qui s'est développée à notre barbe sans que nous y prêtions attention suffisamment tôt...

Vous pensez qu'une vigilance plus précoce aurait permis d'agir ?

Oui. Je pense que si le problème avait pu se traiter plus tôt, nous ne serions peut-être pas dans la situation actuelle. Cette question américaine m'a préoccupé dès ma nomination comme ministre – *a fortiori* après 2000, puisque c'est cette Amérique-là qui l'a emporté avec Bush aux élections. Rappelez-vous qu'au même moment se répandait ce fleuve de commentaires ineptes, littéralement insensés, sur le « troisième millénaire » ! Un phénomène politique considérable se passait sous nos yeux, avec les conséquences que l'on commence à mesurer aujourd'hui, et tant de gens perdaient leur temps à débattre d'un non-événement !

Vous croyez qu'elle fut d'emblée ce que nous l'avons vue devenir ?

Oui, elle portait en germe la suite. Il ne faut pas sous-estimer la volonté de réaction avec laquelle cette administration est arrivée au pouvoir, de revanche sur les « errements » démocrates, de Roosevelt à Clinton. C'est cette Amérique qui s'est sentie légitimée et justifiée par le détonateur tragique du 11 septembre 2001.

La constellation que vous avez décrite s'enracine en même temps dans la tradition américaine. Ne serait-ce pas une raison de plus de l'incompréhension européenne dans la mesure où l'intelligence européenne a beaucoup vécu sur une opposition entre isolationnisme et interventionnisme, qui est en bonne partie factice, comme précisément la politique Bush tend à le montrer ?

Bien sûr, c'est une opposition qu'on exagère, ce qui égare bien des analyses. Ce sont les deux faces d'une même médaille. Depuis l'origine – il suffit de relire les textes des Pères fondateurs –, les Américains se regardent comme un peuple élu, chargé d'une mission civilisatrice. C'est un pays-projet, pas un pays de hasard ou d'ancêtres. Il estime avoir, comme on le dira plus tard au XIXe siècle, une « destinée manifeste ». Pendant longtemps, du point de vue européen, cela apparaît comme une bizarrerie américaine, une revendication prétentieuse et pittoresque à la fois, un peu étrange, mais qui ne tire pas à conséquence. Les États-Unis se sont tenus à l'écart des turpitudes du monde tant qu'ils n'ont pas occupé tout leur espace nord-américain. Mais, dès que cette tâche a été achevée, ils ont fait des exceptions à leur prétendu « isolationnisme » et ont commencé, à la fin du XIXe siècle, à « s'occuper » de Cuba, des Philippines, de l'Amérique centrale. Ensuite, ils ont été obligés de « s'occuper » de l'Europe et de ses guerres. Au XXe siècle, on a pu observer le balancement entre ces deux attitudes. Mais, désormais, c'est un pays qui ne peut plus se contenter d'être un exemple de vertu rayonnante chez lui, il ne peut se désintéresser du reste du monde. Il sera amené à alterner, voire à combiner isolationnisme et interventionnisme – isolationnisme au sens de « Nous ne voulons plus être entraînés dans les turpitudes du Vieux Monde auquel nous avons tourné le dos », et interventionnisme au sens de « Nous nous occuperons du monde quand notre sécurité sera en jeu ». Ce ne sont pas des courants si opposés que cela. Ils sont tous les deux présents dans l'hyperpuissance. Bush reprend en partie l'approche de Wilson. Sauf que pour Bush cela passe par la force des armes américaines, tandis que Wilson était animé par une vision inspirée du multilatéralisme et du légalisme. Mais, dans les deux cas, il s'agit de façonner le monde à l'image des États-Unis, de le démocratiser, de le transformer. Ce qui me frappe dans la période où nous vivons, c'est que cette rhétorique américaine, cette idée que les Américains se font d'eux-mêmes depuis leurs débuts dans l'Histoire, a rejoint pour la première fois la réalité géopolitique avec la fin de la guerre froide. Ils sont les maîtres du jeu. Cela ne pouvait pas rester sans conséquences. Les mythes fondateurs de la nation américaine sont devenus des politiques américaines opérationnelles et donc, de ce fait, sont une partie de la réalité du monde. Ce n'est pas George Bush qui a inventé le combat du Bien contre le Mal. C'est aussi vieux que l'Amérique.

Nous avons vécu entre 1991 et 2001 dans l'attente d'une sorte d'après-guerre différé. L'après-guerre a commencé en principe en 1991, à la chute de l'URSS. George Bush parle alors de « nouvel ordre international », mais cela n'a pas encore de réalité. Avec le recul, on voit mieux que George Bush I et Clinton se sont retenus à la tête de l'hyperpuissance : ils n'en ont pas fait trop. George Bush I était sincèrement multilatéraliste et légaliste, ce que l'équipe actuelle n'est pas. Dans l'affaire de la première guerre du Golfe, il s'en est tenu à l'application stricte du mandat reçu du Conseil de sécurité.

Clinton, compte tenu de ses convictions, de son ouverture sur le reste du monde, de son intérêt pour l'Europe, a bridé la puissance américaine. Puis, en 2000, arrive la nouvelle équipe qui fait sauter ces freins, prétextant que le reste du monde est incapable de faire face aux problèmes de notre temps et que les États-Unis doivent assumer toutes leurs responsabilités, et d'abord pour se protéger. L'après-guerre froide, c'est maintenant.

Comment, à vos yeux, s'est opéré le passage de la riposte immédiate au 11 septembre – l'Afghanistan – à cette offensive de beaucoup plus vaste ampleur, en Irak, qui engage toute une vision stratégique explicite ou sous-jacente du Moyen-Orient ?

Cette vision était présente dès l'élection de George Bush. Dans les nombreuses explications de la guerre américaine en Irak, on ne peut pas trier ni hiérarchiser. Mais elles vont toutes dans le même sens et, à un moment donné, elles se sont nouées. L'élément pétrolier ? Il est exagéré, mais il n'est pas non plus absent. « Finir le *job* », comme le voulait la partie radicale de l'ancienne administration Bush, furieuse de la retenue légaliste de Bush I ? De façon encore plus personnalisée, une sorte de vengeance, parce que Bush père avait été victime d'une tentative d'attentat ? La volonté des groupes pro-israéliens de stopper la puissance montante de tout pays arabo-musulman susceptible de devenir dangereux pour Israël ? Le rêve du remodelage consistant, à partir de l'Irak transformé, à imposer ensuite la volonté américaine à l'Iran, à la Syrie et à l'Arabie Saoudite ? La croyance sincère dans la mission américaine de propagation de la démocratie ? Ces différents éléments se sont mêlés, en réalité, à partir du moment où Bush a arbitré – ils allaient de toute façon dans le même sens. Mais ce n'est pas parce que la guerre a eu lieu que Bush a repris à son compte tous ces objectifs – je pense ici surtout au remodelage de la région. En tout cas, depuis des années déjà, et davantage encore après les élections de 2000, il était devenu de plus en plus intolérable pour les Américains que l'Amérique puisse être potentiellement menacée, voire simplement contrée, défiée. Après le 11 septembre, l'impensable et l'inacceptable appelaient réparation. Le 11 septembre fut à la fois une tragédie humaine, une souffrance extrême et une humiliation monumentale. Le fait d'avoir nettoyé le nid de frelons des Taliban et installé M. Karzaï à Kaboul ne suffisait pas à laver cette humiliation. Il fallait une démonstration de force imparable, incontestable, intimidante. C'est alors que la guerre contre l'Irak, envisagée depuis le début 2001, étudiée en détail par certains, s'est imposée.

Vous pensez que Blair a joué un rôle moteur dans cette décision, comme on le voit affirmer ici et là ?

Je ne le crois pas. Blair ne veut pas apparaître comme simplement suiviste. C'est pourquoi il rappelle qu'il était déjà personnellement engagé dans le combat contre les armes de destruction massive. Mais il n'est pas à l'origine du choix américain. C'est encore plus important pour lui d'influencer les États-Unis dans l'après-guerre.

Le projet de refonte d'ensemble du Proche-Orient attribué à l'administration Bush vous paraît-il un réel projet ?

C'est un projet réel pour certains. L'idée de refondre le Proche-Orient vient de gens qui sont obsédés par les menaces arabes contre Israël, mais comme ils ne veulent pas, en réalité, d'État palestinien, sauf en Jordanie, cela les conduit à agir pour qu'Israël soit environné jusqu'à plusieurs milliers de kilomètres à la ronde par des régimes amis ou, en tout cas, neutralisés et pas menaçants. Après quoi, on habille parfois cette démarche en faisant miroiter de futurs « régimes démocratiques ». Mais comme, dans la plupart de ces pays, des élections voudraient dire sans doute régime islamiste, on mettra prudemment en sourdine l'objectif démocratique. Toute l'administration américaine actuelle n'adhère pas à ce projet, qui est surtout celui de l'aile Perle, Wolfowitz, Rumsfeld jusqu'à un certain point, peut-être Elliott Abrams. Mais ce groupe peut trouver des alliés en cours de route avec la victoire en Irak. Ils sont très forts. Le paradoxe est que plus ils sont extrémistes, plus ils sont intéressants, plus ils ont une vision, même si leur projet paraît délirant à la plupart des Européens ! Il y a tellement de gens au Proche-Orient qui n'en peuvent plus du *statu quo* – minorités opprimées, élites modernistes en déshérence... – que tout scénario de bouleversement peut y susciter paradoxalement des espoirs ou des calculs. Beaucoup de gens au

Proche-Orient ne sont pas totalement à l'aise avec la position européenne qui revient en définitive à un consentement au *statu quo*.

L'opinion européenne le sent elle-même. D'où le malaise profond au milieu de cette opposition unanime à la guerre…

Les opinions européennes ont été vent debout contre Bush. C'est d'ailleurs paradoxal, car les Européens sont d'accord avec les Américains pour penser que la démocratie occidentale est le meilleur des systèmes et qu'il faut le répandre dans le monde entier ! Les Occidentaux sont en désaccord sur les moyens, les Européens ont la phobie de la force, mais ils sont aussi missionnaires et prosélytes que les Américains. Voyez, depuis plus de vingt ans, les appels à l'ingérence. La différence est que l'Europe voudrait croire que la « démocratie » peut se répandre dans le monde toute seule, pacifiquement, par la seule magie de son rayonnement, avec des encouragements, de l'aide, voire, s'il le faut, avec quelques sanctions. Mais le logiciel occidental reste : « Allez évangéliser toutes les nations. »

Qu'est-ce qui fait la difficulté spécifique de la cause démocratique dans le monde arabe ? L'exemple latino-américain montre après tout que l'autoritarisme n'est pas une fatalité politique.

Il faut distinguer les difficultés du monde arabe à se démocratiser – et c'est la question très controversée de l'Islam, mais aussi des structures politiques autoritaires – et la difficulté à démocratiser un pays *de l'extérieur* – surtout par le fait d'un ancien colonisateur. Cela dit, on ne peut guère comparer Amérique latine et monde arabe. Il y a d'abord, au Proche- et au Moyen-Orient, une rancœur anti-occidentale profonde, fondée sur un mélange inextricable de bonnes et de mauvaises raisons, alors que le monde latino-américain est un rameau hybride du monde occidental. Il y a ensuite la dimension israélo-palestinienne, et puis encore la dimension islamiste. Je ne sais pas si les islamistes auraient la majorité partout, mais ils feraient des scores très élevés dans la plupart de ces pays. Après la guerre en Irak, si Wolfowitz et compagnie arrivaient à convaincre Bush de s'en prendre à l'Arabie Saoudite, il y aurait gros à parier que cela se terminerait comme avec Jimmy Carter en Iran : on veut favoriser l'arrivée de la démocratie, on récolte la révolution islamique.

La question israélo-palestinienne est au cœur de toutes les autres. Si l'administration Bush rompait avec la politique de la droite israélienne, qui est d'éliminer à tout jamais la perspective d'un État palestinien par le fait accompli de la colonisation et en décourageant les Palestiniens, si elle garantissait la sécurité d'Israël tout en imposant la création d'un État palestinien viable, elle changerait la donne. Elle retournerait une grande partie de l'opinion dans le monde arabe et en Europe même.

À certains mots de Bush pour présenter l'offensive en Irak, on a pu avoir l'impression que telle était son intention.

J'aimerais y croire, mais quand on regarde la position de l'administration Bush dès le début, on s'aperçoit qu'elle parle du Proche-Orient avec le langage et les concepts de la droite israélienne. C'est sa grille de lecture. L'administration Bush me semble être convaincue que la droite israélienne a raison. Comme on ne veut pas d'État palestinien, on ne veut pas de négociations. Pour qu'il n'y ait pas de négociations, on dit qu'on ne négociera pas tant qu'il y aura du terrorisme. On reverrouille ce que Rabin avait eu le courage de déverrouiller. Le président Bush est sur cette ligne, et cela se voit aussi bien dans le choix des gens qui occupent les postes clés sur ce sujet auprès de lui qu'à chaque réaction aux événements sur place, ou aux modestes propositions des Européens. On est avec eux dans le « deux poids, deux mesures » à un point jamais atteint, et dans le cynisme occidental le plus absolu. À deux ou trois occasions, Colin Powell ou tel ou tel intervenant extérieur, en tête desquels il faut certainement mettre Tony Blair, ont réussi à persuader Bush d'envoyer malgré tout un petit signal. Deux ou trois fois, Bush a accepté de prononcer un mot clé. Il a parlé ainsi, à l'ONU, d'un « État de Palestine ». La diplomatie américaine a vécu plusieurs mois sur l'exploitation de cette avancée sémantique. Avant le lancement des opérations en Irak, il y a eu deux ou trois éléments supplémentaires. Bush a mentionné la « feuille de route du quartette[1] ». Cette feuille de route n'est pas grand-chose en soi : un modeste plan par étapes élaboré à la suggestion des Européens pour qu'il n'y ait pas

---

1. Le quartette : États-Unis, Europe, Russie, ONU.

que le vide en perspective, et qui, jusque-là, allait encore trop loin pour les Américains. Mais les propos de Bush n'ont été concrétisés par rien. Le gouvernement Sharon, qui se méfie toujours de toute pression pour la relance de négociations, a l'air très confiant. À l'heure actuelle, il ne semble pas craindre une tentative américaine sérieuse. Son seul motif d'inquiétude, c'est Tony Blair.

Le silence américain sur la nomination d'Abou Mazen est édifiant.

N'est-ce pas ? Ceux qui, en Israël et aux États-Unis, ne veulent pas d'État palestinien trouveront donc toujours que le négociateur palestinien, quel qu'il soit, sauf s'il capitule bien sûr, doit être récusé. Pensant que c'était la preuve impossible, ils ont exigé pendant des mois et des mois qu'Arafat abandonne une partie de ses pouvoirs. Le jour où ils l'ont obtenu, cela devient un événement insignifiant, voire presque gênant !

Certes, un jour une administration américaine finira par être obligée d'imposer la paix au Proche-Orient. C'est-à-dire un État palestinien viable, l'évacuation de l'essentiel des colonies et, j'ajoute, des garanties militaires américaines au sol pour la sécurité d'Israël. On peut l'espérer. Mais, compte tenu du degré d'imbrication entre le Parti républicain et le Likoud, je n'arrive pas à croire que cette équipe le fasse, en tout cas pas avant les élections de 2004. Je serais très heureux de me tromper. Ce serait un progrès sur le plan de l'équité et pour la sécurité du monde entier ; cela réduirait les risques de *clash* Islam/Occident ; mais les données dont nous disposons ne permettent pas d'y compter à court terme.

Quelles seraient les conditions d'un grand rebondissement dans ce domaine ?

Il faudrait que les Américains, ayant rencontré des difficultés politiques sérieuses en Irak, aient de nouveau besoin du système multilatéral et de quelques-uns de leurs alliés qui pourraient alors relancer la solution du problème du Proche-Orient, comme Tony Blair essaie de le faire, j'espère bientôt soutenu sur ce point par les autres Européens. Au-delà, ce serait la chance historique d'un nouveau dialogue euro-américain. Pour un partenariat euro-américain, il a toujours manqué d'abord que les Américains acceptent d'avoir un partenaire, ensuite que les Européens soient capables de l'être.

Difficultés américaines, rebond européen : à ce moment-là, en 2005, après l'élection américaine, on pourrait assister à un début de reconstruction d'un système multilatéral à partir d'un partenariat euro-américain. C'est une hypothèse optimiste !

Compte tenu des différents scénarios possibles, en l'état actuel des événements, au moment où nous parlons – après la chute de Bagdad –, quelles peuvent être les conséquences principales de la guerre ?

Les suites dépendent d'abord des décisions de l'administration Bush. C'est elle seule qui aura géré cet après-guerre. C'est pénible à admettre, mais c'est comme ça. Et là, sa position est claire, on pouvait s'y attendre : gestion directe par la coalition jusqu'à ce qu'elle ait mis sur pied un gouvernement irakien « ami », l'ONU étant utilisée comme agence humanitaire.

Mais, au-delà, quelle sera l'attitude de l'administration Bush par rapport à l'ONU en général, indépendamment de la levée des sanctions par le Conseil ? On parle depuis des années et des années de réformer le Conseil de sécurité et de l'élargir. Y a-t-il un cas de figure où cela peut intéresser les Américains ? Même question pour la réforme de la Charte des Nations unies, de manière à élargir le chapitre VII pour y faire entrer l'ingérence tout en la codifiant...

La seule chose qui me paraît impensable, c'est que cette administration américaine – et d'ailleurs toute autre pendant encore longtemps – accepte de se comporter en membre normal des Nations unies. La disproportion des puissances rend la chose invraisemblable. Mais cela ne veut pas dire que les États-Unis sortiront pour autant des Nations unies. Ils peuvent même avoir intérêt, à un moment donné, à revenir au Conseil de sécurité pour « habiller » par exemple la gestion de l'après-guerre. Avant même, ils y auront été obligés parce que, pour changer les résolutions qui régissent aujourd'hui l'Irak, il leur faudra l'accord des autres membres permanents. Sinon le pétrole irakien restera géré par la résolution « pétrole contre nourriture ». En tout cas, tel est l'état du droit international, et s'ils voulaient s'en affranchir complètement, il y aurait une rupture violente.

Il y a aussi l'hypothèse selon laquelle ils instrumentaliseraient l'ONU comme une sorte de système multilatéral complémentaire de leur système de sécurité – celui-ci, dans leur esprit, est formé par les coalitions *ad hoc* – « C'est la mission qui détermine la coalition », pour reprendre les termes de M. Rumsfeld –, l'ONU restant utile pour gérer des crises moins importantes et fournir un cadre général de concertation pour les problèmes globaux.

La seule hypothèse que j'écarte, donc, ce sont les États-Unis membres normaux de l'ONU. Pour le reste, c'est une question d'opportunité pour l'administration Bush. Mais réformer vraiment le Conseil de sécurité ? Elle n'y a pas intérêt. Ce serait redonner du lustre au Conseil. Elle n'a pas intérêt non plus à relégitimer le chapitre VII de la Charte en multipliant les cas dans lesquels on pourrait l'invoquer, parce que cela voudrait dire que toute intervention devrait se situer dans ce cadre. Ce serait une limite à l'unilatéralisme. La tendance américaine (et pas seulement de Bush) me paraît être de s'affranchir le plus possible de ce cadre, tout en le préservant à toutes fins utiles.

On avait pu croire que le 11 septembre allait normaliser l'Amérique en la rendant plus ouverte au monde extérieur, plus attentive, plus compréhensive, moins enfermée dans son exceptionnalisme. Or c'est plutôt l'inverse. Le choc l'a renvoyée à son unicité, à son nationalisme intrinsèque, à son exceptionnalisme complet. Une guerre comme celle-ci risque de ne pas être une simple aventure extérieure, mais une profonde expérience nationale. Il est difficile de savoir dans quel sens cette expérience va l'infléchir. Ne risque-t-elle pas d'avoir un impact de même ampleur que celle du Vietnam ? Peut-on l'imaginer dès aujourd'hui ?

En ce qui me concerne, je n'ai jamais cru que le 11 septembre allait ouvrir l'Amérique sur l'extérieur, sur le multilatéralisme, etc. Au contraire. Je l'ai d'ailleurs dit tout de suite – j'étais ministre des Affaires étrangères à l'époque. J'ai annoncé à cette occasion que les États-Unis ne feraient même pas appel à l'OTAN pour l'Afghanistan ; que même l'OTAN, pourtant composée d'alliés sûrs, leur paraîtrait une contrainte multilatérale encore trop forte.

En ce qui concerne un choc du type Vietnam, cela supposerait que la société américaine tout entière arrive à la conviction que la prise en charge de l'Irak est illégitime, inutile, qu'elle conduit à une impasse, à un piège, et qu'il faut en sortir. Si une telle évolution devait survenir, cela n'aurait lieu qu'après la défaite de Bush en 2004, dans l'hypothèse où, après une victoire à la Pyrrhus, les choses n'auraient cessé d'aller de mal en pis en Irak. Il s'agirait alors de savoir ce qu'a de spécifiquement « bushien » la politique actuelle : sans doute une sorte d'aventurisme un peu illuminé. Mais il y a d'autres éléments qui caractérisent l'Amérique d'aujourd'hui et qui ne disparaîtraient pas avec Bush, l'unilatéralisme notamment. Les chances de Bush d'être réélu aujourd'hui ? Personne n'en sait rien. Il n'y a pour le moment aucun candidat démocrate de poids à l'horizon ; il y a l'inconnue des suites de la guerre, l'inconnue de l'économie. Cela fait trop d'inconnues !

Vous faisiez allusion tout à l'heure au retard des observateurs européens et français sur l'évolution des États-Unis. Vous pensez qu'une perception plus précoce du problème aurait permis de peser plus efficacement sur le cours des choses ?

Peut-être. On peut regretter que la France, comme d'autres pays d'ailleurs, n'ait pas mesuré plus tôt les intentions de l'administration Bush. Il était clair dès le début de son mandat qu'on n'atteindrait pas 2004 sans que cette administration ait essayé de changer le régime en Irak. C'était clair, vu ses intentions, son programme, sa composition. On peut regretter qu'il n'y ait pas de dissuasion précoce de la guerre préventive programmée !

Elle aurait pris quelle forme ?

Il aurait fallu pour cela un accord européen en amont, que Blair-Schröder-Chirac aillent parler ensemble à Bush suffisamment tôt, avant l'automne 2002, de ce projet qui allait poser des problèmes très graves et pour trouver une autre façon de l'aborder. Et que Bush soit sensible à certains arguments...

Mais on est obligé de constater que les relations entre les différents pays, en Europe, à l'heure actuelle, font que c'était difficile. Le degré de confiance, le degré d'accord intellectuel vrai entre les uns et les autres au sein des Quinze, *a fortiori* des Vingt-Cinq, n'était plus assez fort pour constituer une solution de rechange crédible à la brutale approche américaine.

On pourrait certes discuter de certains aspects et du style de l'action diplomatique qui a été menée par la France. Mais, tout cela étant dit, le président de la République ne pouvait pas souscrire au projet guerrier américain préprogrammé. Donc, de toute façon, il devait se retrouver en défenseur du droit international et du monopole du Conseil de sécurité sur la décision d'emploi de la force, ne serait-ce que pour préserver l'avenir. On a vu en plus que c'est exactement ce que l'opinion française attendait.

L'affaire a fait apparaître des lignes de fracture profondes et en partie inattendues parmi les Européens. Est-ce une crise destinée à se résorber assez vite, à vos yeux ? Ou bien faut-il penser que cette nouvelle Amérique résolue change profondément la donne pour les Européens, et durablement, en les obligeant à se déterminer ?

Il y a eu conjonction des opinions européennes contre cette guerre. Mais c'était l'addition de ceux qui sont contre la guerre en général – cela fait beaucoup de monde dans l'Europe d'aujourd'hui, qui aspire en fait à être une grande Suisse –, de ceux qui étaient contre cette guerre en particulier, de ceux – peu nombreux – qui sont contre l'Amérique en général, mais aussi de tous ceux, très nombreux, qui sont contre Bush en particulier depuis ses décisions sur Kyoto, sur la Cour pénale, etc. Il y a enfin ceux qui espèrent rester à l'écart des dangers du monde et du terrorisme grâce à une politique du bouclier, en quelque sorte.

Malgré cette unité conjoncturelle des opinions, les fractures que cette crise irakienne et les coups de boutoir de l'administration Bush ont révélées sont anciennes et pas si inattendues. Elles existaient bien avant, mais on les masquait sans arrêt, les deux piliers principaux de la politique étrangère européenne ayant été depuis longtemps, si je puis dire, la politique de l'autruche et la méthode Coué ! Je n'applique pas cela au projet européen en général. Les événements actuels n'affectent pas le projet économique, le grand marché et ses règles, ni les politiques communes existantes, ni l'élargissement. La renégociation budgétaire de 2006 sera difficile pour des raisons objectives qui n'ont rien à voir avec l'affaire de l'Irak. Cela ne remet pas complètement en cause le travail de la Convention, mené par M. Giscard d'Estaing. Il reste toujours possible de parvenir à un traité constitutionnel qui simplifierait les traités, qui préciserait qui fait quoi en Europe, qui perfectionnerait les relations entre la Commission, le Conseil et le Parlement. En revanche, cela a fait éclater l'illusion que la Politique étrangère et de sécurité commune (PESC) existait déjà.

Pour avoir participé, auprès de François Mitterrand, aux réflexions qui ont conduit au lancement de cette formule, je puis témoigner qu'elle était pour nous, à l'époque, une grande ambition, évidemment pas comme une réalité immédiate, ni même comme une réalisation facile. Nous étions bien conscients que faire converger les réactions des pays européens sur ces questions ultra-sensibles serait beaucoup plus difficile encore que faire la monnaie unique. En matière monétaire, on peut décider, comme de grands hommes d'État l'ont fait, que tel jour on va remplacer les différentes monnaies nationales par une monnaie unique. On ne peut pas remplacer les cerveaux. On ne peut modifier par décret des mentalités aussi profondes. Or, cela fait une bonne dizaine d'années que les Européens éludent deux sujets fondamentaux : voulons-nous, oui ou non, une Europe-puissance ? Et quelles doivent être les relations de cette Europe-puissance, s'il y en a une, avec les États-Unis ?

Il n'y a pas accord sur ces deux points. Il y a quelques Européens, à commencer par les Français, qui veulent une Europe-puissance, parce qu'ils croient – je parle ici des Français – que ce serait une sorte de prolongement de la France en plus grand, sauf que maintenant ils commencent à se rendre compte que nous sommes minoritaires sur beaucoup de points essentiels, ce qui les plonge dans des abîmes de perplexité. Mais beaucoup d'autres pays en Europe ne souhaitent pas cette puissance. Ils pensent que nous devons tourner le dos à la politique de puissance, qu'elle est mauvaise en soi, qu'elle a conduit aux calamités des guerres mondiales, que ce n'est plus à nous de faire ça, que l'Amérique est désignée pour cette tâche, s'il faut que quelqu'un tienne le rôle du gendarme, et que ce serait encore mieux que ce soit l'ONU, l'ONU étant vue comme une sorte de gendarme extérieur. Cette idée est très forte aujourd'hui parmi les opinions et les peuples d'Europe.

Cette discussion n'a pas eu lieu, elle a été escamotée. On met en avant de petits progrès, estimables mais marginaux, de la Politique étrangère et de sécurité commune, on s'occupe de la police en Macédoine, comme on s'est occupé de Timor, etc.

Même si l'on était d'accord sur l'Europe-puissance, ce qui n'est pas encore le cas, il resterait donc à savoir comment cette Europe-puissance se positionnerait par rapport aux États-Unis. C'est la clé des clés. Cette discussion est elle aussi soigneusement éludée depuis des années et des années. Peut-être va-t-elle avoir lieu maintenant ?

Ma thèse est donc que l'affaire irakienne *révèle* des divergences anciennes en matière de PESC, mais qu'elle ne les a pas créées. Elle les a révélées si crûment que je ne vois pas comment on pourrait revenir à la méthode Coué en disant : « Ce n'est pas grave, on en a vu d'autres, on va continuer », et en refaisant tourner les moulins à prières de l'Europe. On aurait plutôt intérêt, me semble-t-il, à prendre le taureau par les cornes ; à dire que nous ne sommes pas d'accord sur ce point important, mais qui n'est pas toute la construction européenne ; à décider de consacrer toutes nos énergies intellectuelles et politiques, au cours des années qui viennent, à bâtir un vrai consensus sur ce que nous voulons que l'Europe devienne dans le monde. Si l'on fait comme si ce n'était pas grave, à coups d'embrassades, de sommets, de communiqués, cela va être exactement comme avec l'article du traité de Maastricht, adopté il y a dix ans, qui dit que tout État membre s'abstient de toute prise de position qui nuirait à l'unité de la position d'ensemble. Naturellement, personne n'en a tenu compte. Quand la crise est trop forte, que les enjeux sont trop aigus, ces engagements de papier ne pèsent pas lourd.

Vous comprenez bien qu'en disant cela je suis à la recherche du bon usage de la crise européenne – comment faire sortir du mal actuel un bien.

Que peut faire la France, maintenant, par rapport à cette crise qu'elle a ouverte ?

Ce n'est pas la France qui a ouvert cette crise ! Elle a réagi. Que peut faire la France ? Avec les États-Unis : assumer, se dire toujours prête à parler, rappeler les raisons de notre position, rester ferme, ne pas en rajouter. Sur le plan européen, il y a aujourd'hui deux options, pour le président français, fort de son extraordinaire popularité :

– Le noyau dur : soit il cherche à aller plus loin avec l'Allemagne, la Belgique, voire à consolider la relation avec la Russie, ce qui me paraît illusoire. Soit une franche explication européenne, suivie d'une relance, et cela commence alors par une rencontre Blair-Schröder-Chirac. Ce n'est pas la même direction.

– Après, on en revient aux questions institutionnelles qui se posaient à l'Europe avant l'Irak : que va-t-on faire à vingt-cinq ? Peut-on, faut-il faire naître un noyau dur ? Et, si c'est impossible, comment rendre possibles des avances par petits groupes d'États volontaires à géométrie variable ? Il est impératif que le futur traité constitutionnel ne l'empêche pas.

Que penser de la remontée de la Russie à l'occasion de la crise ? Certains y voient de nouveau un facteur important de la politique internationale...

Je n'y crois pas vraiment. Dans l'affaire de l'Irak, en se mettant habilement derrière Chirac et Schröder, Poutine a bien géré les choses, sans aller à un degré de rupture trop poussé avec les États-Unis ni compromettre sa stratégie pour laquelle il a avant tout besoin des États-Unis pour faire de la Russie un pays moderne en dix ou vingt ans. Comme il avait affaire à une opinion russe très remontée, il a attendu, pour sous-entendre qu'il irait peut-être jusqu'au veto, le moment où il était presque sûr qu'il n'aurait pas à le mettre. Je ne pense pas que cela change la donne générale. La Russie ne pèse pas plus qu'auparavant. L'intérêt de Poutine reste de préserver sa coopération stratégique avec les États-Unis et, simultanément, les meilleurs rapports possibles avec les Allemands, les Français et les Anglais.

Peut-il y avoir un bon usage de la crise irakienne, comme vous dites, à l'échelle européenne ?

La principale question qui se pose aux leaders européens après la crise irakienne, c'est de savoir s'ils peuvent transformer, au sens alchimique du terme, le désir de paix et de protection qu'ont exprimé face à la guerre toutes les opinions européennes en une volonté d'Europe-puissance. Et s'ils peuvent arriver à se mettre d'accord sur les relations de cette dernière avec les États-Unis. Sinon, la sortie aura été ratée. On aura laissé dilapider ce moment consensuel. Je sais que ce n'est pas simple. Les opinions européennes, je l'ai dit, veulent une grande Suisse plutôt qu'une Europe-puissance. Mais il y a certainement une définition de l'Europe-puissance à présenter aux peuples d'Europe, une puissance d'équilibre, une puissance ouverte, une puissance légaliste, et donc sécurisante sans être désarmée, qui serait de nature à faire évoluer les opinions européennes réservées. C'est un bel enjeu pour la France, avocate de longue date de cette ambition.

Au rouleau compresseur américain, au fait accompli unilatéraliste, on ne peut se borner à opposer les grands principes bafoués, l'impuissance multilatérale, les contradictions européennes et le *statu quo* au Moyen-Orient. Tous ceux pour qui l'administration Bush incarne un insupportable bond en arrière doivent bâtir une solution de rechange : une ONU réformée et un Conseil de sécurité représentatif, une Europe lucide qui parle enfin vrai et s'engage à forger un consensus sur son rôle dans le monde ; une tout autre façon de remodeler le Moyen-Orient et d'y favoriser la démocratie ; une solution équitable du conflit israélo-palestinien ; un dépassement de l'antagonisme Islam/Occident.

Le Débat, *août 2003*

Je remercie ici mes collaborateurs qui au ministère des Affaires étrangères m'ont aidé à préparer et à perfectionner les textes de la période mai 1997-mai 2002, en particulier Pierre Sellal et Caroline Malausséna, ainsi que Bernadette D'Aguanno.

Index thématique

Table

2002-2003

Achevé de composer par
Paris PhotoComposition
75017 Paris

Achevé d'imprimer en décembre 2003
par la Sté TIRAGE sur presse numérique
www.cogetefi.com

35-57-1850-3/05
Dépôt légal : décembre 2003
N° d' édition : 43019 -N° d' impression : 120031
ISBN : 2-213-61650-7
Imprimé en France